für meinen Sohn
Tim

Subsumtionswörterbuch
Deutsch-Englisch

Dictionary of Subsumptions
German-English

Nazim Kiygi, M.A.

Bibliografische Information der Deutschen Nationalbibliothek: Die Deutsche Nationalbibliothek verzeichnet diese Publikation in der Deutschen Nationalbibliografie. Detaillierte bibliografische Daten sind im Internet über dnb.dnb.de abrufbar.

TWENTYSIX – Der Self-Publishing-Verlag
Eine Kooperation zwischen der Verlagsgruppe Random House und BoD – Books on Demand

© 2017 Kiygi, Nazim

Herstellung und Verlag:
BoD – Books on Demand, Norderstedt

ISBN 978-3-74-073256-1

VORWORT

Die Idee zu diesem Wörterbuch entstand eines Tages, als es darum ging, Laute von bestimmten Tierarten zu erraten. Erst wurde der Tierlaut auf Deutsch notiert, dann wurde erraten, zu welchem Tier er gehört, dann auch noch die Entsprechung dafür auf Englisch gesucht. Was anfangs mit einem Brainstorming anfing, wurde später zu einer mühsamen Suche in den jeweilligen Wörterbüchern und Lexika. Die Laute wurden unter dem Oberbegriff **Tierlaute** in alphabetischer Reihenfolge in beiden Sprachen aufgelistet bzw. gesammelt. Auf diese Weise wurden über 4000 deutsche Begriffe subsumiert unter 200 Oberbegriffe mit unterschiedlicher Thematik.

Besteht eine Nachfrage für ein solches Wörterbuch im Zeitalter der Suchmaschinen im Internet? Ich hoffe, sie besteht noch.

Essen, September 2017   Nazim Kiygi, M.A.

PREFACE

The idea to write a dictionary like this began one day by guessing the sounds some animals make. First, the sound was noted in German, then one had to guess to which animal the sound belongs, and finally one searched for its correspondent in English. In the beginning it was a little bit of brainstorming, later a laborious search in dictionaries and encyclopedias. The sounds found were then listed or collected under the generic term **animal sounds**. In this way more than 4000 German terms were subsumed under more than 200 generic terms with various topics.

Is there a demand for a dictionary of this kind in the age of search engines in world wide web? I hope there still is.

Essen, September 2017   Nazim Kiygi, M.A.

Benutzerhinweise

Dieses Wörterbuch ist einfach zu bedienen. Es besteht aus drei Teilen: Inhaltsverzeichnis, Wörterbuch und Suchverzeichnis. Im Inhaltsverzeichnis sind alle Oberbegriffe alphabetisch geordnet und nummeriert. Im Suchverzeichnis sind alle Begriffe alphabetisch geordnet und verweisen auf den betreffenden Oberbegriff.

User's Guide

This dictionary is easy to use. It has three parts: the table of contents, the dictionary and the searching directory. All generic terms are arranged in alphabetical order and numbered in the table of contents. All terms are arranged in alphabetical order in the searching directory and refer to the relevant generic term.

Abkürzungen – Abbreviations

(Brit.) Britisch English
f femininum
m maskulinum
n neutrum
pl plural
s. Seite
(US) American English

Inhaltsverzeichnis - Table of Contents

1. **Abszesse** – abscesses………….... s.17-20
2. **Adelstitel** - aristocratic titels ………………………….....s.20-21
3. **Akazie** – acacia………………….s.21
4. **Albatrosse** – albatrosses………...s.21-22
5. **Allergien** – allergies…………….s.22-23
6. **Ängste**→ **Phobien**
7. **Antigene** – antigens…………….s.23-24
8. **Apostel** – apostles……………...s.24
9. **Ärzte** - doctors and physicians…………………...s.24-25
10. **Atmung** – respiration…………s.26-27
11. **Augen** – eyes…………………..s.27-28
12. **Bäder** – baths………………….s.28-29
13. **Bälle** – balls…………………...s.29-30
14. **Ballspiele** - ball games………...s.30
15. **Banken** – banks……………….s.30-33
16. **Beeren** – berries……………….s.33-34
17. **Birken** – birches………………s.34
18. **Blasinstrumente** - wind instruments…………………….s.34-35
19. **Blätter** – leaves………………..s.35-36
20. **Blattgemüse** - leaf vegetables……………………s.38
21. **Blutdruck** - blood pressure……………………..s.38-39
22. **Bohnen** – beans……………….s.39-40
23. **Bomben** – bombs……………..s.40
24. **Bremsen** – brakes……………..s.40-41
25. **Briefe** – letters………………...s.41-43
26. **Brillen** – eyeglasses…………...s.43-44
27. **Brombeeren** – blackberries……………………..s.44

28. **Bronchitis** – bronchitis.............s.44
29. **Brote** – bread........................s.44-45
30. **Brücken** – bridges...................s.45-46
31. **Buchen** – beeches...................s.46-47
32. **Bücher** -. books......................s.47-48
33. **Bundesländer** - federal states....................................s.48-49
34. **Bürsten** – brushes..................s.49
35. **Charaktereigenschaften** - character traits.......................................s.50
36. **Chirurgie** – surgery...................s.51-52
37. **Chromosomensätze** - sets of chromosomes.........................s.52-53
38. **Dächer** – roofs........................s.53-54
39. **Depressionen** – depressions.........s.54-55
40. **Diäten** – diets........................s.55
41. **Dividenden** – dividends.............s.56-57
42. **Dreiecke** – triangles..................s.58-59
43. **Drüsen** – glands......................s.59-62
44. **Dünen** – dunes........................s.62
45. **Eier** – eggs..............................s.63
46. **Eiweiße→ Proteine**
47. **Eklipsen→ Finsternisse**
48. **Elemente→ Grundstoffe**
49. **Elstern** – magpies....................s.63
50. **Energien** – energies.................s.63-64
51. **Epithele** – epithelia.................s.64-66
52. **Erdteile** – continents...............s.66
53. **Eulen** – owls..........................s.66-67
54. **Evangelisten** – evangelists............................s.67
55. **Falken** – falcons....................s.67-68
56. **Farben** – colors.....................s.68-69
57. **Farne** – ferns........................s.69-71
58. **Fehlfunktionen→ Störungen**

59. **Fenster** – windows..................s.71
60. **Fermentationen**→ **Gärungen**
61. **Finger** – fingers......................s.71-72
62. **Finsternisse** – eclipses.............s.72
63. **Flossen** – fins........................s.72
64. **Fonds** – funds.......................s.72-75
65. **Früchte** – fruits.....................s.75
66. **Fußbekleidung** – footwear.......s.76-77
67. **Gabeln** – forks.......................s.77
68. **Galaxien** – galaxies................s.77
69. **Gänse** – geese........................s.77-79
70. **Gärungen** – fermentations........s.79-80
71. **Gefühle** – feelings..................s.80-82
72. **Gemüse** – vegetables...............s.82-84
73. **geometrische Figuren** - geometric figures................................s.84-85
74. **geometrische Formen** - geometric shapes...................................s.85
75. [1]**Geschichten** – stories...............s.85-86
76. [2]**Geschichten** – histories.............s.86-87
77. **Geschmacksempfindungen**- taste sensations................................s.87
78. **Gesteine** – rocks.....................s.87
79. **Getreide** – grains....................s.88
80. **Gewürze** – spices....................s.88-89
81. **Gezeiten** – tides.....................s.89
82. **Glasgefäße** – glass vessels..........s.89
83. **Götter** – gods.........................s.89-93
84. **Grundstoffe** – elements.............s.94-96
85. **Habichte** – goshawks................s.96-97
86. **Halbedelsteine** - semiprecious stones......................................s.97
87. **Halbwertzeiten** - half-life periods....................................s.97-98
88. **Handbücher** – manuals..............s.98

89. **Handschuhe** – gloves…………...s.98
90. **Haustiere** – pets………………s.99
91. **heilige Bücher** - holy books……..s.99
92. **Heilpflanzen** - medicinal plants…s.99-100
93. **Himmelsrichtungen** - compass directions…………………….s.100
94. **Husten** – coughs………………s.101
95. **indoeuropäische Sprachen** - Indo-European languages…………………….s.101
96. **Indossamente** – endorsements….s.101-102
97. **Jahreszeiten** – seasons…………..s.103
98. **Jungtiere** – young animals……….s.103
99. **Kämme** – combs………………s.103-104
100. **Kampfstoffe** - warfare agents…..s.104
101. **Kartelle** – cartels……………..s.104-105
102. **Kinderkrankheiten** - children's diseases…………………….s.105
103. **Klauseln** – clauses……………s.106-111
104. **Kllimate** – climates……………s.111-112
105. **Knochen** – bones………………s.112-115
106. **Knorpel** – cartilages……………s.115-117
107. **Knoten** – knots………………..s.117
108. **Koeffizienten** – coefficients……s.118-121
109. **Konnossemente** - bills of lading…………………….s.121-123
110. **Konten** – accounts……………..s.123-128
111. **Kontinente→ Erdteil**
112. **Kopfbedeckungen** – headgears………………….s.128-129
113. **Kopfschmerzen** – headaches………………….s.129-130
114. **Körperteile** - parts of the body…………………….s.130-131
115. **Kräuter** – herbs……………….s.131-134
116. **Lampen** – lamps………………s.134

117. **Länder** – countries............s.135-144
118. **Legierungen** – alloys.........s.144
119. **Leitern** – ladders..............s.144
120. **Lichter** – lights................s.145
121. **Linsen** – lenses................s.146
122. **Löcher** – holes................s.147
123. **Löffel** – spoons...............s.147-148
124. **Mahlzeiten** – meals...........s.148
125. **Matrizen** – matrices..........s.148-151
126. **Messer** – knives..............s.151-155
127. **Mikroskope** – microscopes.....................s.155-156
128. **Monate** – months............s.156
129. **Mondphasen** - phases of the moon..........................s.157
130. **Muskeln** – muscles..........s.157-164
131. **Nerven** – nerves..............s.165-168
132. **Objektive** – lenses............s.168
133. **Obst** – fruit.....................s.168-169
134. **Obstbäume** – fruit trees......s.169-171
135. **Olympiade** – olympics.......s.171
136. **Palmen** – palms..............s.171-173
137. **Patente** – patents.............s.173-174
138. **Phobien** – phobias..........s.175-176
139. **Pinsel** – brushes..............s.176
140. **Planeten** – planets...........s.176
141. **Preise** – prices................s.176-180
142. **Proteine** – proteins..........s.181-182
143. [1]**Räder** – wheels.............s.183
144. [2]**Räder** – cycles.............s.183
145. **Räume** – rooms..............s.183-184
146. **Reflexe** – reflexes............s.184-191
147. **Religionen** – religions......s.191
148. **Richtungen** – directions.....................s.191-192

149. **Ringe** – rings.....................s.192-193
150. **Romane** – novels................s.193
151. **Säfte** – juices......................s.193-194
152. **Saiteninstrumente** - stringed instuments...........................s.194
153. **Säulenordnungen** – orders................................s.194-195
154. **Säuren** – acids.....................s.195-198
155. **Schachfiguren** - chess pieces....s.198
156. **Scheren** - scissors and shears....s.199-200
157. **Schlafarten** - types of sleep......s.200
158. **Schlaginstrumente**- percussion instruments..........................s.200-201
159. **Schmerzen** – pains...............s.201-212
160. **Schneekristalle** - snow crystals............................s.212
161. **Schränke** - cabinets and closets...............................s.212-213
162. **Schrauben** – screws..............s.213
163. **Schreibgeräte** - writing instruments........................s.214
164. **Schuhe**→ **Fußbekleidung**
165. **Singvögel** - song-birds..........s.214
166. **Sinne** – senses....................s.215
167. **Sinnesorgane** - sense organs...s.215
168. **Spielkarten** - playing cards....s.215-216
169. [1]**Sprachen** – languages.........s.216-217
170. [2]**Sprachen** – languages.........s.218
171. **Staudämme** – dams..............s.218
172. **Sternzeichen** - Signs of the Zodiac.............................s.218
173. **Steuern** – taxes..................s.219-224
174. **Stichproben** – samples.........s.224-225
175. **Störungen** – disturbances......s.225-230
176. **Streiks** – strikes.................s.230-231

177. **Stühle** – chairs...................s.231
178. **Stürme** – storms................s.231
179. **Suppen** – soups.................s.232
180. **Tageszeiten** - times of the day....................................s.232-233
181. **Tasteninstrumente** - keyboard instruments........................s.233
182. **Tierbehausungen** - animal dwellings............................s.233
183. **Tiergruppen** – animal groups..............................s.233-234
184. **Tierkreiszeichen**→ **Sternzeichen**
185. **Tierlaute** - animal sounds.....s.234-236
186. **Tische** – tables...................s.236-237
187. **Trinkgefäße** - drinking-vessels.............................s.237
188. **Türen** – doors....................s.237-238
189. **Turngeräte** - gymnastics apparatuses..........................s.238
190. **Uhren** - clocks and watches.............................s.238-239
191. **Variablen** – variables............s.239-241
192. **Verdauungsorgane** - digestive organs................................s.242
193. **Vergiftungen** – poisonings..........................s.242-245
194. **Versicherungen** – insurances.........................s.245-256
195. **Versicherungspolicen** - insurance policies............................s.256-257
196. **Verwandte** – relatives...........s.258-259
197. **Wälder** – forests..................s.260
198. **Wechsel** – bills...................s.261-264
199. **Weine** – wines....................s.264
200. **Winde** – winds...................s.264

201. **Windstärken** - wind forces…..s.264
202. **Winkel** – angles…………….s.265-267
203. **Wirbel** – vertebrae…………...s.267-268
204. **Wochentage** – weekdays……s.268
205. **Wohnhäuser** - dwelling houses………………………..s.268-269
206. **Zahlen** – numbers………….s.269-271
207. **Zähne** – teeth………………s.271

Suchverzeichnis - Searching Directory………………………..s.272-460

A

1. **Abszesse** - abscesses;
Achselabszess *m* axillary abscess;
Amöbenabszess *m* amoebic abscess;
Amöbenleberabszess *m* amoebic liver abscess; **Anorektalabszess** *m* anorectal abscess; **Apikalabszess** *m* apical abscess; **Atheromaabszess** *m* atheromatous abscess; **Balgaabszess** *m* follicular abscess; **Beckenabszess** *m* pelvic abscess; **Bezold-Abszess** *m* Bezold abscess; **Blutungsabszess** *m* haemorrhagic abscess; **Brustabszess** *m* breast abscess; mammary abscess; **Brustdrüsenabszess** *m* breast abscess; mammary abscess; **Darmbeinabszess** *m* iliac abscess; **Drüsenabszess** *m* glandular abscess; **Eierstockabszess** *m* ovarian abscess; ovary abscess; pyoovarium; **Eileiterabszess** *m* uterine tube abscess; pyosalpinx; **Eileiter-Eierstock-Abszess** *m* tubo-ovarian abscess; **embolischer Abszess** embolic abscess; **Epiduralabszess** *m* epidural abscess; **extraduraler Abszess** extradural abscess; **Fäkalabszess** *m* faecal abscess; stercoral abscess; **Gallengangsabszess** *m* cholangitic abscess; bile-duct abscess; **Gasabszess** *m* gas abscess; emphysematous abscess; **Gelbkörperabszess** *m* corpus luteum abscess; **Glaskörperabszess** *m* vitreous body abscess; **hämorrhagischer**

Abszess haemorrhagic abscess;
Handflächenabszess *m* palmar abscess;
Harnleiterabszess *m* ureteral abscess;
Helminthenabszess *m* helminthic abscess; **Hirnabszess** *m* brain abscess; celebral abscess; **hypostatischer Abszess** hypostatic abscess;
Iliakalabszess *m* iliac abscess;
intrasellärer Abszess intrasellar abscess; **Ischiorektalabszess** *m* ischiorectal abscess; **käsiger Abszess** caseous abscess; **kleiner Abszess** small abscess; microabscess;
Kleinhirnabszess *m* cerebellar abscess;
Knochenabszess *m* bone abscess;
Knochenhautabszess *m* subperiosteal abscess; **Knopflochabszess** *m* collar-button abscess; shirt-stud abscess;
Kongestionsabszess *m* congestive abscess; **Kopfschwartenabszess** *m* scalp abscess; **Kotabszess** *m* faecal abscess; **Lateralwurzelabszess** *m* lateral root abscess; **Leberabszess** *m* liver abscess; hepatic abscess;
Lidabszess *m* eyelid abscess;
Lumbalabszess *m* lumbar abscess;
Lungenabszess *m* lung abscess; pulmonary abscess;
Lungenmikroabszess *m* pulmonary microabscess; **lymphatischer Abszess** lymphatic abscess; **Mandelabszess** *m* tonsillar abscess; quinsy;
Manschettenabszess *m* cuff abscess;
Mikroabszess *m* microabscess;
Milchabszess *m* milk abscess;

Milzabszess *m* splenic abscess; **Nabelabszess** *m* umbilical abscess; empyocele; **Nahtstichabszess** *m* stitch abscess; **Nasenscheidewandabszess** *m* nasal septal abscess; **Nierenabszess** *m* renal abscess; **Nierenamöbenabszess** *m* renal amoebic abscess; **Orbitalabszess** *m* orbital abscess; **Paradontalabszess** *m* paradontal abscess; **parametrischer Abszess** parametric abscess; **Parametriumabszess** *m* parametric abscess; **Paravertebralabszess** *m* paravertebral abscess; **pelviner Abszess** pelvic abscess; **Perianalabszess** *m* perianal abscess; **Periapikalabszess** *m* periapical abscess; **Periorbitalabszess** *m* periorbital abscess; **Perirektalabszess** *m* perirectal abscess; anorectal abscess; **Peritonsillarabszess** *m* peritonsillar abscess; quinsy; **Periurethralabszess** *m* periurethral abscess; **Pilonidalabszess** *m* pilonidal abscess; **Primärabszess** *m* primary abscess; **Prostataabszess** *m* prostatic abscess; **Psoasabszess** *m* psoas abscess; **pyämischer Abszess** pyaemic abscess; **Residualabszess** *m* residual abscess; **Retrobulbärabszess** *m* retrobulbar abscess; **Retromammärabszess** *m* retromammary abscess; **Retromandibularabszess** *m* retromandibular abscess; **Retropharyngealabszess** *m* retropharyngeal abscess; **Retrotonsillarabszess** *m* retrotonsillar abscess; **Retrovesikalabszess** *m* retrovesical abscess; **Samenkanälchenabszess** *m* spermatic abscess; **Schilddrüsenabszess** *m* thyroid abscess; **Schweißdrüsenabszess** *m* sudoriparous abscess; **Sekundärabszess** *m* secondary abscess; **Senkungsabszess** *m* gravitation abscess; hypostatic abscess; **Spirillenabszess** *m* spirillar abscess; **Spritzenabszess** *m* syringe abscess; **Stirnhirnabszess** *m* frontal cerebral abscess; **Subduralabszess** *m* subdural abscess; **subgalealer Abszess** subgaleal abscess; **Subkutanabszess** *m* subcutaneous abscess; **Subungualabszess** *m* subungual abscess; **Supratonsillarabszess** *m* supratonsillar abscess; **Tropenabszess** *m* tropical abscess; **Tuboovarialabszess** *m* tubo-ovarian abscess; **Türkensattelabszess** *m* intrasellar abscess; **Verkäsungsabszess** *m* caseous abscess; **Wanderabszess** *m* wandering abscess; **Wurmfortsatzabszess** *m* appendix abscess; **Zahnabszess** *m* dental abscess; **Zahnfleischabszess** *m* gumboil; alveolar abscess; **Zungenabszess** *m* lingual abscess

2. Adelstitel -

aristocratic titels;
Baron *m* baron; **Baroness** *f* baroness; **Baronet** *m* baronet; **Burgfrau** *f*

chatelain; **Burgherr** *m* castellan;
Freifrau *f* baroness; **Freiherr** *m* baron;
Fürst *m* prince; **Fürstin** *f* princess;
Graf *m* count; earl (Brit.); **Gräfin** *f*
countess; **Herzog** *m* duke; **Herzogin** *f*
duchess; **Kaiser** *m* emperor; **Kaiserin** *f*
empress; **König** *m* king; **Königin** *f*
queen; **Kronprinz** *m* crown prince;
Marchesa *f* marchesa; **Marchese** *m*
marchese; **Markgraf** *m* margrave;
Markgräfin *f* margravine; **Marquis** *m*
marquis; marquess (Brit.); **Marquise** *f*
marchioness; **Ritter** *m* knight; **Viscount**
m viscount; **Viscountess** *f* viscountess;
Vizegraf *m* viscount; **Vizegräfin** *f*
viscountess; **Vizekönig** *m* viceroy

3. Akazie - acacia;
Arabische Akazie gum arabic acacia
(Acacia arabica); **Borstige Robinie** rose
acacia (Robinia hispida);
Christusakazie *f* three-thorned acacia
(Cleditschia triacanthos); **dichtblumige
Akazie** golden-wattle acacia (Acacia
pycnantha); **Langblättrige Akazie**
Sydney acacia (Acacia longifolia);
Scheinakazie *f* bastard acacia (Robinia
pseudoacacia)

4. Albatrosse -
albatrosses (diomedeidae);
Gelbnasenalbatros *m* yellow-nosed
albatros (Diomedea chlororychos);
Graukopfalbatros *m* grey-headed

albatros (Diomedea chrysostoma);
Königsalbatros *m* royal albatros (Diomedea epomorpha); **Kurzschwanzalbatros** *m* short-tailed albatros (Diomedea albatrus); **Nördlicher Rußalbatros** *m* sooty albatros (Phoebetria fusca); **Schwarzbrauen-Albatros** *m* black-browed albatros (Diomedea melanophrys); **Schwarzfußalbatros** *m* black-footed albatros (Diomedea nigripes); **Südlicher Rußalbatros** *m* light-mantled sooty albatros (Phoebetria palpebrata); **Wanderalbatros** *m* wandering albatros (Diomedea exulans)

5. Allergien - allergies;
angeborene Allergie hereditary allergy; **Arzneimittelallergie** *f* drug allergy; **Autoallergie** *f* autoallergy; **bakterielle Allergie** bacterial allergy; **Bakterienallergie** *f* bacterial allergy; **Gliadinallergie** *f* gliadin sensitivity; **Glutenallergie** *f* gluten sensitivity; **Hautallergie** *f* skin allergy; cutaneous allergy; **Heftpflasterallergie** *f* hypersensitivity to adhesive plaster; **Infektionsallergie** *f* infectious allergy; **Insulinallergie** *f* insulin allergy; **Kälteallergie** *f* cold allergy; **Kontaktallergie** *f* contact allergy; **Kontrastmittelallergie** *f* allergy to contrast medium; **Kreuzallergie** *f* cross sensitivity; **Kuhmilchallergie** *f* cow's milk allergy; **latente Allergie** latent

allergy; **Lichtallergie** *f* photo-allergy;
Mehrfachallergie *f* multisensitivity;
Parallelallergie *f* group allergy;
provozierte Allergie induced allergy;
Spätallergie *f* delayed allergy;
Spontanallergie *f* spontaneous allergy;
Stauballergie *f* dust allergy;
Tuberkulinallergie *f* tuberculin allergy;
verzögerte Allergie delayed allergy;
zellübertragene Allergie cell-mediated allergy

6.   **Ängste**→ **Phobien**

7.   **Antigene** - antigens; immunogens;
artfremdes Antigen xenoantigen;
fetopankreatisches Antigen foetopancreatic antigen; **Frühantigen** *n* early antigen; **Gewebeantigen** *n* tissue antigen; **Hauttestantigen** *n* skin test antigen; **Hepatitis-B-Antigen** *n* hepatitis B antigen; **heterogenetisches Antigen** heterogenetic antigen;
Histokompatibilitätsantigen *n* histocompatibility antigen;
inkomplettes Antigen incomplete antigen; hapten; **Isoantigen** *n* isoantigen; **Kapselantigen** *n* capsular antigen; **karzinoembryonales Antigen** carcinoembryonic antigen;
Malariaantigen *n* malarial antigen;
Membran-Protein-Antigen *n* membrane protein antigen; **O-Antigen**

n O antigen; **onkofetales Antigen** oncofoetal antigen; **Partialantigen** *n* partial antigen; hapten; **Proteinantigen** *n* protein antigen; **Rhesusantigen** *n* rhesus antigen; Rh antigen; **Transplantationsantigen** *n* transplantation antigen; **ubiquitäres Antigen** ubiquitous antigen

8.   Apostel - apostles;
Andreas Andrew; **Bartholomäus** Bartholomew; **Jakobus** Jacob; **Johannes** John; **Judas** Judas; **Matthäus** Matthew; **Matthias** Matthias; **Paulus** Paul; **Petrus** Peter; **Philippus** Philip; **Simon** Simon; **Thomas** Thomas

9.   Ärzte - doctors and physicians;
approbierter Arzt licentiate; **Ärztin** *f* lady doctor; lady physician; **Assistenzarzt** *m* assistant physician; medical assistant; **Augenarzt** *m* oculist; ophthalmologist; **behandelnder Arzt** attending physician; **beratender Arzt** consultant physician; **Betriebsarzt** *m* factory doctor; company doctor; works medical officer; **Chirurg** *m* surgeon; **diensttuender Arzt** doctor on duty; **Doktor der Medizin** Doctor of Medicine (M.D.); **Facharzt** *m* specialist; **Frauenarzt** *m* gynaecologist; **Gerichtsarzt** *m* court-

appointed doctor; **Gynäkologe** *m* gynaecologist; **Hafenarzt** *m* port medical officer; **Hals-Nasen-Ohren-Arzt** *m* otolaryngologist; ENT physician; **Hausarzt** *m* family doctor; family physician; **Hautarzt** *m* dermatologist; **Hepatologe** *m* hepatologist; **Herzchirurg** *m* cardiac surgeon; cardiosurgeon; **Histologe** *m* histologist; **HNO-Arzt** *m* otolaryngologist; ENT physician; **Hygienearzt** *m* hygienist; **Internist** *m* internist; internal specialist; **Kassenarzt** *m* panel doctor; **Kinderarzt** *m* paediatrician; paediatrist; children's specialist; **Kinderchirurg** *m* paediatric surgeon; **Kinderzahnarzt** *m* paediadontist; **konsultierender Arzt** consultant physician; **Narkosearzt** *m* anaesthetist; **Nasenfacharzt** *m* rhinologist; **Nervenarzt** *m* neurologist; **Neurochirurg** *m* neurosurgeon; **Neurologe** *m* neurologist; **Notarzt** *m* emergency physician; **Onkologe** *m* oncologist; cancerologist; **praktischer Arzt** general practitioner; medical practitioner; physician; **Schiffsarzt** *m* ship's doctor; **Stationsarzt** *m* ward physician; **überweisender Arzt** referring physician; **Unfallarzt** *m* traumatologist; **Werksarzt** *m* plant physician

10. Atmung - respiration;

Abdominalatmung *f* abdominal respiration; **aerobe Atmung** aerobic respiration; **anaerobe Atmung** anaerobic respiration; **angetrengte Atmung** forced respiration; laboured pain; **assistierte Atmung** assisted respiration; mechanical respiration; **asthmaartige Atmung** asthmoid respiration; **beschleunigte Atmung** accelerated respiration; tachypnoea; **Bronchialatmung** *f* bronchial breathing; tubular respiration; **Brustkorbatmung** *f* chest breathing; costal respiration; **erschwerte Atmung** impeded respiration; difficult breathing; **Fetalatmung** *f* foetal respiration; placental respiration; **flache Atmung** shallow respiration; hypopnoea; **gesteigerte Atmung** hyperpnoea; **Gewebsatmung** *f* tissue respiration; **Hautatmung** *f* transpiration; cutaneous perspiration; **innere Atmung** internal respiration; **keuchende Atmung** gasping respiration; **kontrollierte Atmung** controlled respiration; **künstliche Atmung** artificial respiration; artificial ventilation; **langsame Atmung** slow respiration; **Lungenatmung** *f* pulmonary respiration; **Mundatmung** *f* mouth breathing; mouth respiration; **oberflächliche Atmung** shallow respiration; **paradoxe Atmung** paradoxical respiration; pendelluft respiration; **periodische Atmung** periodical breathing; **pfeifende Atmung** hissing breathing; wheezing respiration; **puerile Atmung** puerile respiration; **pulmonale Atmung** pulmonary respiration; **röchelnde Atmung** stertorous respiration; **Rückatmung** *f* rebreathing; reinhalation; **schnappende Atmung** spasmodic respiration; **schnelle Atmung** rapid respiration; tachypnoea; **schwere Atmung** gasping respiration; **seufzende Atmung** sighing respiration; **Spontanatmung** *f* spontaneous respiration; **thorakale Atmung** thoracic respiration; **tiefe Atmung** deep respiration; **unregelmäßige Atmung** irregular respiration; **verlangsamte Atmung** slow respiration; bradypnoea; **vesikuläre Atmung** vesicular respiration; **ziehende Atmung** sighing respiration

11. Augen - eyes;

blaues Auge black eye; **bloßes Auge** naked eye; **Bullauge** *n* porthole; **Facettenauge** *n* compound eye; **fehlsichtiges Auge** ametropic eye; **führendes Auge** master eye; **glänzendes Auge** shining eye; bright eye; **Glasauge** *n* glass eye; **Komplexauge** *n* compound eye; **Kunstauge** *n* artificial eye; **künstliches Auge** artificial eye; **linkes Auge** left eye; **Netzauge** *n* compound eye;

Primitivauge *n* eyespot; **rechtes Auge** right eye; **Riesenauge** *n* megalophthalmus; **Schielauge** *n* cross eye; strabismic eye; **schielendes Auge** strabismic eye; **Triefauge** *n* blear eye; **Wasserauge** *n* hydrophthalmos; buphthalmos

B

12. Bäder - baths;

absteigendes Bad graduated bath; **adstringierendes Bad** astringent bath; **Anregungsbad** *n* stimulating bath; **Beruhigungsbad** *n* sedative bath; **Bewegungsbad** *n* kinotherapeutic bath; **Blutbad** *n* blood-bath; **Brausebad** *n* shower bath; **brausendes Bad** effervescent bath; **Dampfbad** *n* vapour bath; steam bath; **Entwicklungsbad** *n* developing bath; **fiebersenkendes Bad** fever-reducing bath; **Fußbad** *n* foot bath; pediluvium; **Handbad** *n* hand bath; **Heilbad** *n* therapeutic bath; medicinal bath; spa; health resort; **Heißluftbad** *n* hot-air bath; sudatory bath; sudatorium; **hydroelektrisches Bad** hydroelectric bath; **Kamillenbad** *n* chamomile bath; **Kohlensäurebad** *n*

carbondioxide bath; effervescent bath;
Kopflichtbad *n* electric-light head bath;
lauwarmes Bad tepid bath; **Lichtbad** *n* light bath; **Lichtstrahlenbad** *n* light bath; **Luftbad** *n* air bath; **medizinisches Bad** medicinal bath; **Moorbad** *n* mud bath; **Sandbad** *n* sand bath; **Sauerstoffbad** *n* oxygen bath; **Schaumbad** *n* bubble bath; foam bath; **Schlammbad** *n* mud bath; **Schwefelbad** *n* sulphur bath; sulphurated bath; **Schwimmbad** *n* 1. swimming-pool; 2. swimming baths; **Schwitzbad** *n* sudatorium; sweat bath; hot-air bath; **Seebad** *n* seaside resort; **Sitzbad** *n* hip bath; **Solbad** *n* 1. salt-water bath; brine bath; 2. salt-water spa; **Sonnenbad** *n* sun-bath; **Thermalbad** *n* 1. thermal bath; 2. spa; **türkisches Bad** Turkish bath; **Umlaufwasserbad** *n* circulating bath; **Warm-Kalt-Wechselbad** *n* contrast bath; **Wasserbad** *n* water bath; **Wechselbad** *n* contast bath

13. Bälle - balls;

Baseball *m* baseball; **Basketball** *m* basketball; **Cricketball** *m* cricket ball; **Federball** *m* shuttlecock; **Football** *m* American football; **Fußball** *m* soccer ball; **Golfball** *m* golf ball; **Handball** *m* handball; **Hockeyball** *m* hockey ball; **Korbball** *m* basketball; **Kricketball** *m* cricket ball; **Medizinball** *m* medicine ball; **Netzball** *m* netball; **Racquetball** *m* racquetball; **Rugbyball** *m* rugby ball; **Schlagball** *m* rounders ball; **Squashball** *m* squash ball; **Tennisball** *m* tennis ball; **Tischtennisball** *m* table tennis ball; **Volleyball** *m* volleyball; **Wasserball** *m* 1. water polo ball; 2. beach ball

14. Ballspiele - ball games;

Badminton *n* badminton; **Baseball** *m* baseball; **Basketball** *m* basketball; **Billard** *n* billiards; **Boccia** *n* boccia; boccie; **Eishockey** *n* ice hockey; **Faustball** *m* punch ball; **Federball** *m* badminton; **Football** *m* American football; **Fußball** *m* soccer; **Golf** *n* golf; **Hallenhandball** *m* indoor handball; **Hallentennis** *n* indoor tennis; **Handball** *m* handball; **Hockey** *n* hockey; **Kegeln** *n* skittle; skittles (Brit.); **Korbball** *m* basketball; **Kricket** *n* cricket; **Lacrosse** *n* lacrosse; **Pelota** *f* pelota; **Polo** *n* polo; **Radball** *m* bicycle polo; **Ringtennis** *n* quoits; deck tennis; **Rollhockey** *n* roller-skate hockey; **Rugby** *n* rugby; **Schlagball** *m* rounders; **Squash** *n* squash; **Tennis** *n* tennis; **Tischtennis** *n* table tennis; **Volleyball** *m* volleyball; **Wasserball** *m* 1. water polo; 2. beach ball

15. Banken - banks;

Abwicklungsbank *f* liquidating bank; **Akkreditivbank** *f* credit-issuing bank;

credit-opening bank; **angeschlossene Bank** affiliated bank; **Auslandsbank** *f* foreign bank; **beauftragte Bank** paying bank; **bestätigende Bank** confirming bank; **bezogene Bank** drawee bank; **Blutbank** *f* blood bank; **Bundesbank** *f* Federal Bank; **Darlehenskasse** *f* loan bank; **Datenbank** *f* data bank; **Depotbank** *f* depository bank; **Diskontbank** *f* discounting bank; **Effektenbank** *f* investment bank; trust company (US); **Effektengirobank** *f* securities clearing bank; giro-type security deposit bank; **eingeschaltete Bank** intermediary bank; **einlösende Bank** negotiating bank; **einreichende Bank** presenting bank; **Einzugsbank** *f* collecting bank; **Emissionsbank** *f* issuing bank; bank of issue; **Emissionsnotenbank** *f* issuing central bank; **emittierende Bank** issuing bank; **Entwicklungsbank** *f* development bank; **eröffnende Bank** opening bank; issuing bank; **Eröffnungsbank** *f* opening bank; **erstklassige Bank** blue-blooded bank; **Europäische Ausfuhrbank** European Export Bank (EEB); **Europäische Investitionsbank** European Investment Bank (EIB); **Europäische Zentralbank** European Central Bank; **Führungsbank** *f* lead manager; **gemischte Hypothekenbank** mixed mortgage bank; **Genossenschaftsbank** *f* cooperative bank; **Gewebebank** *f* tissue bank;

Großbank *f* big bank; **Hausbank** *f* house bank; **Hypothekenbank** *f* mortgage bank; **Industriekreditbank** *f* industrial credit bank; **Informationsbank** *f* data bank; **Inkassobank** *f* collecting bank; **Internationale Bank für Wiederaufbau und Entwicklung** International Bank for Reconstruction and Development; **Investitionsbank** *f* investment bank; **Knochenbank** *f* bone bank; **Konsortialbank** *f* consortium bank; **kontoführende Bank** bank in charge of an account; **Korrespondenzbank** *f* correspondent bank; **Kreditbank** *f* bank; **krediteröffnende Bank** issuing bank; opening bank; **kreditgebende Bank** lending bank; **Kundenkreditbank** *f* sales finance company; **Landeszentralbank** *f* state central bank; **Methodenbank** *f* methods storage bank; **Nachfolgebank** *f* successor bank; **negotiierende Bank** negotiating bank; **Notenbank** *f* bank of issue; issue bank; **öffentliche Sparkasse** public savings bank; **Privatbank** *f* private bank; **Regionalbank** *f* regional bank; **Remboursbank** *f* accepting bank; **Schiffsbank** *f* ship mortgage bank; **Schiffspfandbriefbank** *f* ship mortgage bank; **Sparkasse** *f* savings bank; **Speicherbank** *f* memory bank; **staatliche Bank** state-owned bank;

übersendende Bank remitting bank;
verwahrende Bank custodian bank;
Volksbank *f* people's bank; **Weltbank** *f* World Bank;
Wertpapiersammelbank *f* securities clearing and depositing bank;
Zeichnerbank *f* subscribing bank;
Zentralbank *f* central bank;
zweitbeauftragte Bank intermediate bank; paying bank

16. Beeren - berries;

Bärentraube *f* bearberry (Arctostaphylos uva-ursi); **Blaubeere** *f* blueberry (US); bilberry (Brit.) (Vaccinium myrtillus); **Brombeere** *f* blackberry (Rubus); **Erdbeere** *f* strawberry (Fragaria); **Gestreckte Scheinbeere** checkerberry (Gaulteria procumbens); **Heidelbeere** *f* blueberry (US); bilberry (Vaccinium myrtillus); **Himbeere** *f* red raspberry (Rubus idaeus); **Holunderbeere** *f* elderberry; **Johannisbeere** *f* currant (Ribes); **Maulbeere** *f* mulberry (Morus); **Mispel** *f* medlar (Mespilus germanica); **Preiselbeere** *f* mountain cranberry; rock cranberry (Vaccinium vitisidaea); **Rauschbeere** *f* bog bilberry; bog whortleberry (Vaccinium uliginosium); **Rote Johannisbeere** red currant (Ribes rubrum); **Schwarze Johannisbeere** black currant (Ribes nigrum); **Stachelbeere** *f* gooseberry

(Grossularia); **Trunkelbeere** *f* bog bilberry; bog whortleberry (Vaccinium uliginosium)

17. Birken - birches;

Alpenbirke *f* dwarf birch (Betula nana); **Besenbirke** *f* white birch (Betula pubescens); **Dahurische Birke** river birch (Betula nigra); **Erlenbirke** *f* alder birch (Betula alnoides); **Gelbbirke** *f* yellow birch (Betula lutea); **Graubirke** *f* canoe birch (Betula papyrifera); **Hainbirke** *f* cherry birch (Betula lenta); **Japanische Birke** paper birch (Betula japonica); **Nordische Weißbirke** white birch (Betula pubescens); **Papierbirke** *f* canoe birch (Betula papyrifera); **Quellenbirke** *f* water birch (Betula fontinalis); **Schwarzbirke** *f* river birch (Betula nigra); **Warzenbirke** *f* common birch (Betula verrucosa); **Wasserbirke** *f* water birch (Betula fontinalis); **Weißbirke** *f* common birch (Betula verrucosa); **Zuckerbirke** *f* cherry birch (Betula lenta); **Zwergbirke** *f* dwarf birch (Betula nana)

18. Blasinstrumente - wind instruments;

Aulos *m* aulos; **Bassethorn** *n* basset horn; **Basshorn** *m* bass horn; **Bassklarinette** *f* bass clarinet; **Bassposaune** *f* bass trombone; **Blockflöte** *f* recorder; **Bügelhorn** *n* bugle; **Clarino** *n* clarino; clarin trumpet; **Doppelflöte** *f* double pipe; **Dudelsack** *m* doodlesack; bagpipes; **Englischhorn** *m* English horn; cor anglais; **Fagott** *n* bassoon; **Fanfare** *f* clarion; **Flöte** *f* flute; **Handharmonika** *f* accordion; **Horn** *n* horn; **Jazztrompete** *f* jazz trumpet; **Klarinette** *f* clarinet; **Kontrabasstuba** *f* contrabass tuba; **Kontrafagott** *n* contrabassoon; **Korenett** *n* cornett; **Kornett** *n* cornet; cornetto; **Krummhorn** *n* crumhorn; **Mundharmonika** *f* mouth organ; **Mundorgel** *m* mouth organ; **Oboe** *n* oboe; **Okarina** *f* ocarina; **Ophikleide** *f* ophicleide; **Panflöte** *f* panpipe; syrinx; **Pikkoloflöte** *f* piccolo; **Posaune** *f* trombone; **Querflöte** *f* flute; **Querpfeife** *f* fife; **Sackpfeife** *f* bagpipe; **Saxhorn** *n* saxhorn; **Saxophon** *n* saxophone; **Trompete** *f* trumpet; **Tuba** *f* tuba; **Waldhorn** *n* French horn; **Ziehharmonika** *f* concertina

19. Blätter - leaves;

abgebrochen-gefiedertes Blatt abruptly pinnate leaf; interruptedly pinnate leaf; **apikales Blatt** apical leaf; **ausgebuchtetes Blatt** dedalous leaf; sinuate leaf; **ausgerandetes Blatt** emarginate leaf; **bifaziales Blatt** bifacial leaf; **bleibendes Blatt** persistent leaf; **buchtiges Blatt** dedalous leaf; sinuate leaf; **buntes Blatt** variegated leaf; **doppelgefiedertes Blatt** bipinnate leaf; bipinnately compound leaf; **doppeltgefiedert zusammengesetztes Blatt** pinnately decompound leaf; **dreifach-adriges Blatt** three-nerved leaf; **dreifach-genervtes Blatt** three-nerved leaf; **durchlöchertes Blatt** perforate leaf; **durchwachsenes Blatt** perfoliate leaf; **eiförmiges Blatt** lanceolate leaf; **einfaches Blatt** simple leaf; **einfach gefiedertes Blatt** simple pinnate leaf; **einjähriges Blatt** summer leaf; **einlappiges Blatt** unifoliolate leaf; **federspaltiges Blatt** pinnatifid leaf; **fedrig-gelapptes Blatt** pinnatilobade leaf; **fiedernerviges Blatt** feather-nerved leaf; **fiederschnittiges Blatt** pinnatisected leaf; **fiederteiliges Blatt** pinnatipartire leaf; **fleischiges Blatt** fleshy leaf; **gefiedertes Blatt** pinnate leaf; **gefingertes Blatt** digitate leaf; **gegenständiges Blatt** opposite leaf; **gelapptes Blatt** laminal leaf; lobed leaf; **gestieltes Blatt** petioled leaf; **geteiltes Blatt** cleft leaf; **Gipfelblatt** *n* apical leaf; **glänzendes Blatt** sleek leaf; **glanzloses Blatt** tarnished leaf; **Goldblatt** *n* golden leaf (Chrysophyllum); **Grundblatt** *n* bottom leaf; basal leaf; **handförmiges Blatt** palmately parted leaf; palmatisected leaf; **handförmig-gelapptes Blatt** palmately lobed leaf; **handförmig-zusammengesetztes Blatt** palmately compound leaf; **hinfälliges Blatt** deciduous leaf; **immergrünes Blatt** evergreen leaf; **Initialblatt** *n* initial leaf; **Kataphyll** *n* cataphyllary leaf; **Keimblatt** *n* seed leaf; seminal leaf; **Kleeblatt** *n* cloverleaf; **Knospendeckblatt** *n* cataphyllary leaf; **Lichtblatt** *n* sun leaf; **Lieschblatt** *n* husk leaf; **linealisches Blatt** linear leaf; **Luftblatt** *n* air leaf; emersed leaf; **mattes Blatt** tarnished leaf; **nadelförmiges Blatt** acerose leaf; **netznerviges Blatt** pinnately veined leaf; **Niederblatt** *n* basal leaf; bottom leaf; **Nischenblatt** *n* nest leaf; **oberes Blatt** upper leaf; **ovales Blatt** lanceolate leaf; **paarig gefiedertes Blatt** paripinnate leaf; **Pfriemblatt** *n* subulate leaf; **pfriemenförmiges Blatt** subulate leaf; **Primär-Blatt** *n* initial leaf; **primordiales Blatt** primordial leaf; **rundliches Blatt** orbiculate leaf; **scharf dreikantig zugespitztes Blatt** acutely triangular-pointed leaf; **Schattenblatt** *n* shade leaf; **Schirmblatt** *n* umbrella leaf; **Schuppenblatt** *n* scale leaf; **schwertförmiges Blatt** ensiform leaf; **schwimmendes Blatt** floating leaf; **sitzendes Blatt** sessile leaf; **sommergrünes Blatt** summer leaf; **Sonnenblatt** *n* sun leaf; **spießförmiges Blatt** hastate leaf; **Spitzkronblatt** *n* acropetal leaf; **Stengelblatt** *n* cauline leaf; **stengelumfassendes Blatt** amplexicaule leaf; clasping leaf; **übergehendes Blatt** transitional leaf;

ungeteiltes Blatt entire-kind leaf; **unpaarig gefiedertes Blatt** odd-pinnate leaf; **unterbrochen nerviges Blatt** interruptedly-nerved leaf; **untergetauchtes Blatt** submerged leaf; **verwachsenes Blatt** connate leaf; **vollständiges Blatt** complete leaf; **Wasserblatt** *n* water leaf; **zerrissenes Blatt** lacerated leaf; **zerschnittenes Blatt** dissected leaf; **zweiteiliges Blatt** binary leaf

20. Blattgemüse - leaf vegetables;

Brunnenkresse *f* watercress; **Chicorée** *f* chicory; **Chinakohl** *m* Chinese cabbage; **Endivie** *f* endive; **Eskariol** *m* endive; **Feldsalat** *m* corn salad; **glatte Endivie** broad-leaved endive; **Garten-Sauerampfer** *m* garden sorrel; **Grünkohl** *m* curly kale; **Kohl** *m* cabbage; **Kopfsalat** *m* cabbage lettuce; **krause Endivie** curly endive; **Löwenzahn** *m* dandelion; **Romagna-Salat** *m* cos lettuce; **Rosenkohl** *m* Brussels sprouts; **Spinat** *m* spinach; **Weinblatt** *n* vine leaf; **Weißkohl** *m* white cabbage

21. Blutdruck - blood pressure;

abfallender Blutdruck falling blood

pressure; **arterieller Blutdruck** arterial blood pressure; arterial pressure; **Bluthochdruck** *m* high blood pressure; hypertension; hyperpiesia; **Blutunterdruck** *m* low blood pressure; hypotension; hypopiesia; **diastolischer Blutdruck** diastolic blood pressure; diastolic pressure; **erhöhter Blutdruck** increased blood pressure; **erniedrigter Blutdruck** decreased blood pressure; **hoher Blutdruck** high blood pressure; hypertension; hyperpiesia; **mittlerer Blutdruck** mean blood pressure; **niedriger Blutdruck** low blood pressure; hypotension; hypopiesia; **Ruheblutdruck** *m* resting blood pressure; **systolischer Blutdruck** systolic blood pressure; systolic pressure

22. Bohnen - beans;

Buschbohne *f* bush bean (Phaseolus vulgaris humilis); **Feldbohne** *f* broad bean; horse bean (Vicia faba); **Feuerbohne** *f* runner bean (Phaseolus coccineus); **Gartenbohne** *f* kidney bean (Phaseolus vulgaris); **Helmbohne** *f* black bean (Dolichos lablab); **Lablabbohne** *f* black bean (Dolichos lablab); **Mondbohne** *f* butter bean (Phaseolus lunatus); **Mungobohne** *f* mung bean (Phaseolus aureus); **Pferdebohne** *f* horse bean; broad bean (Vicia faba); **Puffbohne** *f* horse bean; broad bean (Vicia faba); **Saubohne** *f*

broad bean; horse bean (Vicia faba);
Sojabohne *f* soya bean (Glycine max);
Strahlenfisole *f* aduki bean (Phaseolus radiatus)

23. Bomben - bombs;

A-Bombe *f* A-bomb; **Atombombe** *f* atomic bomb; **Autobombe** *f* car bomb; **Brandbombe** *f* fire bomb; incendiary bomb; **Briefbombe** *f* letter bomb; **Fliegerbombe** *f* aerial bomb; **Gasbombe** *f* gas bomb; **H-Bombe** *f* H-bomb; **Molotowcocktail** *m* Molotow cocktail; **Napalmbombe** *f* napalm bomb; **Neutronenbombe** *f* neutron bomb; **Plastikbombe** *f* plastic bomb; **Plutoniumbombe** *f* plutonium bomb; **Rauchbombe** *f* smoke bomb; **Röhrenbombe** *f* tube bomb; **Splitterbombe** *f* fragmentation bomb; antipersonnel bomb; **Stinkbombe** *f* stink bomb; **thermonukleare Bombe** thermonuclear bomb;
Tränengasbombe *f* tear gas bomb; **Wasserstoffbombe** *f* hydrogen bomb; **Zeitbombe** *f* time bomb

24. Bremsen - brakes;

Druckluftbremse *f* pneumatic brake; compressed air brake; **Feststellbremse** *f* 1. fixing brake; 2. (bei Landmaschinen) immobilization brake; stop brake; 3. (bei Automatikgetriebe) parking brake; **Fußbremse** *f* foot brake; footbrake;

Handbremse *f* hand brake; handbrake; **Lamellenbremse** *f* multiple disc brake; **Luftbremse** *f* air brake; **Motorbremse** *f* engine brake; **Notbremse** *f* emergency brake; **Radbremse** *f* wheel brake; **Rücktrittbremse** *f* back-pedalling brake; **Scheibenbremse** *f* disc brake; **Trommelbremse** *f* drum brake; **Vierradbremse** *f* four wheel brake; **Vorderradbremse** *f* front wheel brake

25. Briefe - letters;

Abmahnschreiben *n* deficiency notification letter; **Abmahnung** *f* adhortatory letter; **Abschiedsbrief** *m* farewell letter; **Aktionärsbrief** *m* shareholders' letter; **Ankündigungsschreiben** *n* announcement letter; **Apostelbrief** *m* epistle; **Auslandsbrief** *m* letter sent abroad; **auslaufender Brief** outgoing letter; **Begleitschreiben** *n* accompanying letter; letter of transmittal; **Beschwerdebrief** *m* letter of complaint; **Bestätigungsschreiben** *n* letter of acknowledgment; letter of confirmation; **Bewerbungsschreiben** *n* letter of application; **Dankschreiben** *n* letter of thanks; thank-you letter; **Doppelbrief** *m* overweight letter; **Drohbrief** *m* threatening letter; **Eilbrief** *m* express letter; special delivery letter (US); **Einschreibebrief** *m* registered letter; **Empfehlungsschreiben** *n* letter of recommendation;

Entlassungsschreiben *n* letter of dismissal; notice of dismissal; **Erinnerungsschreiben** *n* letter of reminder; follow-up letter; **Ermächtigungsschreiben** *n* letter of authority; **Finanzbrief** *m* financial letter; **Formbrief** *m* form letter; **Frachtbrief** *m* railroad bill of lading; railroad waybill; **frankierter Brief** free-paid letter; **Garantieschreiben** *n* letter of guaranty; **Gegenkaperbrief** *m* letter of contermart; **Geschäftsbrief** *m* business letter; **Handelskreditbrief** *m* commercial letter of credit; **Hypothekenbrief** *m* mortgage certificate; **Hypothekenpfandbrief** *m* mortgage bond; **Indemnitätsbrief** *m* letter of indemnity; **Informationsbrief** *m* news letter; **Kaperbrief** *m* letter of mart; **Kettenbrief** *m* chain letter; **Kondolenzbrief** *m* letter of condolence; **Kondolenzschreiben** *n* letter of condolence; **Kreditbrief** *m* letter of credit; **Kündigungsschreiben** *n* letter of dismissal; dismissal notice; notice of termination; notice to terminate; **Kurzbrief** *m* quick note; memo; **Liebesbrief** *m* love letter; **Luftpostbrief** *m* airmail letter; **Luftpostleichtbrief** *m* aerogramme; **Mahnschreiben** *n* dunning letter; **Nachfassbrief** *m* follow-up letter; **Nachnahmebrief** *m* c.o.d. letter; **Normalbrief** *m* standard letter; **Ortsbrief** *m* local letter; **Pfandbrief** *m* mortgage bond; **postlagernder Brief** letter to be called for; **Prämienbrief** *m* option contract; **Referenzschreiben** *n* letter of appraisal; testimonial; **Schemabrief** *m* standard letter; **Serienbrief** *m* bulk letter; **Sparbrief** *m* bank savings bond; **Sparkassenbrief** *m* savings bank certificate; **unfrankierter Brief** unpaid letter; **unzustellbarer Brief** dead letter; **Werbebrief** *m* advertising letter; **Zirkularkreditbrief** *m* circular letter of credit

26. Brillen - glasses; eyeglasses; spectacles; goggles;

Adaptationsbrille *f* adaptation goggles; **Bifokalbrille** *f* bifocals; **Dreistärkenbrille** *f* trifocals; **Einglas** *n* quizzing glass; monocle; **Fernbrille** *f* distance glasses; spectacles for distant vision; **Halbbrille** *f* half-glasses; **Hornbrille** *f* horn-rims; horn-rimmed glasses; **Klemmer** *m* pince-nez; **Kneifer** *m* pince-nez; **Lesebrille** *f* reading glasses; **Lorgnette** *f* lorgnette; **Monokel** *n* monocle; **Opernglas** *n* opera glasses; **Pincenez** *n* pince-nez; **Scherenbrille** *f* scissors-glasses; **Schielbrille** *f* strabismus glasses; strabismus spectacles; **Schlitzbrille** *f* stenopaeic glasses; stenopaeic spectacles; **Schutzbrille** *f* goggles; safety glasses; **Schweißbrille** *f* welding

goggles; **Skibrille** *f* ski goggles;
Sonnenbrille *f* sunglasses;
stenopäische Brille stenopaeic glasses;
Stielbrille *f* lorgnette; **Taucherbrille** *f*
diving goggles; **Zweistärkenbrille** *f*
bifocals; **Zwicker** *m* pince-nez

27. Brombeeren - blackberries;
Bergbrombeere *f* mountain blackberry
(Rubus alleghaniensis); **Kanadische
Brombeere** thornless blackberry
(Rubus canadensis);
Immergrünbrombeere *f* running
blackberry (Rubus sempervirens);
Riesenbrombeere *f* mammoth
blackberry (Rubus titanus)

28. Bronchitis - bronchitis;
akute Bronchitis acute bronchitis;
asthmoide Bronchitis asthmoid
bronchitis; **chronische Bronchitis**
chronic bronchitis; **eitrige Bronchitis**
putrid bronchitis; **fibrinöse Bronchitis**
fibrinous bronchitis; **kruppöse
Bronchitis** croupous bronchitis

29. Brote - bread;
Ährenbrot *n* ear loaf; **amerikanisches
Maisbrot** American corn bread;
amerikanisches Weißbrot American

white bread; **Baguette** *n* French bread; **Bauernbrot** *n* farmhouse bread; **Croissant** *n* croissant; **dänisches Roggenbrot** Danish rye bread; **deutsches Roggenbrot** German rye bread; **dunkles Roggenbrot** black rye bread; **englisches Weißbrot** English loaf; **französisches Weißbrot** French loaf; **Grahambrot** *n* whole wheat bread; **griechisches Brot** Greek bread; **indisches Fladenbrot** Indian chapati bread; **indisches Naanbrot** Indian nan bread; **irisches Brot** Irish bread; **judisches Weißbrot** Jewish challah; **Knäckebrot** *n* crispbread; **Maisbrot** *n* corn bread; **Milchbrot** *n* milk bread; **Pittabrot** *n* pitta bread; **Pittabrot mit Sesam** sesame seaded pitta; **Pumpernickel** *m* pumpernickel bread; **Roggenbrot** *n* rye bread; **Roggenbrot mit Kümmel** caraway seeded rye bread; **Roggenknäckebrot** *n* rye crispbread; **russischer Pumpernickel** Russian pumpernickel; **skandinavisches Knäckebrot** Scandinavian crispbread; **ungesäuertes Brot** unleavened bread; **Vollkornbrot** *n* wholemeal bread; **Weißbrot** *n* white bread; **Wiener Brot** Vienna bread

30. Brücken - bridges;

Auslegebrücke *f* cantilever bridge; **Bailey-Brücke** *f* Bailey bridge; **Balkenbrücke** *f* beam bridge; **bewegliche Brücke** movable bridge;

Bogenbrücke *f* arch bridge; **Chromosomenbrücke** *f* chromosome bridge; **Deckbrücke** *f* deck arch bridge; **Doppelklappbrücke** *f* double-leaf bascule bridge; **Drehbrücke** *f* swing bridge; **Einfeldbrücke** *f* simple-span beam bridge; **Eisenbahnbrücke** *f* railway bridge; railroad bridge; **Fallbrücke** *f* drawbridge; **Floßbrücke** *f* floating bridge; **Gewebsbrücke** *f* tissue bridge; **Hängebrücke** *f* suspension bridge; **Hängesprengwerkbrücke** *f* half-trough arch bridge; **Hubbrücke** *f* lift bridge; **Interzellularbrücke** *f* intercellular bridge; desmosome; **Kallusbrücke** *f* callus bridge; callous bridge; **Klappbrücke** *f* single-leaf bascule bridge; **Mehrfeldbrücke** *f* multiple-span beam bridge; **Myokardbrücke** *f* myocardial bridge; **Pontonbrücke** *f* floating bridge; **Portalbrücke** *f* portal bridge; **Schrägseilbrücke** *f* cable-stayed bridge; **Schwäbefähre** *f* tranporter bridge; **Stabbogenbrücke** *f* trough arch bridge; **starre Brücke** fixed bridge; **Steg** *m* footbridge; **Zugbrücke** *f* drawbridge

31. Buchen - beeches;

Amerikanische Buche American beech (Fagus grandifolia); **Blaue Hainbuche** blue beech (Carpinus americana); **Blutbuche** *f* European beech (Fagus silvatica); **Braune Scheinbuche** red beech (Nothofagus fusca); **Erhabene Scheinbuche** rauli beech (Nothofagus procera); **Orientalbuche** *f* oriental beech (Fagus orientalis); **Rotbuche** *f* European beech (Fagus silvatica); **Scheinbuche** *f* hard beech (Nothofagus); **Süßbuche** *f* hard beech (Nothofagus)

32. Bücher - books;

Aktienbuch *n* share register; stock register; **Aktionärsbuch** *n* share register; stock register; **Akzeptebuch** *n* register of bills payable; **Arzneibuch** *n* pharmacopoeia; **Atlas** *m* atlas; **Auftragsbuch** *n* order book; **Ausgabebuch** *n* expense book; **Beschwerdebuch** *n* complaints book; **Bestellbuch** *n* order book; **Bilanzbuch** *n* balance sheet book; **Bilderbuch** *n* picture book; **Eingangsbuch** *n* register of merchandise received; **Einkaufsbuch** *n* purchase journal; **Fachbuch** *n* reference book; **Fahrtenbuch** *n* log book; **Fernsprechbuch** *n* telephone directory; phone book; **Gebetsbuch** *n* prayer book; **Geschäftstagebuch** *n* daily transactions journal; **Geschichtenbuch** *n* storybook; **Geschichtsbuch** *n* history book; **Gesetzbuch** *n* statute book; **Handbuch** *n* manual; handbook; **Hauptbuch** *n* general ledger; **Inventurbuch** *n* inventory register; **Kabelbuch** *n* Ocean Cable Register;

Kassabuch *n* cashbook; **Kassenbuch** *n* cashbook; **Klassiker** *m* classic; **Kochbuch** *n* cookbook (US); cookery book (Brit.); **Kontokorrentbuch** *n* accounts receivable ledger; **Kreditorenbuch** *n* creditor's ledger; **Lagerbuch** *n* stock ledger; stores ledger; **Lesebuch** *n* reader; **Lexikon** *n* encyclopedia; **Lieferantenbuch** *n* accounts payable ledger; **Reiseführer** *m* guidebook; **Rimessenbuch** *n* book of remittance; bill book; **Ringbuch** *n* loose-leaf notebook; ring binder (Brit.); **Sachbuch** *n* non-fiction book; **Schulbuch** *n* schoolbook; textbook; **Schuldbuch** *n* Debt Register; **Sparbuch** *n* passbook; **Sparkassenbuch** *n* passbook; **Sprachatlas** *m* linguistic atlas; **Strazze** *f* daybook; waste book (Brit.); **Taschenbuch** *n* paperback; **Taschenwörterbuch** *n* pocket dictionary; **Telefonbuch** *n* phone book; telephone directory; **Verwahrungsbuch** *n* custody ledger; **Wareneingangsbuch** *n* merchandise purchase book; **Wechselkopierbuch** *n* discount ledger; **Wörterbuch** *n* dictionary

33. Bundesländer - federal states;

Baden-Württemberg *n* Baden-Württemberg; **Bayern** *n* Bavaria; **Brandenburg** *n* Brandenburg; **Bremen**

n Bremen; **Hamburg** *n* Hamburg; **Hessen** *n* Hesse; **Mecklenburg-Vorpommern** *n* Mecklenburg-West Pomerania; **Niedersachsen** *n* Lower Saxony; **Nordrhein-Westfalen** *n* North Rhine-Westphalia; **Rheinland-Pfalz** *n* Rhineland-Palatinate; **Saarland** *n* Saarland; **Sachsen** *n* Saxony; **Sachse-Anhalt** *n* Saxony-Anhalt; **Schleswig-Holstein** *n* Schleswig-Holstein; **Thüringen** *n* Thuringia

34. Bürsten - brushes;

Drahtbürste *f* wire brush; **elektrische Zahnbürste** electric toothbrush; **Gemüsebürste** *f* vegetable brush; **Haarbürste** *f* hairbrush; **Kleiderbürste** *f* clothes brush; clothing brush; **Lockenbürste** *f* curling brush; **Reinigungsbürste** *f* cleaning brush; **Rundbürste** *f* round brush; **Zahnbürste** *f* toothbrush

C

35. Charaktereigenschaften
- character traits;
abenteuerlustig adventurous;
abergläubisch superstitious; **aggressiv** aggressive; **agil** agile; **akkurat** accurate; **aktiv** active; **albern** silly; foolish; **belesen** literate; **bescheiden** humble; **charmant** charming; **dickköpfig** stubborn; obstinate; **ehrgeizig** ambitious; **eitel** vain; **emotional** emotional; **extrovertiert** extrovert; **fair** fair; **fleißig** hardworking; **freundlich** friendly; **gewissenhaft** conscientious; **humorvoll** humorous; **intelligent** intelligent; **käuflich** bribable; **klug** clever; **kreativ** creative; **loyal** loyal; **nett** nice; **ordentlich** tidy; **passiv** passive; **penibel** fastidious; **pünktlich** accurate; **sadistisch** sadistic; **schlau** smart; **schüchtern** shy; **selbstbewusst** selfconfident; **sensibel** sensitive; **spontan** spontaneous; **stur** stubborn; obstinate; **träge** sluggish; **treu** faithful; **unordentlich** untidy; messy; **verantwortungsvoll** responsible; **vertrauenswürdig** trustable; **wortkarg** taciturn; reticent; **zärtlich** tender; **zerstreut** dispersed; absentminded

36. Chirurgie - surgery;

Abdominalchirurgie *f* abdominal surgery; **Allgemeinchirurgie** *f* general surgery; **Alterschirurgie** *f* geriatric surgery; **Anorektalchirurgie** *f* anorectal surgery; **Anuschirurgie** *f* anal surgery; **Aortenchirurgie** *f* aortic surgery; **aseptische Chirurgie** aseptic surgery; **Augenchirurgie** *f* ophthalmic surgery; **Bauchchirurgie** *f* abdominal surgery; **Beckenchirurgie** *f* pelvic surgery; **dermatoplastische Chirurgie** dermatoplastic surgery; **Dickdarmchirurgie** *f* colon surgery; **Elektrochirurgie** *f* electrosurgery; galvanosurgery; **Feldchirurgie** *f* military surgery; **Gallengangschirurgie** *f* bile-duct surgery; **Galvanochirurgie** *f* galvanosurgery; **Gaumenspaltenchirurgie** *f* cleft palate surgery; **Gefäßchirurgie** *f* vascular surgery; **Halsschlagaderchirurgie** *f* carotid surgery; **Handchirurgie** *f* hand surgery; **Herzchirurgie** *f* heart surgery; cardiac surgery; cardiosurgery; **Hirnchirurgie** *f* brain surgery; cerebral surgery; **Kältechirurgie** *f* cryosurgery; cryogenic surgery; **Kardiochirurgie** *f* cardiosurgery; **kardiovaskuläre Chirurgie** cardiovascular surgery; **Karzinomchirurgie** *f* cancer surgery; **Kataraktchirurgie** *f* cataract surgery; **Kauterchirurgie** *f* cautery surgery; **Kieferchirurgie** *f* dental surgery; **Kinderchirurgie** *f* paediatric surgery;

Klappenchirurgie *f* valve surgery;
Knochenchirurgie *f* bone surgery;
kosmetische Chirurgie cosmetic surgery; **Kryochirurgie** *f* cryosurgery; cryogenic surgery; **Laserchirurgie** *f* laser surgery; **Lungenchirurgie** *f* lung surgery; pulmonary surgery;
Mikrochirurgie *f* microsurgery;
Nasenscheidewandchirurgie *f* nasal septal surgery; **Neurochirurgie** *f* neurosurgery; brain surgery;
Notfallchirurgie *f* emergency surgery;
Ohrmikrochirurgie *f* aural microsurgery; **Ophthalmochirurgie** *f* ophthalmic surgery; **orthopädische Chirurgie** orthopaedic surgery;
Otochirurgie *f* aural surgery; **pelvine Chirurgie** pelvic surgery;
Pharynxchirurgie *f* pharyngeal surgery; **plastische Chirurgie** plastic surgery; **Psychochirurgie** *f* psychosurgery; **Schielchirurgie** *f* strabismus surgery;
Schilddrüsenchirurgie *f* thyroid surgery; **Schönheitschirurgie** *f* cosmetic surgery; **Thoraxchirurgie** *f* thoracic surgery; **Tränenwegchirurgie** *f* lacrimal surgery; **Unfallchirurgie** *f* emergency surgery; **vaskuläre Chirurgie** vascular surgery

37. Chromosomensätze
- sets of chromosomes;
diploider Chromosomensatz diploid

set of chromosomes; **euploider Chromosomensatz** euploid set of chromosomes; **haploider Chromosomensatz** haploid set of chromosomes; **polyploider Chromosomensatz** polyploid set of chromosomes

D

38. Dächer - roofs;

Augenhöhlendach *n* orbital roof; roof of the orbit; **Blechdach** *n* tin roof; **Dach mit Firstlaterne** monitor roof; **eingeschnittenes Satteldach** hip-and-valley roof; **Faltdach** *n* folding roof; **Faltkegeldach** *n* sloped turret; **Flachdach** *n* flat roof; **Glasdach** *n* glassed roof; **Glockendach** *n* bell roof; **Helmdach** *n* helm roof; **Kaiserdach** *n* imperial roof; **Kegeldach** *n* conical broach roof; **Kieldach** *n* ogee roof; **Kuppeldach** *n* dome roof; **Mansarddach** *n* mansard roof; **Mittelohrdach** *n* epitympanum; attic of the middle ear; **Mundhöhlendach** *n* roof of the mouth; **Paukenhöhlendach** *n* roof of the tympanic cavity;

Pavillondach *n* pavillon roof; **Pultdach** *n* lean-to roof; **Pyramidendach** *n* pyramid roof; **Schädeldach** *n* roof of the skull; **Sägedach** *n* sawtooth roof; **Satteldach** *n* pitched roof; **Scheddach** *n* sawtooth roof; **Schiebedach** *n* sliding roof; **Sonnendach** *n* sunshine roof; **steiles Satteldach** gable roof; **Strohdach** *n* thatched roof; **Walmdach** *n* hip roof

39.   Depressionen - depressions;

agitierte Depression agitated depression; **anankastische Depression** anancastic depression; **Angstdepression** *f* anxiety depression; **ängstlich-agitierte Depression** anxious agitated depression; **ängstliche Depression** anxious depression; **endogene Depression** endogeneous depression; **exogene Depression** exogeneous depression; **hypochondrische Depression** hypochondriacal depression; **initiale Depression** initial depression; **klimakterische Depression** climacteric depression; **konstitutionelle Depression** constitutional depressive disposition; **periodische Depression** periodic depression; **reaktive Depression** reactive depression; situational depression; **symptomatische**

Depression symptomatic depression;
vegetative Depression vegetative
depression

40. Diäten - diets;

Abmagerungsdiät *f* reducting diet;
angemessene Diät adequate diet;
ausgeglichene Diät balanced diet;
blande Diät bland diet; **diabetische
Diät** diabetic diet; **eiweißarme Diät**
low-protein diet; **eiweißreiche Diät**
high-protein diet; **Entschlackungsdiät** *f*
obesity diet; **fettarme Diät** low-fat diet;
fettreiche Diät high-fat diet; fat-rich
diet; **flüssigkeitsbeschränkte Diät**
restricted fluid diet; **Gichtdiät** *f* got
diet; **hochkalorische Diät** high-caloric
diet; **ketogene Diät** ketogenic diet;
kochsalzarme Diät hypochlorization;
kochsalzreiche Diät hyperchloridation;
Milchdiät *n* milk diet; **natriumarme
Diät** low-sodium diet; **optimale Diät**
optimal diet; **oxalatarme Diät** low-
oxalate diet; **purinfreie Diät** purine-
free diet; **salzarme Diät** low-salt diet;
salzfreie Diät salt-free diet;
Salzmangeldiät *f* low-salt diet;
hypochlorization; **Salzüberschussdiät** *f*
hyperchlorization; **schlackenarme Diät**
low-residue diet; **strenge Diät** strict
diet; rigorous diet; **unterkalorische
Diät** low-caloric diet; **vitaminreiche
Diät** high-vitamin diet

41. Dividenden -

dividends; **Abschlagsdividende** *f* interim dividend; **Abschlussdividende** *f* final dividend; year-end dividend; **Anfangsdividende** *f* initial dividend; **aufgelaufene Dividende** accumulated dividend; accrued dividend; **ausgefallene Dividende** passed dividend; **ausgeschüttete Dividende** distributed dividend; **Ausgleichsdividende** *f* equalizing dividend; **Bardividende** *f* cash dividend; **fällige Dividende** dividend due; **fiktive Dividende** sham dividend; **Friedensdividende** *f* peace dividend; **Garantiedividende** *f* guaranteed dividend; **Gesamtdividende** *f* total dividend; **Grundkapital-Dividende** *f* dividend out of capital; **Halbjahresdividende** *f* semi-annual dividend; **Interimsdividende** *f* interim dividend; **Kapitaldividende** *f* capital dividend; **Konkursdividende** *f* dividend in bankruptcy; **kumulative Dividende** cumulative dividend; accumulative dividend; **laufende Dividende** regular dividend; **Liquidationsdividende** *f* dividend in liquidation; liquidating dividend; **Nettodividende** *f* net dividend; **Quartalsdividende** *f* quarterly dividend; **Reindividende** *f* net dividend; **rückständige Dividende** dividend in arrears; **Sachdividende** *f* dividend in

kind; commodity dividend;
Sachwertdividende *f* dividend in kind; property dividend; **satzungsmäßige Dividende** statutory dividend; **Schachteldividende** *f* dividend from an interrelated company; intercompany tax-reduced dividend; **Scheindividende** *f* sham dividend; fictitious dividend; **Schlussdividende** *f* final dividend; **Sonderdividende** *f* extra dividend; special dividend; **Stammdividende** *f* common stock dividend (US); ordinary dividend (Brit.); **Stockdividende** *f* stock dividend (US); free issue of new shares (Brit.); **Stückdividende** *f* dividend per share; **Superdividende** *f* super dividend; **Überdividende** *f* surplus dividend; **Überschussdividende** *f* surplus dividend; **Versichertendividende** *f* bonus; **Vierteljahresdividende** *f* quarterly dividend; **Vordividende** *f* interim dividend; initial dividend; **vorgeschlagene Dividende** proposed dividend; **Vorzugsdividende** *f* preferred dividend; dividend on preferred stock; **zusammengesetzte Dividende** compound dividend; **Zusatzdividende** *f* additional dividend; **Zwischendividende** *f* interim dividend; dividend on account; interim bonus

42. Dreiecke - triangles;

Analdreieck *n* anal triangle; rectal triangle; **Aortendreieck** *n* aortic triangle; **Bermudadreieck** *n* Bermuda Triangle; **Blasendreieck** *n* vesical trigone; vesical triangle; trigone of the bladder; **Bochdalek-Dreieck** *n* lumbocostal triangle; vertebrocostal triangle; **Femoraldreieck** *n* femoral triangle; **Gallenblasendreieck** *n* cystic triangle; **gleichschenkliges Dreieck** isosceles triangle; **gleichseitiges Dreieck** equilateral triangle; **Halsdreieck** *n* triangle of the neck; neck triangle; cervical triangle; **Inguinaldreieck** *n* inguinal triangle; **Karotisdreieck** *n* carotid triangle; **Lumbaldreieck** *n* lumbar triangle; **Lumbokostaldreieck** *n* lumbocostal triangle; **magisches Dreieck** uneasy triangle; **Okzipitaldreieck** *n* occipital triangle; **Paravertebraldreieck** *n* paravertebral triangle; **Pascalsches Dreieck** Pascal's triangle; **rechtwinkliges Dreieck** right-angled triangle; **Rektaldreieck** *n* rectal triangle; **Schenkeldreieck** *n* femoral triangle; **spitzwinkliges Dreieck** acute-angled triangle; **stumpfwinkliges Dreieck** obtuse-angled triangle; **Subokzipitaldreieck** *n* suboccipital triangle; **Supraklavikulardreieck** *n* supraclavicular triangle; **ungleichseitiges Dreieck** scalene triangle; **Unterkieferdreieck** *n*

submandibular triangle;
Urogenitaldreieck *n* urogenital
triangle; **Vertebrokostaldreieck** *n*
vertebrocostal triangle

43. Drüsen - glands;
Adrenaldrüse *f* adrenal gland;
akzessorische Drüse accessory gland;
Alveolardrüse *f* alveolar gland;
saccular gland; **alveoläre Drüse**
alveolar gland; saccular gland;
anakrine Drüse anacrine gland;
Analdrüse *f* anal gland, **apokrine
Drüse** apocrine gland;
Ausscheidungsdrüse *f* excretory gland;
azinöse Drüse acinous gland; **azino-
tubuläre Drüse** acino-tubular gland;
Azinusdrüse *f* acinous gland;
Balgdrüse *f* follicular gland;
Bauchspeicheldrüse *f* pancreatic gland;
Beischilddrüse *f* parathyroid gland;
Bläschendrüse *f* seminal vesicle;
Bronchialdrüse *f* bronchial gland;
Brunnersche Drüse Brunner's gland;
Brustdrüse *f* mammary gland;
Bulbourethraldrüse *f* bulbo-urethral
gland; **Bürzeldrüse** *f* preen gland;
coccygeal gland; **Dotterstockdrüse** *f*
yolk gland; vitelline gland; **Duftdrüse** *f*
scent gland; repugnatorial gland;
Duodenaldrüse *f* duodenal gland;
ekkrine Drüse eccrine gland;
Endokrindrüse *f* endocrine gland;
ductless gland; **endokrine Drüse**
endocrine gland; ductless gland;

Endometriumdrüse *f* endometrium gland; **exkretorische Drüse** excretory gland; **Exokrindrüse** *f* exocrine gland; **Fettdrüse** *f* adipose gland; **Fundusdrüse** *f* fundic gland; **Gaumendrüse** *f* palatine gland; **Gebärmutterdrüse** *f* uterine gland; endometrium gland; **Geschlechtsdrüse** *f* gonad; sexual gland; **Geschmacksdrüse** *f* gustatory gland; **Giftdrüse** *f* venom gland; **Gonade** *f* gonad; reproductive gland; **Haartalgdrüse** *f* sebaceous gland; **Halsdrüse** *f* cervical gland; **Harnröhrenschleimdrüse** *f* urethral gland; **Hautdrüse** *f* hedonic gland; **Hilusdrüse** *f* hilar gland; **Hirnanhangdrüse** *f* pituitary gland; **holokrine Drüse** holocrine gland; **Hormondrüse** *f* endocrine gland; **Hypophyse** *f* pituitary gland; **inkretorische Drüse** incretory gland; **Kalkdrüse** *f* calciferous gland; **Kardiadrüse** *f* cardiac gland; **Keimdrüse** *f* gonad; reproductive gland; **Knäueldrüse** *f* glomiform gland; **Konjunktivaldrüse** *f* conjunctival gland; **Labdrüse** *f* peptic gland; **Leistendrüse** *f* inguinal gland; **Lymphdrüse** *f* lymphatic gland; **Magendrüse** *f* stomach gland; gastric gland; **Magenmunddrüse** *f* cardiac gland; **merokrine Drüse** merocrine gland; **Milchdrüse** *f* lactiferous gland; **miliäre Drüse** miliary gland;

Molardrüse *f* molar gland;
Myometriumdrüse *f* myometrial gland;
Nebenbauchspeicheldrüse *f* accessory pancreas; **Nebendrüse** *f* accessory gland; **Nebennierendrüse** *f* adrenal gland; suprarenal gland;
Nebenohrspeicheldrüse *f* accessory parotid gland; admaxillary gland;
Nebenschilddrüse *f* parathyroid gland; Gley's gland; **Ohrschmalzdrüse** *f* ceruminous gland; **Ohrspeicheldrüse** *f* parotid gland; **Paraurethraldrüse** *f* para-urethral gland; **Parotis** *f* parotid gland; **peptische Drüse** peptic gland;
Präputialdrüse *f* preputial gland;
Proktodäaldrüse *f* proctodaeal gland; anal gland; **Salzdrüse** *f* salt-secreting gland; **Samendrüse** *f* seminal gland;
säurebildende Drüse acid gland;
Schaumdrüse *f* froth gland;
Scheidenschleimhautdrüse *f* vaginal gland; **Scheidenvorhofdrüse** *f* vestibular gland; **Schenkeldrüse** *f* femoral gland; **Schilddrüse** *f* thyroid gland; **Schleimdrüse** *f* mucous gland;
Schwanzdrüse *f* caudal gland;
Schweißdrüse *f* sweat gland; perspiratory gland; sudoriferous gland;
Seidenspinndrüse *f* silk-spinning gland; **seröse Drüse** serous gland;
Speicheldrüse *f* salivary gland;
Spinndrüse *f* spinning gland;
Stinkdrüse *f* stink gland; repugnatorial gland; **Submandibulardrüse** *f* submandibular gland; **Talgdrüse** *f*

sebaceous gland; oil gland;
Tarsusdrüse *f* tarsal gland; **Thymus** *m* thymus; **Thymusdrüse** *f* thymus gland; **Tränendrüse** *f* lacrimal gland; **tubulöse Drüse** tubular gland; **Unterkieferspeicheldrüse** *f* mandibular gland; **Unterzungendrüse** *f* sublingual gland; **Unterzungenspeicheldrüse** *f* sublingual salivary gland; **Vaginaldrüse** *f* vaginal gland; **Verdauungsdrüse** *f* digestive gland; **Vestibulardrüse** *f* vestibular gland; **Vorhautdrüse** *f* preputial gland; **Vorsteherdrüse** *f* prostate gland; **vulvovaginale Drüse** vulvovaginal gland; **Wasserdrüse** *f* water gland; **Zeissche Drüse** gland of Zeiss; **Zeruminaldrüse** *f* ceruminous gland; **Zieldrüse** *f* target gland; **Zirbeldrüse** *f* pineal gland; **Zungendrüse** *f* lingual gland; **Zusatzdrüse** *f* accessory gland

44. Dünen - dunes;

komplexe Düne complex dune; **Längsdüne** *f* longitudinal dune; **Parabeldüne** *f* parabolic dune; **Querdüne** *f* tranverse dune; **Sicheldüne** *f* crescentic dune

E

45. Eier - eggs;
Bandwurmei *n* tapeworm egg; cestode egg; **bemaltes Ei** colored egg; **Brutei** *n* egg for hatching; addled egg; **faules Ei** rotten egg; **frisches Ei** fresh egg; **gekochtes Ei** boiled egg; **Hühnerei** *n* hen's egg; **Osterei** *n* easter egg; **Primordialei** *n* primordial ovum; oogonium; **Schlangenei** *n* snake's egg; **Solei** *n* pickled egg; **Spiegelei** *n* fried egg; **Vogelei** n bird's egg; **Windei** *n* addle egg

46. Eiweiße→ Proteine

47. Eklipsen→ Finsternisse

48. Elemente→ Grundstoffe

49. Elstern - magpies;
Blauelster *f* azure-winged magpie (Cyanopica cyana); **Gelbschnabelelster** *f* yellow-billed magpie (Pica pica nuttalli); **Gemeine Elster** common magpie (Pica pica)

50. Energien - energies;
Atomenergie *f* atomic energy; **Bewegungsenergie** *f* kinetic energy;

elektrische Energie electric energy;
gespeicherte Energie stored energy;
Kernenergie *f* nuclear energy;
kinetische Energie kinetic energy;
Lageenergie *f* potential energy;
Lebensenergie *f* vital energy;
potentielle Energie potential energy;
psychische Energie psychic energy;
Psychoenergie *f* psychic energy;
Schwellenenergie *f* threshold energy;
Sonnenenergie *f* solar energy;
thermische Energie thermic energy;
Windenergie *f* wind energy

51. Epithele - epithelia; epitheliums;

Alveolarepithel *n* alveolar epithelium; **Amnionepithel** *n* amniotic epithelium; **Atmungsepithel** *n* respiratory epithelium; **Bindehautepithel** *n* conjunctival epithelium; **Bronchiolarepithel** *n* bronchiolar epithelium; **Darmepithel** *n* intestinal epithelium; **Deckepithel** *n* surface epithelium; **Deckzellenepithel** *n* mesothelium; **Dentalepithel** *n* dental epithelium; **Dotterepithel** *n* yolk epithelium; **Drüsenepithel** *n* glandular epithelium; **einschichtiges Epithel** single-layered epithelium; simple epithel; **Flimmerepithel** *n* vibrating epithelium; ciliated epithelium; **Gangauskleidungsepithel** *n* duct cell epithelium; **Gebärmutterhalsepithel** *n*

uterine cervix epithelium;
Germinalepithel *n* germinal epithelium; **Geruchssinnepithel** *n* olfactory epithelium; **Harnwegepithel** *n* urothelium; **Hornhautepithel** *n* corneal epithelium; **Jejunumepithel** *n* jejunum epithelium; **Keimepithel** *n* germ epithelium; **kubisches Epithel** cuboidal epithelium; **mehrreihiges Epithel** pseudostratified epithel; **mehrschichtiges Epithel** laminated epithel; **mehrstufiges Epithel** pseudostratified epithel; **Myoepithel** *n* myoepithelium;
Netzhautpimentepithel *n* retinal pigment epithelium; **Neuroepithel** *n* neuroepithelium; **Nierenbeckenepithel** *n* renal pelvic epithelium; **Nierenkelchepithel** *n* calyceal epithelium; **Oberflächenepithel** *n* surface epithelium; superficial epithelium; **Pflasterepithel** *n* pavement epithelium; **Pigmentepithel** *n* pigmentary epithelium; **Plattenepithel** *n* squamous epithelium;
Prostataepithel *n* prostatic epithelium; **Riechepithel** *n* olfactory epithelium; **Säulenepithel** *n* columnar epithelium; **Scheidenepithel** *n* vaginal epithelium; **Schichtepithel** *n* stratified epithelium; **Schleimepithel** *n* mucuos epithelium; **Schuppenepithel** *n* scaly epithelium; squamous epithelium; **sezernierendes Epithel** glandular epithelium; **Sinnesepithel** *n* sensory epithelium;

Tubulusepithel *n* tubular epithelium; **Übergangsepithel** *n* transitional epithelium; **Ziliarepithel** *n* ciliary epithelium; **Zylinderepithel** *n* cylindrical epithelium

52. Erdteile - continents;

Afrika *n* Africa; **Amerika** *n* America; **Antarktika** *n* Antarctica; **Asien** *n* Asia; **Australien** *n* Australia; **Euroasien** *n* Eurasia; **Europa** *n* Europe; **Nordamerika** *n* North America; **Ozeanien** *n* Oceania; **Südamerika** *n* South America

53. Eulen - owls;

Bartkauz *m* great grey owl (Strix nebulosa); **Berguhu** *m* spotted eagle owl (Bubo africanus); **Brahmanen-Kauz** *m* spotted owl (Athene brahma); **Fleckenkauz** *m* spotted owl (Srix occidentalis); **Fleckenuhu** *m* spotted eagle owl (Bubo africanus); **Graseule** *f* grass owl (Tyto capensis); **Habichtskauz** *m* Ural owl (Strix uralensis); **Kanincheneule** *f* burrowing owl (Speotyto cunicularia); **Kap-Ohreule** *f* South African marsh (Asio capensis); **Kap-Schleiereule** *f* grass owl (Tyto capensis); **Kreischeule** *f* screech owl (Otus asio); **Kuckuckskauz** *m* morepork owl (Ninox novaeseelandiae bookook); **Lachkauz** *m* laughing owl (Sceloglaux albifacies); **Rauhfußkauz**

m Tengmalm's owl (Aegolius funereus); **Schleiereule** *f* barn owl (Tyto alba); **Schnee-Eule** *f* snowy owl (Nyctea scandiaca); **Sperbereule** *f* hawk owl (Surnia ulula); **Sperlingskauz** *m* pygmy owl (Glaucidium passerinum); **Steinkauz** *m* little owl (Athene noctua); **Streifenkauz** *m* barred owl (Strix varia); **Sumpfeule** *f* marsh owl (Asio flammeus); **Uhu** *m* eagle owl (Bubo bubo); **Waldkauz** *m* tawny owl (Strix aluco); **Waldohreule** *f* long-eared owl (Asio otus); **Weißwangenkauz** *m* laughing owl (Sceloglaux albifacies); **Zwergohreule** *f* scops owl (Otus scops)

54. Evangelisten -
evangelists; **Johannes** John; **Lukas** Luke; **Markus** Mark; **Matthäus** Matthew

F

55. Falken - falcons;
Abendfalke *m* red-footed falcon (Falco vespertinus); **Australfalke** *m* black falcon (Falco subniger); **Australischer Schieferfalke** gray falcon (Falco hypoleucus); **Baumfalke** *m* hobby

falcon (Falco subbuteo); **Berberfalke** *m* barbary falcon (Falco pelegrinoides); **Feldeggsfalke** *m* lanner falcon (Falco biarmicus); **Fledermausfalke** *m* bat falcon (Falco rufigularis); **Gerfalke** *m* Arctic falcon; northern falcon (Falco rusticolus); **Habichtfalke** *m* brown falcon (Ieracidea berigora); **Halsband-Zwergfalke** *m* pygmy falcon (Polihierax semitorquatus); **Lannerfalke** *m* lanner falcon (Falco biarmicus); **Präriefalke** *m* prairie falcon (Falco mexicanus); **Rotbrustfalke** *m* orange-breasted falcon (Falco deiroleucus); **Rotfußfalke** *m* red-footed falcon (Falco vespertinus); **Rotkopffalke** *m* red-headed falcon (Falco chiquera); **Rußfalke** *m* black falcon (Falco subniger); **Schieferfalke** *m* sooty falcon (Falco concolor); **Silberfalke** *m* gray falcon (Falco hypoleucus); **Waldfalke** *m* forest falcon (Micrastur); **Wanderfalke** *m* peregrin falcon (Falco peregrinus); **Wespenfalke** *m* carrion falcon (Daptirus); **Würgfalke** *m* saker falcon (Falco cherrug); **Wüstenfalke** *m* barbary falcon (Falco pelegrinoides)

56. Farben - colours (Brit.); colors (US);

Azur *m* azure; **Beige** *n* beige; **Blau** *n* blue; **Braun** *n* brown; **Gelb** *n* yellow; **Gentianeviolett** *n* gentian violet;

Gesichtsfarbe *f* complexion; **Grau** *n* grey; **Grün** *n* green; **Hautfarbe** *f* skin color; **Himmelblau** *n* sky-blue; **Indigoblau** *n* indigo blue; **Karminrot** *n* carmine; **Kastanienbraun** *n* chestnut brown; **Komplementärfarbe** *f* complementary color; **Kresylblau** *n* cresyl blue; **Lila** *n* purple; **Marineblau** *n* navy blue; **Methylenblau** *n* methylene blue; **Orange** *n* orange; **Pastellfarbe** *f* pastel color; **Purpur** *m* crimson; **Purpurrot** *n* crimson; **Rosa** *n* pink; **Rot** *n* red; **Rotbraun** *n* reddish brown; **Schwarz** *n* black; **Safrangelb** *n* saffron; **Senfgelb** *n* mustard; **Teigfarbe** *f* pastel color; **Violett** *n* purple; violet; **Weiß** *n* white

57. Farne - ferns;

Adlerfarn *m* brake fern (Pteridium aquilinum); **Baumartiger Becherfarn** tree fern (Cyathea arborea); **Blasenfarn** *m* bladder fern (Cystopteris); **Bootfarn** *m* vessel fern (Angiopteris); **Buchenfarn** *m* beech fern (Thelypteris phegopteris); **Engelsüß** *n* sweet fern (Polypodium vulgare); **Feingesägter Rippenfarn** saw fern (Blechnum serrulatum); **Frauenhaarfarn** *m* lock-hair fern; maiden-hair fern (Adiantum); **Gagelstrauch** *m* meadow fern (Myrica gale); **Gebirgs-Tüpfelfarn** *m* mountain fern (Polypodium montanum); **Gebirgs-Wimperfarn** *m* flower-cup fern (Woodsia alpina); **Gemeiner**

Tüpfelfarn sweet fern (Polypodium vulgare); **Geweihfarn** *m* staghorn fern (Platycerium); **Haarfarn** *m* bristle fern (Trichomanes); **Hirschzunge** *f* hart's-tongue fern (Phyllitis scolopendrium); **Kleindorniger Wurmfarn** prickly-toothed fern (Dryopteris spinulosa); **Kletterfarn** *m* climbing fern (Lygodium); **Königsfarn** *m* royal fern (Osmunda regalis); **Lanzenschildfarn** *m* Alpine rough fern (Polytichum lonchitis); **Lippenfarn** *m* lip fern (Cheilanthes); **Markiger Becherfarn** sago fern (Cyathea medullaris); **Mauerrauten-Streifenfarn** *m* white maidenhair (Asplenium rutamuraria); **Pelzfarn** *m* cloak fern (Notholaena); **Perlfarn** *m* sensitive fern (Onoclea sensibilis); **Rautenfarn** *m* grape fern (Botrychium); **Schriftfarn** *m* rusty-back fern (Ceterach officinarum); **Schüsselfarn** *m* hay-scented fern (Dennstaedtia); **Silberfarn** *m* silver fern (Pityogramma); **Straußfarn** *m* ostrich fern (Matteucia struthiopteris); **Sumpf-Wurmfarn** *m* marsh fern; marsh shield fern (Dryopteris thelypteris); **Wald-Frauenfarn** *m* female fern (Athyrium filix-femina); **Wanderfarn** *m* walking fern (Camptosorus rhizophyllus); **Wurmfarn** *m* buckler fern; shield fern (Dryopteris); **Zerbrechlicher Blasenfarn** brittle fern (Cystopteris fragilis); **Zerschnittener Rautenfarn** cut-leaved grape fern (Botrychium dissectum); **Zimtbrauner Königsfarn** cinnamon fern (Osmunda cinnamomea); **Zwiebeltragender Blasenfarn** bulbet fern (Cystopteris bulbifera)

58. Fehlfunktionen→ Störungen

59. Fenster - windows;
Aortenfenster *n* aortic window; **Dachfenster** *n* skylight; **Erkerfenster** *n* bay window; bow window; **Faltfenster** *n* sliding folding window; **Jalousiefenster** *n* louvred window; **Kellerfenster** *n* basement window; **Kippfenster** *n* pivot window; **Klappfenster** *n* top-hung window; **Schiebefenster** *n* sliding window; **Schwingflügel** *m* horizontal pivoting window; **vertikales Schiebefenster** sash window; **Wendeflügel** *m* vertical pivoting window

60. Fermentationen→ Gärungen

61. Finger - fingers;
abgestorbener Finger dead finger (Digitus mortuus); **Daumen** *m* thumb (Digitus primus); **Goldfinger** *m* ring finger; **Hammerfinger** *m* hammer finger; mallet finger (Digitus malleus);

Keulenfinger *m* clubbed finger; **kleiner Finger** little finger (Digitus minimus); **Klopffinger** *m* plessor; **Kolbenfinger** *m* clubbed finger; acropachy; **Mittelfinger** *m* middle finger (Digitus medius); **Riesenfinger** *m* giant finger; **Ringfinger** *m* ring finger (Digitus anularis); **Trommelschlägelfinger** *m* clubbed finger (Digitus hippocraticus); **Verteilerfinger** *m* distributer arm; **Zeigefinger** *m* index finger; forefinger (Digitus secundus)

62. Finsternisse - eclipses;

Mondfinsternis *f* lunar eclipse; eclipse of the moon; **partielle Finsternis** partial eclipse; **ringförmige Finsternis** annular eclipse; **Sonnenfinsternis** *f* solar eclipse; **totale Finsternis** total eclipse

63. Flossen - fins;

Afterflosse *f* anal fin; **Bauchflosse** *f* ventral fin; pelvic fin; abdominal fin; **Brustflosse** *f* pectoral fin; **Fettflosse** *f* adipose fin; fatty fin; flesh fin; **Rückenflosse** *f* back fin; dorsal fin; **Schwanzflosse** *f* tail fin; caudal fin

64. Fonds - funds;

Ablösungsfonds *m* sinking fund; **Abschreibungsfonds** *m* depreciation fund; **Agrarfonds** *m* agricultural fund;

Aktieninvestmentfonds *m* common stock fund; **Anleihetilgungsfonds** *m* sinking fund; **Bankgarantiefonds** *m* bank guaranty fund; **Bereitstellungsfonds** *m* earmarked fund; **Beteiligungsfonds** *m* equity fund; **betrieblicher Sozialfonds** employee benefit trust; **Budgetausgleichsfonds** *m* budget equalization fund; **Dachfonds** *m* pyramiding fund; fund of funds; **Deckungsfonds** *m* cover fund; **Dispositionsfonds** *m* free disposal fund; **Einkommensfonds** *m* income fund; **Einlagensicherungs-Fonds** *m* deposit guaranty fund; **Einlösungsfonds** *m* sinking fund; **Entschädigungsfonds** *m* Indemnity Fund; **Entwicklungsfonds** *m* development fund; **Erneuerungsfonds** *m* renewal fund; replacement fund; **Europäischer Entwicklungsfonds** European Development Fund; **Europäischer Sozialfonds** European Social Fund; **Eventualfonds** *m* contingent fonds; **Garantiefonds** *m* guaranty fund; **Gegenwertfonds** *m* counterpart fund; **Geldmarktfonds** *m* money market fund; **gemeinsamer Fonds** common fund; common kitty; **gemischter Fonds** mixed fund; **geschlossener Fonds** closed-end fund; **Grundstücksfonds** *m* real estate fund; **Gründungsfonds** *m* foundation fund; **Haftungsfonds** *m* liability fund; **Immobilienfonds** *m* real estate fund; property fund (Brit.); **Immobilien-**

Mischfonds *m* commingled property fund; **Indexfonds** *m* index fund; **Internationaler Währungsfonds (IWF)** *m* International Monetary Fund (IMF); **Investmentfonds** *m* investment fund; **Kapitalfonds** *m* capital fund; **Konvergenzfonds** *m* convergence fund; **Kreditabwicklungsfonds** *m* Debt Processing Fund; **Lohnfonds** *m* wage fund; wages fund; **offener Fonds** open-ended fund; **offener Immobilienfonds** open-ended real estate fund; **Pensionsfonds** *m* retirement fund; pension fund; **Prämienreservefonds** *m* premium reserve fund; **Publikumsfonds** *m* public fund; retail fund; **Rentenfonds** *m* annuity fund; bond-based fund; **Reptilienfonds** *m* slush fund; unvouchered fund; **Reservefonds** *m* reserve fund; **Schuldentilgungsfonds** *m* sinking fund; **Solidaritätsfonds** *m* solidarity fund; **Sozialfonds** *m* social fund; welfare fund; charitable fund; **Spezialfonds** *m* specialized fund; **Stabilisierungsfonds** *m* stabilization fund; **Strukturfonds** *m* structural fund; **Thesaurierungsfonds** *m* cumulative fund; **Tilgungsfonds** *m* redemption fund; amortization fund; **Trustfonds** *m* Trust Fund; **Wachstumsfonds** *m* growth fund; **Währungsfonds** *m* monetary fund; **Weltwährungsfonds** *m* International Monetary Fund; **Werterneuerungsfonds** *m* earmarked

taxable reserve for future price increases of plant and machinery;
Wertpapierfonds *m* security-based investment fund

65. Früchte - fruits;

Backobst *n* dried fruit; **Balgfrucht** *f* follicular fruit; **Beerenfrucht** *f* berry-like fruit; **einsamige Frucht** one-seeded fruit; **Einzelfrucht** *f* simple fruit; **Fleischfrucht** *f* fleshy fruit; **Flügelfrucht** *f* winged fruit; key fruit; samara fruit; **Halbfrucht** *f* false fruit; **Kapselfrucht** *f* capsular fruit; **Kernfrucht** *f* pip fruit; **Klettfrucht** *f* barbed fruit; **reife Frucht** ripe fruit; **Saftfrucht** *f* fleshy fruit; soft fruit; **samentragende Frucht** seed-bearing fruit; **Sammelfrucht** *f* aggregate fruit; **Schalenfrucht** *f* shell fruit; **Scheinfrucht** *f* false fruit; spurious fruit; **Schließfrucht** *f* indehiscent fruit; **Spaltfrucht** *f* separating fruit; schizocarpic fruit; secedenous fruit; **Springfrucht** *f* explosive fruit; **Steinfrucht** *f* stone fruit; drupaceous fruit; **Teilfrucht** *f* split fruit; **Trockenfrucht** *f* dry fruit; dried fruit; **unreife Frucht** crude fruit; **zusammengesetzte Frucht** compound fruit; collective fruit; multiple fruit; **Zusatzfrucht** *f* accessory fruit

66. Fußbekleidung -

footwear; **Babusche** *f* babouche; **Badeschuh** *m* bathing shoe; **Bergschuh** *m* climbing boot; **Boots** *pl* chukka; **Clog** *m* clog; **Eishockeyschlittschuh** *m* ice hockey skate; **Eiskunstlaufstiefel** *m* figure skate; **Espadrille** *f* espadrille; **Fechtschuh** *m* fencing shoe; **Gamasche** *f* gaiter; **Golfschuh** *m* golf shoe; **Gummischuh** *m* gumshoe; **Gummiüberziehschuh** *m* galosh; **Halbstiefel** *m* half-boot; bootee; **Hausschuh** *m* slipper; **Holzschuh** *m* wooden shoe; **Kanonenstiefel** *m* jackboot; **Langlaufschuh** *m* touring boot; **Mokassin** *m* moccasin; **Pantoffel** *m* pantofle; mule; **Pfennigabsatz** *m* stiletto heel; spike heel; **Pumps** *m* pump; **Reitstiefel** *m* riding boot; **Rennschuh** *m* track shoe; spiked shoe; spike; **Rollschuh** *m* roller skate; **Römerpantolette** *f* thong; **Sandale** *f* sandal; **Schaftstiefel** *m* thigh boot; **Schneeschuh** *m* snowshoe; **Schnürschuh** *m* lace shoe; **Skistiefel** *m* ski boot; **Slipper** *m* slip-on shoe; **Springerstiefel** *m* paratrooper boot; **Stiefel** *m* boot; **Stöckelschuh** *m* high-heeled shoe; **Tanzschuh** *m* dancing shoe; **Tennisschuh** *m* tennis shoe; plimsoll; **Turnschuh** *m* gym shoe; sneaker; **Überschuh** *m* overshoe; **Überziehschuh** *m* galosh;

Wanderschuh *m* hiking boot;
wafflestomper; **Wasserstiefel** *m* wader

G

67. Gabeln - forks;
Austerngabel *f* oyster fork;
Dessertgabel *f* dessert fork;
Fadengabel *f* suture pusher; **Fischgabel**
f fish fork; **Fonduegabel** *f* fondue fork;
Implantationsgabel *f* implant forceps;
Menügabel *f* dinner fork; **Salatgabel** *f*
salad fork

68. Galaxien - galaxies;
Balkenspiralgalaxie *f* barred spiral
galaxy; **elliptische Galaxie** elliptical
galaxy; **linsenförmige Galaxie**
lenticular galaxy; **Spiralgalaxie** *f* spiral
galaxy; **unregelmäßige Galaxie**
irregular galaxy

69. Gänse - geese;
Anden-Gans *f* Andean goose
(Chloephaga melanoptera); **Bläßgans** *f*
laughing goose; white-fronted goose;
pied goose (Anser albifrons);
Blauflügelgans *f* blue-winged goose
(Cyanochen cyanopterus); **Eistaucher**
m ember goose (Gavia immer);

Glanzente *f* knob-billed goose (Sarkidiornis melanotus); **Graugans** *f* graylag; greylag (Anser anser); **Graukopfgans** *f* ashy-headed goose (Chloephaga poliocephalus); **Grüne Zwergglanzgans** green pygmy goose (Nettapus pulchellus); **Hawaii-Gans** *f* Hawaiian goose (Branta sandwicensis); **Höcker-Glanzgans** *f* knob-billed goose (Sarkidiornis melanotus); **Hühnergans** *f* Cape Barren goose (Cereopsis novaehollandiae); **Indische Glanzgans** cotton pygmy goose (Nettapus coromandelianus); **Imbergans** *f* ember goose (Gavia immer); **Kaisergans** *f* emperor goose (Anser canagicus); **Kanada-Gans** *f* Canada goose (Branta canadensis); **Kelpgans** *f* kelp goose (Chloephaga hybrida); **Magellan-Gans** *f* Magellan goose (Chloephaga picta); **Mähnengans** *f* maned goose (Chenonetta jubata); **Nene** *f* Hawaiian goose (Branta sandwicensis); **Nil-Gans** *f* Egyptian goose (Alopochen aegyptiaca); **Riesentaucher** *m* ember goose (Gavia immer); **Ringelgans** *f* brant goose (US); brent goose (Brit.) (Branta bernicla); **Rotbrust-Zwerggans** *f* African pygmy goose (Nettapus auritus); **Rothalsgans** *f* red-breasted goose (Branta ruficollis); **Rotkopfgans** *f* ruddy-headed goose (Chloephaga rubidiceps); **Saatgans** *f* bean goose (Anser fabalis); **Schneegans** *f* snow goose (Anser caerulescens);

Schwanengans *f* swan goose (Anser cygnoides); **Spaltfußgans** *f* magpie goose (Anseranas semipalmata); **Sporengans** *f* spur-winged goose (Plectropterus gambiensis); **Streifengans** *f* bar-headed goose (Anser indicus); **Tanggans** *f* kelp goose (Chloephaga hybrida); **Weißwangengans** *f* barnacle goose (Branta leucopsis); **Zwergbläßgans** *f* lesser white fronted goose; pygmy goose (Anser erythropus); **Zwerggans** *f* pygmy goose (Anser erythropus); **Zwergschneegans** *f* Ross' goose; Ross' snow goose (Anser rossii)

70. Gärungen -

fermentations;
aerobe Fermentation aerobic fermentation; **aerobe Gärung** aerobic fermentation; **alkoholische Gärung** alcoholic fermentation; **ammoniakalische Gärung** ammoniacal fermentation; **anaerobe Gärung** anaerobic fermentation; **Apfelsäure-Milchsäure-Gärung** *f* malo-lactic fermentation; **Äthanolgärung** *f* ethyl-alcohol fermentation; **Azeton-Äthanol-Gärung** *f* acetone-ethanol fermentation; **Azeton-Butanol-Gärung** *f* acetone-butanol fermentation; **bakterielle Gärung** baczerial fermentation; **Batch-Fermentation** *f* batch fermentation; **Bodengärung** *f* bottom fermentation;

Bottichgärung *f* tun fermentation;
Buttersäuregärung *f* butyric fermentation; **Dialysefermentation** *f* dialysis fermentation;
Emersfermentation *f* emerged fermentation; **Essigsäuregärung** *f* vinegar fermentation; acetic acid fermentation; acidogenic fermentation;
Fäulnisgärung *f* putrefactive fermentation; **Fed-batch-Fermentation** *f* fed-batch fermentation;
Feststofffermentation *f* solid fermentation; **Glyzeringärung** *f* glycerol fermentation; **kalte Gärung** cool fermentation; **Milchsäuregärung** *f* lactic fermentation; lactic-acid fermentation;
Oberflächenfermentation *f* surface fermentation; emerged fermentation;
Obergärung *f* top fermentation;
selbstständig ablaufende Gärung spontaneous fermentation;
Submersfermentation *f* submerged fermentation; subsurface fermentation;
ununterbrochene Gärung continuous fermentation; **vollständige Gärung** complete fermentation; **zellfreie Gärung** cell-free fermentation;
Zitronensäuregärung *f* citric-acid fermentation

71. Gefühle - feelings;
sensations; **Abneigung** *f* dislike; reluctance; aversion; **Angst** *f* fear; dread; anxiety; worry; **Aversion** *f*

aversion; dislike; reluctance; **Betrübtheit** *f* sombreness; **Bewegungsgefühl** *n* sensation of motion; inaesthesia; **Bitterkeit** *f* bitterness; **Dankbarkeit** *f* gratitude; thankfulness; **Eifersucht** *f* jealousy; **Einsamkeit** *f* loneliness; **Ekel** *m* disgust; revulsion; loathing; **Ekelgefühl** *n* feeling of disgust; **Empörung** *f* indignation; **Entzücken** *n* delight; **Extase** *f* ecstasy; **Fremdkörpergefühl** *n* foreign-body sensation; **Freude** *f* happiness; joy; **Freundschaft** *f* friendship; **gemischtes Gefühl** mixed feeling; **Gleichgültigkeit** *f* indifference; apathy; **Glücksgefühl** *n* sensation of happiness; **Gram** *m* grief; sorrow; **Hass** *m* hate; **Hautgefühl** *n* dermal sensation; **Heiterkeit** *f* cheerfulness; **Hochgefühl** *n* feeling of elation; **Hungergefühl** *n* sensation of hunger; **Inniges Gefühl** intimate feeling; **Kältegefühl** *n* sensation of coldness; chill; **Kameradschaft** *f* camaraderie; **Kummer** *m* grief; sorrow; **Leid** *n* distress; sorrow; **Liebe** *f* love; **Lustgefühl** *n* feeling of pleasure; **komisches Gefühl** funny feeling; **merkwürdiges Gefühl** funny feeling; **Misstrauen** *n* mistrust; distrust; **Mitleid** *n* pity; **mulmiges Gefühl** uneasy feeling; uncomfortable feeling; **musikalisches Gefühl** feeling for music; **phantastisches Gefühl** fantastic feeling; **Raumgefühl** *n* spatial feeling;

Reue *f* remorse; repentance; regred;
richtiges Gefühl right feeling;
Sättigungsgefühl *n* sensation of satiety;
Scham *f* shame; **Schamgefühl** *n* sense
of shame; **Schamhaftigkeit** *f* modesty;
Schmerz *m* pain; **Schmerzgefühl** *n*
pain sensation; sensation of pain;
schönes Gefühl nice feeling;
schreckliches Gefühl terrible feeling;
awful feeling; dreadful feeling;
Schwebegefühl *n* sensation of floating;
Schwindel *m* dizziness;
Schwindelgefühl *n* feeling of dizziness;
vertigo; **Trauer** *f* sorrow; **tiefes Gefühl**
deep feeling; **Übelkeit** *f* nausea;
quesiness; **unangenehmes Gefühl**
unpleasant feeling; **Vertrauen** *n* trust;
confidence; **Völlegefühl** *n* unpleasant
feeling of fullness; **zärtliches Gefühl**
gentle feeling; **Zorn** *m* wrath;
Zufriedenheit *f* contentedness;
satisfaction; **Zuneigung** *f* affection;
liking;

72. Gemüse - vegetables;
Artischocke *f* artichoke (Cynara
scolymus); **Aubergine** *f* aubergine;
eggplant (Solanum melongena);
Bambussprossen *pl* bamboo shoots;
Blumenkohl *m* cauliflower (Brassica
oleracea); **Bohne** *f* bean; **Breitlauch** *m*
leek (Allium porrum); **Brunnenkresse** *f*
watercress; **Chicorée** *f/m* chiccory
(Cichorium intybus); **Endivie** *f* endive;
Erbse *f* pea (Pisum sativum);

Essiggurke *f* cucumber (Cucumis sativus); **Feldsalat** *m* corn salad, lamb's lettuce (Valerianella locusta); **Gartenkürbis** *m* pumpkin (cucurbita pepo); **Gartenzwiebel** *f* onion (Allium cepa); **Grüne Bohne** green bean (Phaseolus vulgaris); **Gurke** *f* cucumber (Cucumis); **Haferwurzel** *f* oyster plant (Tragopogon porrifolius); **Honigmelone** *f* honeydew melon; **Kapsikum** *n* capsicum (Capsicum); **Karotte** *f* carrot (Daucus carota); **Kartoffel** *f* patatoe (Solanum tuberosum); **Knoblauch** *m* garlic (Allium sativum); **Knollensellerie** *f* celeriac (Apium graveolens rapaceum); **Kohl** *m* cabbage (Brassica oleracea); **Kohlrabi** *m* kohlrabi (Brassica oleracea gongylodes); **Kopfsalat** *m* lettuce (Latuca sativa); **Küchenzwiebel** *f* onion (Allium cepa); **Kürbis** *m* pumpkin (Cucurbita maxima); **Lauch** *m* leek (Allium porrum); **Löwenzahn** *m* dandelion (Taraxacum officinale); **Mangold** *m* mangold; mangold-wurzel (Beta vulgaris var.cicla); **Meerrettich** *m* horseradish (Armoracia rusticana); **Melone** *f* melon; **Mohrrübe** *f* carrot (Daucus carota); **Mungobohne** *f* mung bean; **Paprika** *m* capsicum (Capsicum); Spanish paprika (Capsicum frutescens); **Pastinak** *m* parsnip (Pastinaca sativa); **Petersilie** *f* parsley (Petroselinum crispum); **Porree** *m* leek (Allium porrum); **Rettich** *m* radish; **Rote Rübe**

beetroot; **Rotkohl** *m* red cabbage; **Rübe** *f* beet (Beta vulgaris); **Salatgurke** *f* cucumber (Cucumis sativus); **Saubohne** *f* broad bean; horsebean (Vicia faba); **Schnittlauch** *m* chive (Allium schoenoprasum); **Schwarzwurzel** *f* black salsify (Scorzonera hispanica); **Sellerie** *f* **(Stangen)** celery (Apium graveolens); **(Knollen)** celeriac (Apium graveolens rapaceum); **Sojabohne** *f* soya bean; **Spargel** *m* asparagus (Asparagus officinalis); **Spinat** *m* spinach (Spinacia oleracea); **Stangensellerie** *f* celery (Apium graveolens); **Steckrübe** *f* Swedish turnip; rutabaga; canola (Brassica napus); **Süßkartoffel** *f* sweet potato (Ipomoea batatas); **Tomate** *f* tomato (Solanum lycopersicum); **Wassermelone** *f* watermelon (Citrullus lanatus); **weiße Rübe** kidney bean (Brassica napus); **Weißkohl** *m* white cabbage; **Wirsing** *m* savoy cabbage; **Yamswurzel** *f* yam; **Zucchini** *pl* zucchini; **Zuckermelone** *f* sugar melon (Cucumis melo); **Zuckerrübe** *f* sugar beet; **Zwiebel** *f* onion (Allium cepa)

73. geometrische Figuren -geometrical figures;

Kegel *m* conus; **Konus** *m* conus; **Kugel** *f* sphere; **Pyramide** *f* pyramid; **Quader** *m*

cuboid; **Volltorus** *m* solid torus;
Würfel *m* cube; **Zylinder** *m* cylinder

74. geometrische Formen -geometric shapes;
Dreieck *n* triangle; **Fünfeck** *n* pentagon; **Hexagon** *n* hexagon; **Kreis** *m* circle; **Parallelogramm** *n* paralellogram; **Pentagon** *n* pentagon; **Quadrat** *n* square; **Raute** *f* rhombus; **Rechteck** *n* rectangle; **Sechseck** *n* hexagon; **Trapez** *n* trapezium (Brit.); trapezoid (US); **Vieleck** *n* polygon; **Viereck** *n* square; quadrangle

75. ¹Geschichten - stories;
Abenteuergeschichte *f* adventure story; **alte Geschichte** old story; **amusante Geschichte** amusing story; **Bettgeschichte** *f* bedtime story; going-to-bed story; **Bildergeschichte** *f* strip cartoon; **eine alte Geschichte** an old story; **eine deutsche Geschichte** a German story; **eine lange Geschichte** a long story; **erstaunliche Geschichte** amazing story; **faszinierende Geschichte** fascinating story; **Geschichte meines Lebens** the story of my life; **Gruselgeschichte** *f* horror story; gothic story; tale of horror; **gruselige Geschichte** horrifying story; **Gutenachtgeschichte** *f* bedtime story;

going-to-bed story; **haarsträubende Geschichte** hair-raising story; terrifying story; **herrliche Geschichte** wonderful story; lovely story; **Horrorgeschichte** *f* horror story; gothic story; tale of horror; **interessante Geschichte** interesting story; **komische Geschichte** funny story; **Kriminalgeschichte** *f* detective story; **Kurzgeschichte** *f* short story; **langweilige Geschichte** boring story; **Lebensgeschichte** *f* life story; **Liebesgeschichte** *f* love story; **lustige Geschichte** amusing story; **Märchen** *n* fairy tale; **merkwürdige Geschichte** strange story; **neue Geschichte** new story; **phantastische Geschichte** fantastic story; **schockierende Geschichte** shocking story; **sehr spannende Geschichte** thrilling story; **spannende Geschichte** exciting story; **Thriller** *m* thriller; **Tiergeschichte** *f* animal fable; **traurige Geschichte** sad story; **unendliche Geschichte** never-ending story; **unglaubliche Geschichte** incredible story

76. ²Geschichten - histories;

alte Geschichte ancient history; **amerikanische Geschichte** American history; **Apostelgeschichte** *f* Acts of the Apostles; **deutsche Geschichte** German history; **Erdgeschichte** *f* geological history; history of the earth; **Geschichte**

der Neuzeit modern history;
Kirchengeschichte *f* ecclesiastical
history; **Kunstgeschichte** *f* art history;
history of art; **Rechtsgeschichte** *f* legal
history; history of law;
Sozialgeschichte *f* social history;
Weltgeschichte *f* world history;
Wirtschaftsgeschichte *f* economic
history; history of economics;
Zeitgeschichte *f* contemporary history

77. Geschmacks-empfindungen - taste sensations;

Arzneimittelgeschmack *m* medicinal
taste; **Beigeschmack** *m* aftertaste;
residual flavour; **bitterer Geschmack**
bitter taste; **Fremdgeschmack** *m*
heterogeusia; **guter Geschmack** good
taste; **Nachgeschmack** *m* aftertaste;
salziger Geschmack salty taste; **saurer
Geschmack** sour taste; **schlechter
Geschmack** bad taste; **süßer
Geschmack** sweet taste

78. Gesteine - rocks;

Eruptivgesteine *pl* igneous rocks;
Intrusivgesteine *pl* intrusive rocks;
metamorphe Gesteine metamorphic
rocks; **Sedimentgesteine** *pl*
sedimentary rocks

79. Getreide - grains;
Besenkorn *m* sorghum; **Buchweizen** *m* buckwheat; **Gerste** *f* barley; **Hafer** *m* oats; **Hirse** *f* millet; **Mais** *m* corn; **Mohrenhirse** *f* sorghum; **Reis** *m* rice; **Roggen** *m* rye; **Sorgho** *m* sorghum; **Sorghum** *n* sorghum; **Weizen** *m* wheat

80. Gewürze - spices;
Anis *m* anise; **Basilikum** *n* basil (Ocimum); sweet basil (Ocimum basilikum); **Cayennepfeffer** *m* cayenne pepper; **Curry** *m* curry; **Dill** *m* dill; **Dille** *f* dill; **Gartenkerbel** *m* chervil; **Gewürzkorn** *m* allspice; pimento; **Gewürznelke** *f* clove; **Ingwer** *m* ginger; **Jamaikapfeffer** *m* allspice; pimento; **Kaper** *f* caper; **Kardamom** *m* cardamom; **Kerbel** *m* chervil; **Kerbelkraut** *n* chervil; **Koriander** *m* coriander; **Kümmel** *m* caraway; **Lorbeerblatt** *n* bay leaf; **Muskatblüte** *f* mace; **Muskatnuss** *f* nutmeg; **Nelkenpfeffer** *m* allspice; pimento; **Neugewürz** *n* allspice; pimento; **Oregano** *m* oregano; **Paprika** *m* red pepper; **Pfeffer** *m* pepper; **Pfefferminz** *n* peppermint; **Piment** *m/n* allspice; pimento; **Safran** *m* saffron; **Salz** *n* salt; **schwarzer Pfeffer** black pepper; **Senf** *m* mustard; **Senfkorn** *n* mustard seed; **Tafelsalz** *n* table salt; **Thymian** *m* thyme; **Vanille** *f* vanilla; **Wacholder** *m*

juniper; **weißer Pfeffer** white pepper; **Zimt** *m* cinnamon

81. Gezeiten - tides;
Ebbe *f* **(sinkender Wasserspiegel)** ebb tide, **(gesunkener Wasserspiegel)** low tide; **Flut** *f* **(steigender Wasserspiegel)** incoming tide, **(gestiegener Wasserspiegel)** high tide

82. Glasgefäße - glass-vessels;
Aquarium *n* aquarium; **Arzneiglas** *n* medicine bottle; **Arzneimittelflasche** *f* medicine bottle; **Augenspülglas** *n* undine; eyecup; **Einspeisungsgefäß** *n* feeding vessel; **Glasvase** *f* glas vase; **Harnglas** *n* urinal; **Infusionsflasche** *f* infusion bottle; **Konservenglas** *n* jar; **Marmeladenglas** *n* jam-jar; **Messglas** *n* measuring glass; **Reagenzglas** *n* test tube; **Speiglas** *n* spitton; **Trinkglas** *n* drinking glas; tumbler

83. Götter - gods;
Agni *(indischer Gott des Feuers)* Agni *(Indian god of fire)*; **Amphitrite** *(griechische Meeresgöttin)* Amphitrite *(Greek goddess of the sea)*; **Anubis** *(ägyptischer Gott des Todes)* Anubis *(Egyptian god of death)*; **Aphrodite** *(griechische Göttin der Liebe und der Schönheit)* Aphrodite *(Greek goddess*

of love and beauty); **Apollo** *(römischer Gott der Künste, des Intellekts und der Weissagung)* Apollo *(Roman god of arts, intellect and prophecy)*; **Ares** *(griechischer Gott des Krieges)* Ares *(Greek god of war)*; **Artemis** *(griechische Jagdgöttin)* Artemis *(Greek goddess of hunting)*; **Aurora** *(römische Göttin der Morgenröte)* Aurora *(Roman goddess of dawn)*; **Bacchus** *(römischer Gott des Weines)* Bacchus *(Roman god of wine)*; **Céres** *(römische Göttin des Ackerbaus und der Fruchtbarkeit)* Ceres *(Roman goddess of agriculture and fertility)*; **Demeter** *(griechische Göttin des Ackerbaus und der Fruchtbarkeit)* Demeter *(Greek goddess of agriculture and fertility)*; **Dionysos** *(griechischer Gott des Weines)* Dionysus (Greek god of wine); **Eos** *(griechische Göttin der Morgenröte)* Eos *(Greek goddess of dawn)*; **Eris** *(griechische Göttin der Zwietracht)* Eris *(Greek goddess of strife and discord)*; **Eros** *(griechischer Gott der Liebe)* Eros *(Greek god of love)*; **Faunus** *(römischer Gott der Äcker und Hirten)* Faunus *(Roman god of fields and shepherds)*; **Flora** *(römische Göttin der Blumen und Blüten)* Flora *(Roman god of flowers)*; **Hades** *(griechischer Gott der Toten und der Unterwelt)* Hades *(Greek god of the dead and underworld)*; **Hebe** *(griechische Göttin der Jugendblüte)*

Hebe *(Greek goddess of youth)*; **Hekate** *(griechische Göttin der Zauberei)* Hecate *(Greek goddess of magic and dark powers)*; **Helios *(griechischer Sonnengott)*** Helios *(Greek sun god)*; **Hera *(griechische Göttin der Ehe)*** Hera *(Greek goddess of marriage)*; **Hestia *(griechische Göttin des Herdes und Herdfeuers)*** Hestia *(Greek goddess of hearth and home)*; **Horos *(ägyptischer Sonnengott)*** Horus *(Egyptian solar god)*; **Hymen *(griechischer Gott der Hochzeit)*** Hymen *(Greek god of marriage)*; **Hypnos *(griechischer Gott des Schlafes)*** Hypnus *(Greek god of sleep)*; **Janus *(römischer Gott der Tordurchgänge)*** Janus *(Roman god of doorways)*; **Juno *(römische Göttin der Ehefrauen und der Wöchnerinnen)*** Juno *(Roman goddess of women and maternity)*; **Jupiter *(höchster Gott der Römer)*** Jupiter; Jove *(main god of the Romans)*; **Juventas *(römische Göttin der Jugend)*** Juventas *(Roman goddess of youth)*; **Krischna *(indischer Gott der Liebe)*** Krishna *(Indian god of love)*; **Liber *(römischer Gott des Weines)*** Liber *(Roman god of wine)*; **Lug *(keltischer Sonnengott)*** Lug *(Celtic son god)*; **Marduk *(höchster Gott der Babylonier)*** Marduk *(main god of the Babylonians)*; **Mars *(römischer Gott des Krieges)*** Mars *(Roman god of war)*; **Minerva *(römische Göttin der*

Weisheit und des Handwerks) Minerva
(Roman goddess of wisdom and arts);
Mondgott *m* moon god; **Mondgöttin** *f*
moon goddess; **Morpheus**
(griechischer Gott der Träume)
Morpheus *(Greek god of dreams)*;
Nemesis *(griechische Göttin der Strafe
und Belohnung)* Nemesis *(Greek
goddess of punishment and reward)*;
Neptunus *(römischer Gott des Meeres)*
Neptune *(Roman sea god)*; **Nike**
(griechische Göttin des Sieges) Nike
(Greek goddess of victory); **Nox**
(römische Göttin der Nacht) Nox
(Roman goddess of night); **Nyx**
(griechische Göttin der Nacht) Nyx
(Greek goddess of night); **Odin**
(höchster Gott der Skandinavier) Odin
(main god of the Scandinavians);
Orkus *(römischer Gott der Unterwelt)*
Orcus *(Roman god of the underworld)*;
Pan *(griechischer Wald- und
Weidegott)* Pan *(Greek shepherd god)*;
Pluton *(römischer Gott der Unterwelt)*
Pluto *(Roman god of the underworld)*;
Plutos *(griechischer Gott des
Reichtums)* Plutus *(Greek god of
wealth)*; **Pomona** *(römische Göttin des
Obstsegens)* Pomona *(Roman goddess
of orchards and gardens)*; **Poseidon**
(griechischer Gott des Meeres)
Poseidon *(Greek sea god)*; **Priapos**
(griechischer Fruchtbarkeitsgott)
Priapus *(Greek god of fertility)*; **Psyche**
(griechische Göttin der Seele) Psyche

(Greek goddess of the soul); **Ra *(ägyptischer Sonnengott)*** Ra *(Egyptian sun god)*; **Saturnus *(römischer Gott des Ackerbaus)*** Saturn *(Roman god of agriculture)*; **Schicksalsgöttin** *f* goddess of fate; **Selene *(griechische Mondgöttin)*** Selene *(Greek moon goddess)*; **Sol *(römischer Sonnengott)*** Sol *(Roman sun god)*; **Sonnengott** *m* sun god; **Themis *(griechische Göttin der Gerechtigkeit und Gesetzlichkeit)*** Themis *(Greek goddess of law and justice)*; **Tyche *(griechische Schicksalsgöttin)*** Tyche *(Greek goddess of fate)*; **Uranos *(griechischer Urgott des Himmels und Vater der Titanen)*** Uranus *(original god of heaven and father of the Titans)*; **Venus *(römische Göttin der Liebe und der Schönheit)*** Venus *(Roman goddess of love and beauty)*; **Vesta *(römische Göttin des Staatsherdes)*** Vesta *(Roman goddess of the hearth)*; **Victoria *(römische Göttin des Sieges)*** Victoria *(Roman goddess of victory)*; **Vulcanus *(römischer Gott des Feuers)*** Vulcan *(Roman god of fire)*; **Wotan *(höchster Gott der Germanen)*** Wotan *(chief German god)*; **Zephyros *(griechischer Gott des Westwindes)*** Zephyrus *(Greek god of the west wind)*; **Zeus *(höchster Gott der Griechen)*** Zeus *(chief god of the Greeks)*

84. Grundstoffe - elements;

Actinium *n* (Ac) actinium; **Aluminium** *n* (Al) aluminium, aluminum (US); **Americium** (Am) americium; **Antimon** *n* (Sb) antimony; **Argon** *n* (Ar) argon; **Arsen** *n* (As) arsenic; **Astat** *n* (At) astatine; **Barium** *n* (Ba) barium; **Berkelium** *n* (Bk) berkelium; **Beryllium** *n* (Be) beryllium; **Blei** *n* (Pb) lead; **Bor** *n* (B) boron; **Brom** *n* (Br) bromine; **Cadmium** *n* (Cd) cadmium; **Californium** *n* (Cf) californium; **Cäsium** *n* (Cs) caesium; **Cer** *n* (Ce) cerium; **Chlor** *n* (Cl) chlorine; **Chrom** *n* (Cr) chrome, chromium; **Curium** *n* (Cm) curium; **Dysprosium** *n* (Dy) dysprosium; **Einsteinium** *n* (Es) einsteinium; **Eisen** *n* (Fe) iron; **Erbium** *n* (Er) erbium; **Europium** *n* (Eu) europium; **Fermium** *n* (Fm) fermium; **Fluor** *n* (F) fluorine; **Francium** *n* (Fr) francium; **Gadolinium** *n* (Gd) gadolinium; **Gallium** *n* (Ga) gallium; **Germanium** *n* (Ge) germanium; **Gold** *n* (Au) gold; **Hafnium** *n* (Hf) hafnium; **Helium** *n* (He) helium; **Holmium** *n* (Ho) holmium; **Indium** *n* (In) indium; **Iridium** *n* (Ir) iridium; **Jod** *n* (J) iodine; **Kalium** *n* (K) potassium; **Kalzium** *n* (Ca) calcium; **Kobalt** *n* (Co) cobalt; **Kohlenstoff** *m* (C) carbon; **Krypton** *n* (Kr) krypton; **Kupfer** *n* (Cu) copper; **Kurtschatovium** *n* (Ku) rutherfordium;

Lanthan *n* (La) lanthanum;
Lawrencium *n* (Lw) lawrencium;
Lithium *n* (Li) lithium; **Lutetium** *n*
(Lu) lutetium; **Magnesium** *n* (Mg)
magnesium; **Mangan** *n* (Mn)
manganese; **Mendelevium** *n* (Md)
mendelevium; **Molybdän** *n* (Mo)
molybdenum; **Natrium** *n* (Na) sodium;
Neodym *n* (Nd) neodymium; **Neon** *n*
(Ne) neon; **Neptunium** *n* (Np)
neptunium; **Nickel** *n* (Ni) nickel;
Niobium *n* (Nb) niobium; **Nobelium** *n*
(No) nobelium; **Osmium** *n* (Os)
osmium; **Palladium** *n* (Pd) palladium;
Phosphor *m* (P) phosphorus; **Platin** *n*
(Pt) platinum; **Plutonium** *n* (Pu)
plutonium; **Polonium** n (Po) polonium;
Praseodym *n* (Pr) praseodymium;
Promethium *n* (Pm) promethium;
Protactinium *n* (Pa) protactinium;
Quecksilber *n* (Hg) mercury; **Radium**
n (Ra) radium; **Radon** *n* (Rn) radon;
Rhenium *n* (Re) rhenium; **Rhodium** *n*
(Rh) rhodium; **Rubidium** *n* (Rb)
rubidium; **Ruthenium** *n* (Ru)
ruthenium; **Samarium** *n* (Sm)
samarium; **Sauerstoff** *m* (O) oxygen;
Schwefel *m* (S) sulphur; **Selen** *n* (Se)
selenium; **Silber** *n* (Ag) silver; **Silizium**
n (Si) silicon; **Skandium** (Sc)
scandium; **Stickstoff** *m* (N) nitrogen;
Strontium *n* (Sr) strontium; **Tantal** *n*
(Ta) tantalum; Technetium (Tc)
technetium; **Tellur** *n* (Te) tellurium;
Terbium *n* (Tb) terbium; **Thallium** *n*

(Tl) thallium; **Thorium** *n* (Th) thorium; **Thulium** *n* (Tm) thulium; **Titan** *n* (Ti) titanium; **Uran** *n* (U) uranium; **Vanadin** *n* (V) vanadium; **Wasserstoff** *m* (H) hydrogen; **Wismut** *n* (Bi) bismuth; **Wolfram** *n* (W) tungsten; **Xenon** *n* (Xe) xenon; **Ytterbium** *n* (Yb) ytterbium; **Yttrium** *n* (Y) yttrium; **Zer** *n* (Ce) cerium; **Zink** *n* (Zn) zinc; **Zinn** *n* (Sn) tin; **Zirkonium** *n* (Zr) zirconium

H

85. Habichte - goshawks;
Bänderhabicht *m* Australian goshawk (Accipiter fasciatus); **Elsterhabicht** *m* pied goshawk (Accipiter albogularis); **Graubauchhabicht** *m* gray-bellied goshawk (Accipiter poliogaster); **Graukopfhabicht** *m* Celebes crested goshawk (Accipiter griseiceps); **Guinea-Habicht** *m* red-chested goshawk; vinous-chested goshawk (Accipiter toussenelii); **Halmahera-Habicht** *m* Gray's goshawk (Accipiter henicogrammus); **Hühnerhabicht** *m* northern goshawk (Accipiter gentilis); **Imitatorhabicht** *m* imitator goshawk (Accipiter eichhorni); **Mantelhabicht** *m* black-mantled goshawk (Accipiter

melanochlamys); **Mohrenhabicht** *m* black goshawk (Accipiter melanoleucus); **Molukken-Habicht** *m* Gray's goshawk (Accipiter henicogrammus); **Neuholland-Habicht** *m* gray goshawk (Accipiter novaehollandiae); **Prachthabicht** *m* Bürger's goshawk (Accipiter buergersi); **Schopfhabicht** *m* crested goshawk (Accipiter trivirgatus); **Singhabicht** *m* chanting goshawk (Melierax musicus); **Tachirohabicht** *m* African goshawk (Accipiter tachiro); **Trauerhabicht** *m* black goshawk (Accipiter melanoleucus); **Trughabicht** *m* imitator goshawk (Accipiter eichhorni); **Weihnachtsinsel-Habicht** *m* Australian goshawk (Accipiter fasciatus)

86. Halbedelsteine -
semiprecious stones;
Achat *m* agate; **Amethyst** *m* amethyst; **Aquamarin** *m* aquamarine; **Blauspat** *m* lazurite; **Granat** *m* garnet; **Lapislazuli** *m* lapis lazuli; **Lasurit** *m* lazurite; **Lasurstein** *m* lapis lazuli; **Opal** *m* opal; **Topas** *m* topaz; **Türkis** *m* turquoise; **Turmalin** *m* tourmaline

87. Halbwertzeiten -
half-lives; half-life periods;
biologische Halbwertzeit biological half-life; biological half-life period;

radioaktive Halbwertzeit radioactive half-life; radioactive half-life period

88. Handbücher - manuals;

Arbeitsablaufhandbuch *n* procedures manual; **Bedienungshandbuch** *n* service manual; manual of instruction; **Benutzerhandbuch** *n* user manual; user's guide; **Beschaffungshandbuch** *n* purchasing manual; **Betriebshandbuch** *n* company information manual; **Bilanzierungshandbuch** *n* manual of accounting; **Einkaufshandbuch** *n* purchasing manual; **Qualitätshandbuch** *n* quality manual; **Qualitätssicherungs-Handbuch** *n* quality assurance manual; **Referenzhandbuch** *n* reference manual; **Wartungshandbuch** *n* maintenance manual

89. Handschuhe - gloves;

Arbeitshandschuh *m* work glove; **Bleigummihandschuh** *m* lead rubber glove; **Boxhandschuh** *m* boxing glove; **Datenhandschuh** *m* data glove; **Fausthandschuh** *m* mitten; **Fäustling** *m* mitten; **Golfhandschuh** *m* golf glove; **Gummihandschuh** *m* rubber glove; **Operationshandschuh** *m* surgical glove; **Schutzhandschuh** *m* gauntlet; protective glove

90. Haustiere - pets;
Hamster *m* hamster; **Hund** *m* dog; **Katze** *f* cat; **Meerschweinchen** *n* guineapig; **Wellensittich** *m* budgerigar; shell parakeet

91. heilige Bücher - holy books;
Altes Testament Old Testament; **Bibel** *f* the Bible; **Koran** *m* the Koran; **Neues Testament** New Testament; **Talmud** *m* the Talmud

92. Heilpflanzen - medicinal plants;
Alant *m* inula (Inula); **Anis** *m* anise (Pimpinella anisum); **Arnika** *f* arnica (Arnica); **Baldrian** *m* valerian (Valeriana officinalis); **Basilikum** *n* basil (Ocymum basilicum); **Beifuß** *m* mugwort (Artemisia vulgaris); **Bohnenkraut** *n* savory (Satureja hortensis); **Borretsch** *m* borage (Borago officinalis); **Brombeere** *f* blackberry (Rubus); **Dost** *m* origanum (Origanum); **Engelwurz** *f* angelica (Angelica); **Fenchel** *m* fennel (Foeniculum vulgare); **Frauenmantel** *m* lady's mantle (Alchemilla vulgaris); **Gelber Enzian** yellow gentian (Gentiana lutea); **Heidekraut** *n* heather (Calluna vulgaris); **Kamille** *f* camomile (Matricaria chamomilla); **Koriander** *m*

coriander (Coriandum sativum);
Kümmel *m* caraway (Carum carvi);
Lavendel *m* lavender (Lavandula angustifolia); **Melisse** *f* balm (Melissa officinalis); **Odermenning** *m* agrimony (Agrimonia eupatoria); **Rosmarin** *m* rosemary (Rosmarinus officinalis);
Salbei *m* sage (Salvia officinalis);
Schafgarbe *f* yarrow (Achillea millefolium); **Thymian** *m* thyme (Thymus vulgaris); **Weißdorn** *m* whitehorn (Crataegus oxyacantha);
Wilder Majoran origanum (Origanum vulgaris); **Ysop** *m* hyssop (Hyssopus officinalis); **Zitronenmelisse** *f* lemon balm (Melissa officinalis)

93. Himmelsrichtungen - compass directions;

Norden (N) *m* north (N);
Nordnordosten (NNO) *m* north-north-east (N N E); **Nordnordwesten (NNW)** *m* north-north-west (N N W);
Nordosten (NO) *m* northeast (N E);
Nordwesten (NW) *m* northwest (N W);
Osten (O) *m* east (E); **Süden (S)** *m* south (S); **Südosten (SO)** *m* southeast (S E); **Südsüdosten (SSO)** *m* south-south-east (S S E); **Südsüdwesten (SSW)** *m* south-south-west (S S W);
Südwesten (SW) *m* southwest (S W);
Westen (W) *m* west (W)

94. Husten - coughs; **bellender Husten** barking cough; hacking cough; **blutiger Husten** bloody cough; **Keuchhusten** *m* whooping cough; **krampfartiger Husten** convulsive cough; **produktiver Husten** productive cough; **reflektorischer Husten** reflex cough; **Reflexhusten** *m* reflex cough; **Reizhusten** *m* hacking cough; chesty cough; **trockener Husten** dry cough

I

95. indoeuropäische Sprachen Indo-European languages; **Albanisch** *n* Albanian; **Armenisch** *n* Armenian; **Baltisch** *n* Baltic; **Germanisch** *n* Germanic; **Griechisch** *n* Greek; **Hethitisch** n Hittite; **Indo-Iranisch** *n* Indo-Iranian; **Italisch** *n* Italic; **Keltisch** *n* Celtic; **Slavisch** *n* Slavonic; Slavic; **Tocharisch** *n* Tocharian

96. Indossamente - endorsements; indorsements; **bedingtes Indossament** conditional endorsement;

eingeschränktes Indossament qualified endorsement; **Ermächtigungsindossament** *n* endorsement for collection only; **Gefälligkeitsindossament** *n* accommodation endorsement; **Inhaberindossament** *n* endorsement to bearer; **Inkassoindossament** *n* endorsement for collection; **Nachindossament** *n* post-maturity endorsement; **Pfandindossament** *n* pledging endorsement; **Rektaindossament** *n* not-to-order endorsement; restrictive endorsement; **Rückindossament** *n* endorsement to prior indorser; **Teilindossament** *n* partial endorsement; **Vollindossament** *n* full endorsement; endorsement in full

J

97. Jahreszeiten - seasons;
Frühling *m* spring; **Sommer** *m* summer; **Herbst** *m* autumn, fall (US); **Winter** *m* winter

98. Jungtiere - young animals;
Ferkel *n* piglet; **Fohlen** *n* foal; colt; filly; **Kalb** *n* calf; fawn; **Kätzchen** *n* kitten; **Kitz** *n* fawn; kid; **Küken** *n* chick; **Lamm** *n* lamb; yeanling; **Rehkalb** *n* fawn; **Rehkitz** *n* fawn; **Welpe** *m* pup; whelp; cub; **Ziegenkitz** *n* goat kid; kid goat

K

99. Kämme - combs;
Griffkamm *m* rake comb;
Haarliftkamm *m* pitchfork comb;
Haarschneidekamm *m* barber comb;
Stielkamm *m* tail comb;
Strähnenkamm *m* Afro pick;

Toupierkamm *m* teaser comb;
Weberkamm *m* weaver's reed

100. Kampfstoffe - warfare agents;

augenreizender Kampfstoff lacrimator agent; **biologischer Kampfstoff** biological welfare agent; **blasenbildender Kampfstoff** vesicant agent; **chemischer Kampfstoff** chemical warfare agent; war gas; **Lungenreizstoff** *m* lung irritant agent; chocking gas; **Nervengas** *n* nerve gas; **Reizgas** *n* irritant gas; **Tränengas** *n* tear gas; lacrimator gas

101. Kartelle - cartels;

Anmeldekartell *n* application cartel; **Bagatellkartell** *n* minor cartel; **Beschaffungskartell** *n* buying cartel; **Einkaufskartell** *n* buying cartel; purchasing cartel; **Erlaubniskartell** *n* authorized cartel; **Eurofer-Kartell** *n* Eurofer cartel; **Frühstückskartell** *n* gentlemen's agreement; **Gebietskartell** *n* market sharing agreement; **Gewerkschaftskartell** *n* combination of unions; **Gewinnverteilungskartell** *n* profit-distribution cartel; **Industriekartell** *n* industrial cartel; **Informationskartell** *n* price-reporting cartel; **Kalkulationskartell** *n* cost estimating cartel; **Konditionenkartell** *n* condition cartel; **Konjunkturkartell** *n* business cycle cartel; **Kooperationskartell** *n* cooperation cartel; **Krisenkartell** *n* anti-crisis cartel; **Ministerkartell** *n* ministerial cartel; **Notstandskartell** *n* emergency cartel; **Patentkartell** *n* patent cartel; **Preiskartell** *n* prices cartel; price fixing cartel; **Produktionskartell** *n* production cartel; **Quotenkartell** *n* quota cartel; **Rabattkartell** *n* rebate cartel; **Stahlkartell** *n* steel cartel; **Strukturkrisenkartell** *n* structural-crisis cartel; **Submissionskartell** *n* bidding cartel; **Typungskartell** *n* standardization cartel; **Vertriebskartell** *n* sales cartel; **Zollkartell** *n* customs cartel; **Zwangskartell** *n* compulsory cartel

102. Kinderkrankheiten - children's diseases;

Diphtherie *f* dipphtheria; **Keuchhusten** *m* whooping cough, pertussis; **Kinderlähmung** *f* polio, poliomyelitis; **Masern** *pl* measles; **Mumps** *m* mumps; **Pocken** *pl* smallpox; **Rachitis** *f* rickets, rachitis; **Röteln** *pl* German measles, rubella; **Scharlach** *m* scarlet fever, scarlatina; **Windpocken** *pl* chickenpox, varicella; **Ziegenpeter** *m* mumps

103. Klauseln - clauses;
Abänderungsklausel *f* derogatory stipulation; **Abandonklausel** *f* abandonment clause; **Abladeklausel** *f* loading clause; **Abtrennklausel** *f* separability clause; **Abtretungsverbotklausel** *f* non-assignment clause; **Abwehrklausel** *f* protective clause; clause inserted to defend unlawful interference; **Abweichungsklausel** *f* deviation clause; **Akkreditivklausel** *f* letter of credit clause; **Alles-oder-Nichts-Klausel** *f* all-or-nothing clause; **Alternativklausel** *f* optional clause; **amerikanische Klausel** American Clause; **Anfechtungsklausel** *f* avoidance clause; **Angstklausel** *f* no-recourse clause; **Arbitrageklausel** *f* clause of arbitration; arbitrage clause; **Auslagenklausel** *f* disbursement clause; **Ausschließlichkeitsklausel** *f* tying clause; **Ausstiegsklausel** *f* opt-out clause; **Bagatellklausel** *f* minor-merger clause; **Bagatellmarktklausel** *f* insignificant-market clause; **Bearbeitungsschädenklausel** *f* clause relating to processing risks; **bedingte Klausel** conditional clause; **Befreiungsklausel** *f* escape clause; **Begünstigungsklausel** *f* beneficiary clause; **Beitrittsklausel** *f* accession clause; **Billigungsklausel** *f* tacit approval clause; **Blitzschlagklausel** *f* lightning clause; **Bona-Fide-Klausel** *f*

bona fide clause; **Deckungsklausel** *f* cover clause; **Dollarklausel** *f* dollar clause; **Doppelversicherungsklausel** *f* double indemnity clause; **Effektivgarantieklausel** *f* clause safeguarding effective pay; **Effektivklausel** *f* currency clause; **Eigentumsvorbehaltsklausel** *f* retention-of-title clause; **Einführungsklausel** *f* introductory clause; **Einschussklausel** *f* omnibus clause; **Erwerbsunfähigkeitsklausel** *f* disability clause; **Fabrikklausel** *f* ex factory clause; **Fakultativklausel** *f* optional clause; **Fälligkeitsklausel** *f* accelerating clause; **Festgehaltsklausel** *f* fixed-salary clause; **Fixklausel** *f* fixed-date clause; **Frachtführer-Klausel** *f* carrier clause; **Franchiseklausel** *f* franchise clause; **Freistellungsklausel** *f* exemption clause; **Freiteil-Klausel** *f* franchise clause; **Fremdwährungsklausel** *f* foreign exchange clause; **Führungsklausel** *f* lead management clause; **Garantieklausel** *f* guaranty clause; **Gefahrenklausel** *f* perils clause; emergency clause; **Gegenseitigkeitsklausel** *f* reciprocity clause; **Generalklausel** *f* all-purpose clause; blanket clause; **Glechbesicherungsklausel** *f* pari passu clause; **Gleitpreisklausel** *f* escalator clause; escalation clause; **Gnadenklausel** *f* grace clause;

Goldwertklausel *f* gold clause; **Guthabenklausel** *f* sufficient-funds proviso; **Haftungsausschlussklausel** *f* disclaimer clause; on-liability clause; **Haftungsbegrenzungsklausel** *f* liability exemption clause; **Haftungsbeschränkungsklausel** *f* liability exemption clause; **Haftungsfreizeichnungsklausel** *f* warranty disclaimer; non-liability clause; **Haftungsverzichtsklausel** *f* liability waiver clause; **Havarie-große-Klausel** *f* general average clause; **Hinterlegungsklausel** *f* deposit clause; **Indexklausel** *f* index clause; indexing clause; **Inhaberklausel** *f* bearer clause; **Junktimklausel** *f* package-deal clause; **Karenzklausel** *f* restraint of competition clause; **Kollisionsklausel** *f* collision clause; running-down clause; **kombinierte Währungsklausel** combined currency clause; **Konkurrenzklausel** *f* non-competition clause; **Kopplungsklausel** *f* tie-in clause; **Kriegsrisikoklausel** *f* war risk clause; **Kündigungsklausel** *f* notice clause; **Kursklausel** *f* exchange clause; **Kurssicherungsklausel** *f* exchange-rate-fluctuation clause; **Leckage-Klausel** *f* leakage clause; **Leichterklausel** *f* craft etc. clause; **Mehrmütterklausel** *f* multi-parent clause; **Meistbegünstigungsklausel** *f* most-favored-nation clause; **Nebenklausel** *f* negative pledge clause;

Negativklausel *f* negative pledge clause; **Nettozinsklausel** *f* net interest clause; **Optionsklausel** *f* option clause; first refusal clause; **Orderklausel** *f* order clause; **Organisationsklausel** *f* clause concerning union membership; **Pari-Passu-Klausel** *f* pari passu clause; **Paritätsklausel** *f* parity clause; **Preisgleitklausel** *f* price escalator clause; **Preisklausel** *f* price clause; **Produktivitätsklausel** *f* productivity clause; **Promptklausel** *f* prompt clause; **Prorata-Klausel** *f* average clause; **Rechtswahlklausel** *f* clause stipulating which law to apply; **Reitklausel** *f* windbill; windmill; kite; **Rektaklausel** *f* non-negotiable clause; **Revisionsklausel** *f* re-opener clause; **reziproke Verzugsklausel** cross default clause; **Risikoausschlussklausel** *f* excepted risks clause; excepted peril clause; **Risikoklausel** *f* peril clause; **Rückkaufklausel** *f* call provision; **Rücklieferungsklausel** *f* redelivery clause; **Rücklizenzklausel** *f* licence grant-back provision; **Rücktrittsklausel** *f* escape clause; cancellation clause; **Sachwertklausel** *f* property-value index clause; escalator clause; **salvatorische Klausel** escape clause; safeguarding clause; **Schadenersatzklausel** *f* loss-payable clause; **Schadloshaltungsklausel** *f* hold-harmless clause; **Schätzklausel** *f* appraisal clause; **Scheckklausel** *f* check clause; **Schiedsklausel** *f* clause of arbitration; **Schutzklausel** *f* protection of interest clause; safeguard clause; **Selbstbehaltsklausel** *f* own-risk clause; franchise clause; **Selbstbeteiligungsklausel** *f* excess coverage; partial limitation clause; **Sicherungsklausel** *f* safeguarding clause; **Spannungsklausel** *f* rise or fall clause; proration clause; **Spätestens-Klausel** *f* „not-later-than" clause; **Sperrklausel** *f* restrictive clause; **Standardklausel** *f* standard clause; **Stornoklausel** *f* lapse provision; **Streikverbotsklausel** *f* no-strike clause; **Toleranzklausel** *f* minor-merger clause; **Transferklausel** *f* transfer clause; **Überbringerklausel** *f* bearer clause; **Valutaklausel** *f* foreign currency clause; **Verarbeitungsklausel** *f* processing clause; **Verbundklausel** *f* inclusion clause; **Verfallklausel** *f* forfeiture clause; expiration clause; **Verlängerungsklausel** *f* continuation clause; **Verrechnungsklausel** *f* offset clause; **vertragliche Indexklausel** contractual indexing clause; **Verwirkungsklausel** *f* forfeiture clause; defeasance clause; **Verzugsklausel** *f* default clause; **Vorbehaltsklausel** *f* saving clause; **Vorfälligkeitsklausel** *f* acceleration clause; **Währungsklausel** *f* currency clause; **Warenpreisklausel** *f* stable-value clause based on commodity price; **Wertsicherungsklausel** *f* stable-value clause; **Wertsteigerungsklausel** *f* escalation clause; **Wertzuschlagklausel** *f* premium escalator clause; **Wettbewerbsklausel** *f* restraint of competition clause; non-competition clause; **Widerherstellungsklausel** *f* replacement clause; **Zinsgleitklausel** *f* interest escalator clause; **Zinsregulierungsklausel** *f* interest adjustment clause; **Zölibatsklausel** *f* celibacy clause; **Zusatzklausel** *f* additional clause

104. Klimate - climates;

Emissionsklima *n* climate for new issues; conditions for new issues; **gemäßigtes Klima** temperate climate; **Geschäftsklima** *n* business climate; mood of business; **Hochlandklima** *n* highland climate; **Inflationsklima** *n* inflationary climate; **Investitionsklima** *n* investment climate; climate for investment; **Kapitalmarktklima** *n* capital market conditions; **Konjunkturklima** *n* business climate; cyclical situation; **Konsumklima** *n* consumer sentiment; **Kontinentalklima** *n* continental climate; **Marktklima** *n* market conditions; **Polarklima** *n* polar climate; **Preisklima** *n* price climate; **Reizklima** *n* 1. bracing climate; 2. stimulating climate; **Seeklima** *n* maritime climate; **subarktisches Klima** subarctic climate; **subtropisches Klima** subtropical climate; **tropisches Klima**

tropical climate; **Wettbewerbsklima** *n* competitive climate; competitive environment; **wirtschaftliches Klima** economic climate

105. Knochen - bones;

Alveolarknochen *m* alveolar bone; **Äußerer Gelenkknorren** epicondyle; **Backenknochen** *m* cheekbone; **Bajonetttierknochen** *m* riders' bone; cavalry bone; **Beckenknochen** *m* hip-bone; innominate bone; ilium; pelvic bone; **Beckenkamm** *m* iliac crest; **Beinknochen** *m* bone of the lower limb; **brüchiger Knochen** brittle bone; **Brustbein** *n* breastbone; sternum; **Brustwirbel** *m* thoracic vertebra; dorsal vertebra; **Darmbein** *n* ilium; iliac bone; **Daumenendglied** *n* distal phalanx of the thumb; **Daumenglied** *n* phalanx of the thumb; **Daumengrundglied** *n* proximal phalanx of the thumb; **Dreieckbein** *n* triquetrum; triangularis; cuneiform bone of the carpus; **Elle** *f* ulna; cubitus; **Erbsenbein** *n* pisiform (bone); **Felsenbein** *n* petrous bone; **Fersenbein** *n* heel-bone; calcaneus; calcaneum; **Fingerendglied** *n* distal phalanx of the finger; **Fingerglied** *n* phalanx of the finger; **Fingergrundglied** *n* proximal phalanx of the finger; **Fingerknöchel** *m* knuckle; **Fingerknochen** *m* finger bone; phalanx of the finger; **Fingermittelglied** *n* middle phalanx of the finger; **Fortsatz der Schulterblattgräte** acromion; **Fußknöchel** *m* malleolus; **Fußwurzelknochen** *m* tarsal bone; tarsus; **Gaumenbein** *n* palatine; **Gehörknöchelchen** *n* ossicle; ossiculum; **Gelenkknorren** *m* condyle; **Gesäßbein** *n* ischium; **Gesichtsknochen** *n* facial bone; bone of the face; **Großer Rollhügel** greater trochanter; **Hakenbein** *n* hamate bone; unciform bone; **Halswirbel** *m* cervical vertebra; **Handgelenkknochen** *m* wrist bone; **Handwurzelknochen** *m* carpal; carpus bone; **Hinterhauptbein** *n* occipital bone; **Hüftbein** *n* hipbone; innominate bone; **Hüftkopf** *m* head of femur; **Innerer Gelenkknorren** epitrochlea; **Intermaxillarknochen** *m* incisive bone; intermaxilla; **interradikulärer Knochen** interradicular bone; **Jochbein** *n* cheek bone; zygomatic bone; zygoma; yoke-bone; malar; **Kahnbein** *n* navicular bone; scaphoid; **Keilbein** *n* sphenoid; sphenoid bone; **Keilbeinflügelknochen** *m* alisphenoid; alisphenoid bone; **Kieferknochen** *m* jawbone; **Klavikula** *f* clavicle; clavicula; collarbone; **Kniescheibe** *f* knee-cap; patella; **Knorpelknochen** *m* cartilage bone; **Kopfbein** *n* capitate bone; capitulum; **Kreuzbein** *n* sacrum; rump bone; **Kreuz-Steißbein** *n* sacrococcyx; **kurzer Knochen** short bone;

Lamellenknochen *m* lamellar bone;
langer Knochen long bone;
Lendenwirbel *m* lumbar vertebra;
lufthaltiger Knochen pneumatic bone;
Markknochen *m* medullary bone;
Marmorknochen *m* marble bone; ivory bone; **Membranknochen** *m* membrane bone; **Metakarpalknochen** *m* metacarpal bone; bone of the metacarpus; **Mittelfußknochen** *m* metatarsal bone; metatarsus;
Mittelhandknochen *m* metacarpus;
Mondbein *n* lunar bone;
Mosaikknochen *m* mosaic bone;
Nasenbein *n* nasal bone;
Oberarmknochen *m* humerus; bone of the upper arm; **Oberarmknochenkopf** *m* head of the humerus; humeral head; **Oberarmknorren** *m* condyle of the humerus; **Oberkiefer** *m* upper jawbone; maxilla; **Oberkieferknochen** *m* maxillary bone; **Oberschenkelknochen** *m* thigh-bone; femur;
Occipitalknochen *m* occipital bone;
Plattenknochen *m* tabular bone;
platter Knochen flat bone;
Primärknochen *m* primary bone;
Reiterknochen *m* cavalry bone; rider's bone; **Rindenknochen** *m* cortical bone; **Rippe** *f* rib; **Rippenknochen** *m* costal bone; **Röhrenknochen** *m* tubular bone; **Schädelknochen** *m* skull bone; cranial bone; **Schambein** *n* pubic bone; pubis; **Scheitelbein** *n* parietal bone;
Schenkelhals *m* neck of femur;

Schienbein *n* shinbone; tibia;
Schläfenbein *n* temporal bone;
Schlüsselbein *n* collar-bone; clavicle; clavicula; **Schulterblatt** *n* shoulder-blade; scapula; **Schulterblattgräte** f spine of the scapula;
Sehnenknöchelchen *n* sesamoid bone;
Sekundärknochen *m* secondary bone;
Sesambein *n* sesamoid bone; **Siebbein** *n* ethmoid (bone); **Sitzbein** *n* ischium;
Sitzbeinstachel *m* ischiadic spine; spine of the ischium; **Speiche** *f* radius;
spongiöser Knochen spongy bone;
Sprungbein *n* ankle bone; talus; astragalus; **Steißbein** *n* rump-bone; coccyx; **Sternum** *n* sternum; breastbone; **Stirnbein** *n* frontal bone;
Tafelknochen *m* tabular bone;
Tränenbein *n* lacrimal bone;
Unterarmknochen *m* radius;
Unterkiefer *m* lower jawbone; mandible; **Vieleckbein** *n* multangular bone; multangulum; **Wadenbein** *n* fibula; **Würfelbein** *n* cuboid bone;
Zehenknochen *m* phalanx of the toe;
Zungenbein *n* hyoid;
Zwischenscheitelbein *n* interparietal bone

106. Knorpel - cartilages;

Aryknorpel *m* arytenoid cartilage;
Außenmeniskus *m* external meniscus; lateral meniscus; **Bronchialknorpel** *m* bronchial cartilage; **Dauerknorpel** *m* permanent cartilage; **elastischer**

Knorpel elastic cartilage; **Embryonalknorpel** *m* embryonal cartilage; **Epiglottisknorpel** *m* epiglottic cartilage; **Epiphysenknorpel** *m* epiphyseal cartilage; **Fetalknorpel** *m* foetal cartilage; **fibröser Knorpel** fibrocartilage; **Flügelknorpel** *m* alar cartilage; **Gehörgangsknorpel** *m* cartilage of the external acoustic meatus; **Gelenkknorpel** *m* articular cartilage; **Gelenkzwischenknorpel** *m* interarticular cartilage; falciform cartilage; **Gießbeckenknorpel** *m* arytenoid cartilage; **großer Flügelknorpel** major alar cartilage; **Hörnchenknorpel** *m* corniculate cartilage; **Hyalinknorpel** *m* hyaline cartilage; **Innenmeniskus** *m* internal meniscus; medial meniscus; **Intermediärknorpel** *m* intermediary cartilage; **Jacobsonscher Knorpel** Jacobson's cartilage; **Kehldeckelknorpel** *m* epiglottic cartilage; **Kehlkopfknorpel** *m* laryngeal cartilage; **Kehlkopfringknorpel** *m* annular cartilage of the larynx; **kleiner Flügelknorpel** minor alar cartilage; **Knochenknorpel** *m* bone cartilage; **Lidknorpel** *m* palpebral cartilage; tarsal plate; **Meckelscher Knorpel** Meckel's cartilage; **Meniskus** *m* meniscus; **Muschelknorpel** *m* conchal cartilage; **Nasenflügelknorpel** *m* nasal alar cartilage; **Nasenknorpel** *m* nasal

cartilage; cartilage of the nose;
Nasenscheidewandknorpel *m* nasal septal cartilage; septal cartilage of the nose; **Ohrknorpel** *m* ear cartilage; auricular cartilage;
Ohrtrompetenknorpel *m* Eustachian cartilage; cartilage of the auditory tube; **Primordialknorpel** *m* primordial cartilage; **Retikularknorpel** *m* reticular cartilage; **Ringknorpel** *m* annular cartilage; cricoid; **Rippenknorpel** *m* costal cartilage; **Schildknorpel** *m* thyroid cartilage; scutum; **temporärer Knorpel** primordial cartilage; **Trachealknorpel** *m* tracheal cartilage

107. Knoten - knots;

Achtknoten *m* figure of eight; **Altweiberknoten** *m* granny's knot; **Doppelknoten** *m* double knot; **einfacher Knoten** overhand knot; **Fischerknoten** *m* fisherman's knot; **gordischer Knoten** Ghiordes knot; **Hausfrauenknoten** *m* overhand knot; **Kreuzknoten** *m* 1. square knot; reef knot; 2. carrick bend; **laufender Palstek** running bowline; **Palstek** *m* bowline; **Schifferknoten** *m* sailor's knot; **Schlippstek** *m* slip knot; **Schotstek** *m* sheet bend; **seemännischer Knoten** fisherman's bend; anchor knot; **Weberknoten** *m* weaver's knot; weaver's hitch

108. Koeffizienten - coefficients;

Abstammungskoeffizient *m* coefficient of parentage; **Abweichungskoeffizient** *m* coefficient of variation; **Ähnlichkeitskoeffizient** *m* similarity coefficient; **Akzelerationskoeffizient** *m* accelaration coefficient; **Allometriekoeffizient** *m* coefficient of allometry; **Alpha-Koeffizient** *m* alpha coefficient; **Anspannungskoeffizient** *m* debt to total capital ratio; **Arbeitskoeffizient** *m* labor-output ratio; **Assoziationskoeffizient** *m* coefficient of association; **Atemkoeffizient** *m* respiratory coefficient; **Aufstockungskoeffizient** *m* revaluation coefficient; **Autokorrelations-Koeffizient** *m* autocorrelation coefficient; **Befruchtungskoeffizient** *m* coefficient of fecundity; **Beta-Koeffizient** *m* beta coefficient; **Betriebskoeffizient** *m* operating ratio; input-output ratio; **Binomialkoeffizient** *m* binomial coefficient; **Destruktionskoeffizient** *m* coefficient of destruction; **Einwanderungskoeffizient** *m* immigration coefficient; **Elastizitätskoeffizient** *m* elasticity coefficient; coefficient of elasticity; **Faktorkoeffizient** *m* production coefficient; **Fixkostenkoeffizient** *m* fixed-cost coefficient;

Fruchtbarkeitskoeffizient *m* coefficient of fertility; **Geldschöpfungskoeffizient** *m* money creation coefficient; **Gewichtskoeffizient** *m* weighting coefficient; **Gini-Koeffizient** *m* Gini coefficient; **Glättungskoeffizient** *m* smoothing coefficient; **Immigrationskoeffizient** *m* immigration coefficient; **Inputkoeffizient** *m* production coefficient; **Input-Output-Koeffizient** *m* input-output coefficient; **Investitionskoeffizient** *m* investment coefficient; **Inzuchtkoeffizient** *m* inbreeding coefficient; **Isotoniekoeffizient** *m* isotonic coefficient; **Kapitalkoeffizient** *m* capital coefficient; **Koeffizient der Asymmetrie** skewness; **Koeffizient der Kreuzelastizität** coefficient of cross-elasticity; **Koeffizient der Vielfachkorrelation** coefficient of multiple correlation; **Koeffizient des Sauerstoffverbrauches** oxygen-utilization coefficient; **Koinzidenzkoeffizient** *m* coefficient of coincidence; **Konfidenzkoeffizient** *m* confidence coefficient; **Konkordanzkoeffizient** *m* coefficient of concordance; **Konsistenzkoeffizient** *m* coefficient of consistence; **Kontingenzkoeffizient** *m* coefficient of contingency; **Korrelationskoeffizient** *m* correlation coefficient; coefficient of correlation; **Kostenkoeffizient** *m* cost coefficient; **Liquiditätskoeffizient** *m* working capital ratio; **Mutationskoeffizient** *m* mutation coefficient; **negativer Koeffizient** minus coefficient; **Permeabilitätskoeffizient** *m* permeability coefficient; **Photosynthesekoeffizient** *m* photosynthetic coefficient; **polyserieller Korrelationskoeffizient** polyserial coefficient of correlation; **Kreatininkoeffizient** *m* cratinine coefficient; **Produktionskoeffizient** *m* production coefficient; **Rangkorrelationskoeffizient** *m* coefficient of rank correlation; **Reaktionskoeffizient** *m* coefficient of reaction; **reeller Koeffizient** real coefficient; **Refraktionskoeffizient** *m* coefficient of refraction; **Regressionskoeffizient** *m* regression coefficient; coefficient of regression; **Reihenkorrelationskoeffizient** *m* serial correlation coefficient; **Reproduktionskoeffizient** *m* coefficient of generation; **Richtungskoeffizient** *m* slope; **Saisonkoeffizient** *m* seasonal coefficient; **Sättigungskoeffizient** *m* saturation coefficient; **Selektionskoeffizient** *m* selection coefficient; **Serienkorrelationskoeffizient** *m* serial correlation coefficient;

Sicherheitskoeffizient *m* margin of safety; **Sicherungskoeffizient** *m* hedge ratio; **Streuungskoeffizient** *m* scattering coefficient; **Strukturkoeffizient** *m* structural coefficient; **Substitutionskoeffizient** *m* substitution coefficient; **Teilkorrelationskoeffizient** *m* coefficient of partial correlation; **Temperaturkoeffizient** *m* temperature coefficient; **Übereinstimmungskoeffizient** *m* coefficient of agreement; **Umkehrkoeffizient** *m* tilling coefficient; **Variabilitätskoeffizient** *m* coefficient of variation; **Variationskoeffizient** *m* coefficient of variation; **Verflechtungskoeffizient** *m* input-output coefficient; **verringerter Investitionskoeffizient** reduced investment coefficient; **Vertrauenskoeffizient** *m* confidence coefficient; **Verwandtschaftskoeffizient** *m* coefficient of parentage; **Vorleistungskoeffizient** *m* input coefficient; **Wachstumskoeffizient** *m* grwoth coefficient; **Wiederholbarkeitskoeffizient** *m* coefficient of repeatability

109. Konnossemente - bills of lading;

Bordkonnossement *n* on board bill of

lading; shipped on board bill of lading; **Direktkonnossement** *n* straight bill of lading; **Durchfrachtkonnossement** *n* through bill of lading; **Durchgangskonnossement** *n* through bill of lading; **Flusskonnossement** *n* shipping note; inland waterway bill of lading; river bill of lading; **Gefälligkeitskonnossement** *n* accommodation bill of lading; **Hafenkonnossement** *n* port bill of lading; **Inhaberkonnossement** *n* bill of lading made out to bearer; bearer bill of lading; **Lagerhallenkonnossement** *n* custody bill of lading; **Lagerhalterkonnossement** *n* custody bill of lading; **Längseit-Konnossement** *n* alongside bill of lading; **Orderkonnossement** *n* order bill of lading; bill of lading to order; **reines Bordkonnossement** clean shipped on board bill; **reines Konnossement** clean bill of lading; **Rektakonnossement** *n* straight bill of lading; **Sammelladungs-Konnossement** *n* combined bill of lading; **Spediteurdurchkonnossement** *n* forwarder's through bill of lading; **Teilkonnossement** *n* partial bill of lading; **Transitkonnossement** *n* transit bill of lading; **Übernahmekonnossement** *n* received bill of lading; **Umladekonnossement** *n* transshipment bill of lading; **unreines Konnossement** foul bill of lading;

Verschiffungskonnossement *n* shipped bill of lading

110. Konten - accounts;

Abgrenzungssammelkonto *n* account collecting accruals and deferrals; **Abrechnungskonto** *n* settlement account; **Abschlusskonto** *n* closing account; **Abschreibungskonto** *n* depreciation account; **Abschreibungswagniskonto** *n* depreciation risk account; **Akkreditivabrechnungskonto** *n* credit settlement account; **Aktivkonto** *n* asset account; **Anderkonto** *n* escrow account; solicitor's trust account; **Anlagekonto** *n* fixed-asset account; **Anlagenkonto** *n* fixed-asset account; investment account; **Anlagewagniskonto** *n* depreciation risk account; **anonymes Konto** anonymous bank account; **Anschreibekonto** *n* charge account; **Aufschubkonto** *n* deferment account; **Aufwandausgleichskonto** *n* expense matching account; **Aufwandskonto** *n* expense account; **ausgeglichenes Konto** account in balance; **Ausländersonderkonto** *n* special non-resident account; **Auslandskonto** *n* foreign account; rest-of-the-world account; **Bankkonto** *n* bank account; **Bereitstellungskonto** *n* appropriation account; credit account open to drawings; **Berichtigungskonto** *n* adjustment account; reconciliation account; **besonderes Ausgleichskonto** Special Settlement Account; **Betriebskonto** *n* contra account of internal accounting; **Bilanzkonto** *n* balance sheet account; **Debitorenkonto** *n* accounts receivable account; **Deckungskonto** *n* cover account; **Delkrederekonto** *n* del credere account; reserve set up to cover losses of receivables; **Depositenkonto** *n* deposit account; **Depotkonto** *n* security deposit account; securities account; **Devisenkonto** *n* foreign exchange account; **Dividendenkonto** *n* dividend payout account; **Durchgangskonto** *n* transit account; internal transfer account; **durchlaufendes Konto** suspense account; **Durchlaufkonto** *n* interim account; **Effektenkonto** *n* securities account; **Eigenkapitalkonto** *n* equity account; **Einkaufskonto** *n* purchasing account; **Erfolgskonto** *n* nominal account; **Erneuerungskonto** *n* renewal fund account; **Ersatzkonto** *n* Substitution Account; **Ertragskonto** *n* revenue account; income account; **Fabrikatekonto** *n* finished products account; **Fabrikationskonto** *n* work-in-process account; goods-in-progress account; process account; **Fertigerzeugniskonto** *n* finished products account; **Festgeldkonto** *n* term account; time deposit account; **Festkonto** *n* fixed-date time account;

Fremdwährungskonto *n* foreign exchange account; **Garantiedeckungskonto** *n* guaranty cover account; **gebührenfreies Konto** account on a noncharge basis; **Gegenkonto** *n* contra account; **Gehaltskonto** *n* salary account; employee's salary account; **Gehaltsverrechnungskonto** *n* payroll account; **Gemeinschaftskonto** *n* joint account; **gemischtes Konto** mixed account; **Generalkonto** *n* General Account; **Gerichtskonto** *n* court account; **Geschäftskonto** *n* business account; contra account linking financial accounting and cost accounting; **Girokonto** *n* current account; Giro account (Brit.); **Hauptbuchkonto** *n* general ledger account; **Hauptkonto** *n* ledger account; **Herstellkonto** *n* manufacturing account; **Hilfskonto** *n* subsidiary account; **Interimskonto** *n* interim account; **Kapitalkonto** *n* capital account; **Kassakonto** *n* cash account; **Kassenbuchkonto** *n* cashbook account; **Kommissionskonto** *n* consignment account; **Konsignationskonto** *n* consignment account; **Kontokorrentkonto** *n* current account; cash account; **Konto ohne Bewegung** inactive account; **Kontrollkonto** *n* check account; **Kreditkonto** *n* credit account; **Kreditorenkonto** *n* accounts payable account; **Kreditsonderkonto** *n* special loan account; **Lagerkonto** *n* inventory account; **Langzeiturlaubskonto** *n* long-term vacation account; **laufendes Konto** checking account; current account; **Lieferantenkonto** *n* supplier account; **Lohnkonto** *n* payroll account; **Lohnverrechnungskonto** *n* payroll transitory account; **Lorokonto** *n* loro account; **Maschinenerneuerungskonto** *n* machine renewal account; **Metakonto** *n* joint account; **Nostrokonto** *n* nostro account; **offenes Konto** open account; **Partizipationskonto** *n* joint account; **Personenkonto** *n* personal account; **Postgirokonto** *n* postal check account; national giro account (Brit.); **Preisdifferenzkonto** *n* price variance account; **Privatkonto** *n* private account; personal account; **Produktionskonto** *n* product account; **Rückscheckkonto** *n* returned checks account; **Sachanlagekonto** *n* fixed asset account; **Sachkonto** *n* impersonal account; **Sammeldepotkonto** *n* collective deposit account; **Sammelkonto** *n* collective account; summary account; assembly account; intermediate clearing account; **Schlussbilanzkonto** *n* closing-balance account; **Sichteinlagenkonto** *n* sight deposit account; **Sonderkonto** *n* special account; **Sparkonto** *n* savings account; **Sperrkonto** *n* blocked account; **Spesenkonto** *n* expense account; **statistisches Konto** statistical account; **Substitutionskonto** *n* substitution account; **Subventionskonto** *n* Subsidy Account; **Termingeldkonto** *n* time deposit account; term account; fixed account; **totes Konto** dead account; inactive account; dormant account; **Transaktionskonto** *n* transactions account; **Treuhandkonto** *n* escrow account; trust account; agency account (US); **Treuhandsonderkonto** *n* special trust account; **umsatzloses Konto** inactive account; dormant account; **UND-Konto** *n* joint account; **Valutakonto** *n* foreign currency account; **Valutenkonto** *n* currency account; **Verrechnungskonto** *n* clearing account; offset account; allocation account; **Vorkonto** *n* preliminary account; **Vormerkkonto** *n* provisional registration account; **Vorrätekonto** *n* inventory account; **Vortragskonto** *n* account brought forward; **Vostrokonto** *n* vostro account; **Währungskonto** *n* foreign exchange account; **Wareneinkaufskonto** *n* merchandise purchase account; **Warenkonto** *n* merchandise account; **Warenverkaufskonto** *n* merchandise sales account; **Wechselkonto** *n* acceptance account; **Wertberichtigungskonto** *n* valuation account; offset account; **Wertpapierkonto** *n* securities account; **Wertpapierverrechnungskonto** *n* securities clearing account;

Zwischenkonto *n* intermediate account; suspense account

111. Kontinente→ Erdteile

112. Kopfbedeckungen - headgears;

Badekappe *f* bathing cap; **Bademütze** *f* bathing cap; **Baskenmütze** *f* beret; **breitrandiger Hut** broad-brimmed hat; **Cowboyhut** *m* cowboy hat; **Dienstmütze** *f* service cap; **Dreispitz** *m* three-cornered hat; tricorne (Brit) tricorn (US); cocked hat; **Fes** *m* fez; **Filzhut** *m* trilby; felt hat (US); **Florentiner** *m* picture hat; **Florentinerhut** *m* picture hat; **Haube** *f* bonnet; cap; **Helm** *m* helmet; **Hut** *m* hat; **Jagdkappe** *f* hunting cap; **Kalpak** *m* calpac; **Kapotte** *f* capote; **Kapotthut** *m* capote; **Käppchen** *n* skullcap; **Kappe** *f* cap; **Kapuzenmütze** *f* balaclava; **Klapphut** *m* crusher; crush hat; **Kosakenmütze** *f* shapka; **Melone** *f* bowler (Brit); derby (US); **Morgenhaube** *f* mobcap; **Mütze** *f* cap; **Narrenkappe** *f* fool's cap; jester's cap; **Pagenkäppi** *n* pillbox hat; **Panamahut** *m* panama; Panama hat; **Pelzhut** *m* fur hat; **Pudelmütze** *f* bobble hat; **randloser Hut**; brimless hat; **Regenhut** *m* rain hat; gob hat (US); **Schirmmütze**

f peaked cap; **Schlafmütze** *f* nightcap;
Schutzhelm *m* protective helmet;
Sherlock-Holmes-Mütze *f* deerstalker;
Sombrero *m* sombrero; **Sonnenhut** *m*
sun hat; **Strickmütze** *f* knitted cap;
Strohhut *m* straw hat; boater;
Südwester *m* southwester; sou'wester;
Tarbusch *m* tarboosh; **Topfhut** *m*
cloche; **Toque** *f* toque; **Tschako** *m*
shako; **Turban** *m* turban;
Wagenradhut *m* cartwheel hat;
Wollmütze *f* woolen cap; **Zipfelmütze**
f stocking cap; tuque (Canada);
Zylinder *m* top hat; topper

113. Kopfschmerzen - headaches;

cephalodynia; encephalalgia;
cephalalgia; **beidseitiger Kopfschmerz**
amphicrania;
Bluthochdruckkopfschmerz *m* pressor
headache; **einseitiger Kopfschmerz**
migrainious headache; migraine;
megrim; hemicrania;
Halbseitenkopfschmerz *m* migrainious
headache; migraine; megrim;
hemicrania; **heftiger Kopfschmerz**
splitting headache; **Hemialgia** *f*
migraine; **Hypertonuskopfschmerz** *m*
pressor headache; **Kalottenschmerz** *m*
helmet headache; **Kopfschmerz in
beiden Kopfhälften** amphicrania;
Kopfschmerz nach Lumbalpunktion
leakage headache; puncture headache;

Liquormangelkopfschmerz *m* drainage headache; **Liquorpunktionskopfschmerz** *m* leakage headache; **Muskelverhärtungskopfschmerz** *m* indurative headache; **organischer Kopfschmerz** organic headache; **pochender Kopfschmerz** pounding headache; **posttraumatischer Kopfschmerz** posttraumatic headache; **psychogener Kopfschmerz** psychogenic headache; **Punktionskopfschmerz** *m* puncture headache; **Retroorbitalkopfschmerz** *m* retro-orbital headache; **Stirnkopfschmerz** *m* frontal headache; metopodynia; **vasomotorischer Kopfschmerz** vasomotor headache

114. Körperteile - parts of the body;

Achselhöhle *f* armpit; **Adamsapfel** *m* Adam's apple; thyroid eminence; **After** *m* anus; anal orifice; **Afterfurche** *f* posterior ruga; **Arm** *m* arm; **Auge** *n* eye; **Bauch** *m* abdomen; belly; **Becken** *n* pelvis; **Bein** *n* leg; **Brust** *f* breast; **Brustkorb** *m* chest; **Brustwarze** *f* nipple; **Daumen** *m* thumb; **Ellbogen** *m* elbow; **Ferse** *f* heel; **Finger** *m* finger; **Fuß** *m* foot; **Gesäß** *n* buttocks; **Gesäßbacke** *f* buttock; **Gesicht** *n* face; **Haar** *n* hair; **Hals** *m* neck; **Hand** *f* hand; **Handgelenk** *n* wrist; **Handballen**

m ball of the thumb; **Hinterbacke** *f* buttock; **Hodensack** *m* scrotum; **Hüfte** *f* hip; **Kiefer** *m* jaw; **Kinn** *n* chin; **Klitoris** *f* clitoris; **Knie** *n* knee; **Knöchel** *m* 1. ankle; 2. knuckle; 3. malleolus; **Kopf** *m* head; **Leiste** *f* groin; **Lende** *f* loin; **Mund** *m* mouth; **Nabel** *m* navel; **Nacken** *m* nape; **Nase** *f* nose; **Oberschenkel** *m* thigh; **Ohr** *n* ear; **Penis** *m* penis; **Rücken** *m* back; **Rumpf** *m* trunk; **Schambein** *n* pubis; **Scheide** *f* vagina; **Schläfe** *f* temple; **Schulter** *f* shoulder; **Stirn** *f* forehead; **Taille** *f* waist; **Thorax** *m* thorax; **Unterarm** *m* forearm; **Unterschenkel** *m* lower leg; shank; **Vagina** *f* vagina; **Vulva** *f* vulva; **Wade** *f* calf; **Wange** *f* cheek; **Zeh** *m* toe

115. Kräuter - herbs;

Angelika *f* angelica (Angelica Archangelica); **Baldrian** *m* valerian (Valeriana officinalis); **Basilikum** *n* basil (Ocimum basilicum); **Beifuß** *m* mugwort (Artemisia vulgaris); **Beinwell** *m* comfrey (Symphytum officinale); **Bergamotte** *f* bergamot (Monarda didyma); **Bohnenkraut** *n* savory (Satureja hortensis); **Boretsch** *m* borage (Borago officinalis); **Brennnessel** *f* nettle (Urtica dioica); **Brunnenkresse** *f* nasturtium; watercress (Nasturtium officinale); **Dill** *m* dill (Anethum graveolens); **Dost** *m* origanum (Origanum); **Eberraute** *f* southernwood; slovenwood (Artemisia abrotanum); **Eiskraut** *n* ice plant; sea fig; sea marigold (Mesembryanthemum crystalinum); **Engelkraut** *n* arnica; leopard's bane (Arnica monatana); **Engelwurz** *m* angelica (Angelica Archangelica); **Estragon** *m* tarragon (Artemisia dracunculus); **Fenchel** *m* fennel (Foeniculum vulgare); **Gartenkresse** *f* cress (Lepidium sativum); **Gartenmajoran** *m* sweet marjoram (Majorana hortensis); **Garten-Ringelblume** *f* pot marigold (Calendula officinalis); **Gartenzypresse** *f* cotton lavender (Santolina chamaecyparissus); **Graslauch** *m* chives (Allium schoenoprasum); **Gurkenkraut** *n* borage (Borago officinalis); **Hauswurz** *m* houseleek (Sempervivum tectorum); **Holunder** *m* elder (Sambucus nigra); **Hopfen** *m* hops (Humulus lupulus); **Johanniskraut** *n* Saint John's Wort (Hypericum perforatum); **Kapuzinerkresse** *f* nasturtium (Tropaeolum majus); **Kerbel** *m* chervil (Anthriscus cerefolium); **Knoblauch** *m* garlic (Allium sativum); **Koriander** *m* coriander (Coriandrum sativum); **Kresse** *f* cress (Lepidium); **Kümmel** *m* caraway (Carum carvi); **Lauch** *m* leek (Allium porrum); **Lavendel** *m* lavender (Lavandula angustifolia); **Liebstöckel** *m* lovage (Levisticum officinale); **Löffelkraut** *n* scurvy grass (Cochlearia officinalis); **Lorbeer** *m* bay; laurel bay (Laurus

nobilis); **Löwenzahn** *m* dandelion
(Taraxacum officinale); **Maggikraut** *n*
lovage (Levisticum officinale);
Majoran *m* marjoram (Majorana);
Mariennessel *f* horehound; hoarhound
(Marrubium vulgare); **Meerrettich** *m*
horseradish (Armoracia lapathifolia);
Melisse *f* balm (Melissa officinalis);
Minze *f* mint (Mentha); **Mutterkraut** *n*
feverfew (Tanacetum parthenium);
Oregano *m* origanum (Origanum);
Paprika *m* paprica (Capsicum
annuum); **Petersilie** *f* parsley
(Petroselinum crispum); **Pfefferminze** *f*
peppermint (Mentha piperita); **Polei-
Minze** *f* pennyroyal (Mentha pulegium);
Porree *m* leek (Allium porrum);
Ringelblume *f* marigold (Calendula);
Rosmarin *m* rosemary (Rosmarinus
officinalis); **Salbei** *m* sage (Salvia
officinalis); **Schafgarbe** *f* yarrow
(Achillea millefolium); **Schnittlauch** *m*
chives (Allium schoenoprasum);
Seifenkraut *n* soapwort (Saponaria
officinalis); **Sellerie** *m* celery (Apium
graveolens); **Thymian** *m* thyme
(Thymus vulgaris); **Tripmadam** *f* blue
stonecrop (Sedum reflexum);
Wachholder *m* juniper (Juniperus
communis); **Waldmeister** *m* woodruff
(Asperula odorata); **Weinraute** *f* rue
(Ruta graveolens); **Wohlverleih** *m*
arnica; leopard's bane (Arnica
monatana); **Wurstkraut** *n* savory
(Satureja hortensis); **Ysop** *m* hyssop

(Hyssopus officinalis); **Zitronenkraut** *n* lemon verbena (Aloysia triphylla); **Zitronenmelisse** *f* lemon balm (Melissa officinalis)

L

116. Lampen - lamps;

Abbrennlampe *f* blow-lamp; **Bestrahlungslampe** *f* radiation lamp; **Deckenlampe** *f* ceiling light; **Deckenleuchte** *f* ceiling light; **Gaslampe** *f* gaslight; **Glühlampe** *f* incandescent lamp; **Halogenlampe** *f* halogen lamp; **Hängelampe** *f* drop-light; hanging pendant; **Kopflampe** *f* forehead lamp; **Kronleuchter** *m* chandelier; **Leselampe** *f* reading lamp; **Lüster** *m* chandelier; **Nachttischlampe** *f* bedside lamp; **Prüflampe** *f* test-lamp; **Scherenleuchte** *f* swivel wall lamp; **Schreibtischlampe** *f* desk lamp; **Schreibtischleuchte** *f* desk lamp; **Spaltlampe** *f* slit lamp; **Standleuchte** *f* standard lamp; **Stehlampe** *f* standard lamp; **Stirnlampe** *f* forehead lamp; head-light; **Taschenlampe** *f* torch; flashlight (US); **Tischlampe** *f* table lamp; **Wandlampe** *f* wall lamp; wall light; **Wandlaterne** *f* wall lantern; **Wandleuchte** *f* wall lamp; wall light

117. Länder - countries;

Afghanistan (Republik Afghanistan) Afghanistan (Republic of Afghanistan); **Ägypten (Arabische Republik Ägypten)** Egypt (Arab Republic of Egypt); **Albanien (Republik Albanien)** Albania (Republic of Albania); **Algerien (Demokratische Volksrepublik Algerien)** Algeria (Democratic and Popular Republic of Algeria); **Angola (Volksrepublik Angola)** Angola (People's Republic of Angola); **Antigua und Barbuda** Antigua and Barbuda; **Äquatorialguinea (Republik Äquatorialguinea)** Equatorial Guinea (Republic of Equatorial Guinea); **Argentinien (República Argentina)** Argentina (Republic of Argentina); **Äthiopien (Demokratische Volksrepublik Äthiopien)** Ethiopia (People's Democratic Republic of Ethiopia); **Australien (Commonwealth of Australia)** Australia (Commonwealth of Australia); **Bahamas** *f* Bahamas (The Commonwealth of the Bahamas); **Bahrain (Scheichtum Bahrain)** Bahrain (State of Bahrain); **Bangladesh (Volksrepublik Bangladesh)** Bangladesh (People's Republic of Bangladesh); **Barbados** Barbados; **Belgien (Königreich Belgien)** Belgium (Kingdom of Belgium); **Belize** Belize;

Benin (Volksrepublik Benin) Benin
(Republic of Benin); **Bhutan
(Königreich Bhutan)** Bhutan
(Kingdom of Bhutan); **Birma
(Sozialistische Republik der Union
von Myanma)** Burma; Myanmar
(Union of Myanmar); **Bolivien
(República de Bolivia)** Bolivia
(Republic of Bolivia); **Botswana
(Republik Botswana)** Botswana
(Republic of Botswana); **Brasilien
(República federativa do Brasil)**
Brazil (Federative Republic of Brazil);
Brunei Brunei (Brunei Darussalam);
Bulgarien (Republik Bulgarien)
Bulgaria (Republic of Bulgaria);
Burkina Faso Burkina Faso; **Burundi
(Republik Burundi)** Burundi (Republic
of Burundi); **Chile (República de
Chile)** Chile (Republic of Chile); **China
(Volksrepublik China)** China
(People's Republic of China); **Costa
Rica (Republik Costa Rica)** Costa
Rica (Republic of Cosra Rica);
Dänemark (Königreich Dänemark)
Denmark (Kingdom of Denmark);
**Deutschland (Bundesrepublik
Deutschland)** Germany (Federal
Republic of Germany); **Djibouti
(Republik Djibouti)** Djibouti (Republic
of Djibouti); **Dominica** Dominica
(Commonwealth of Dominica);
Dominikanische Republik Dominican
Republic; **Ecuador (República del
Ecuador)** Ecuador (Republic of

Ecuador); **Elfenbeinküste** *f* **(Republik Elfenbeinküste)** Ivory Coast (Republic of Ivory Coast); **El Salvator (Republik El Salvator)** El Salvator (Republic of El Salvator); **Estland (Republik Estland)** Estonia (Republic of Estonia); **Fidschi** Fiji; **Finnland (Republik Finnland)** Finland (Republic of Finland); **Frankreich (Französische Republik)** France (French Republic); **Gabun (Republik Gabun)** Gabon (Gabonese Republic); **Gambia (Republik Gambia)** The Gambia (Republic of the Gambia); **Ghana (Republik Ghana)** Ghana (Republic of Ghana); **Grenada** Grenada; **Griechenland (Hellenische Republik)** Greece (Hellenic Republic); **Großbritannien (Vereinigtes Königreich von Großbritannien und Nordirland)** Great Britain; **Guatemala (Republik Guatemala)** Guatemala (Republic of Guatemala); **Guinea (Republik Guinea)** Guinea (Republic of Guinea); **Guinea-Bissau (Republik Guinea-Bissau)** Guinea-Bissau (Republic of Guinea-Bissau); **Guyana (Cooperative Republic of Guyana)** Guyana (Co-operative Republic of Guyana); **Haiti (Republik von Haiti)** Haiti (Republic of Haiti); **Honduras (Republik Honduras)** Honduras (Republic of Honduras); **Indien (Republik Indien)** India (Republic of India); **Indonesien (Republik**

Indonesien) Indonesia (Republic of Indonesia); **Irak (Republik Irak)** Iraq (Republik of Iraq); **Iran (Islamische Republik Iran)** Iran (Islamic Republic of Iran); **Irland (Republik Irland)** Ireland (Republic of Ireland); **Island (Republik Island)** Iceland (Republic of Iceland); **Israel (Staat Israel)** Israel (State of Israel); **Italien (Republik Italien)** Italy (Italian Republic); **Jamaika** Jamaica; **Japan (Nippon)** Japan (Nippon); **Jemen (Jemenitische Republik)** Yemen (Republic of Yemen); **Jordanien (Haschemitisches Reich von Jordanien)** Jordan (Hashemite Kingdom of Jordan); **Jugoslawien (Sozialistische Föderative Republik Jugoslawien)** Yugoslavia (Federal Republic of Yugoslavia); **Kambodscha (Republik Kambodscha)** Cambodia (Republic of Cambodia); **Kamerun (Republik Kamerun)** Cameroon (Republic of Cameroon); **Kanada** Canada; **Kap Verde (Republik Kap Verde)** Cape Verde (Republic of Cape Verde); **Katar (Scheichtum Katar)** Qatar (State of Qatar); **Kenia (Republik Kenia)** Kenya (Republic of Kenya); **Kiribati (Republik Kiribati)** Kiribati (Republic of Kiribati); **Kolumbien (República de Colombia)** Colombia (Republic of Colombia); **Komoren** *pl* **(Islamische Bundesrepublik der Komoren)** Comoros (Republic of Comoros);

Kongo (Volksrepublik Kongo) Congo (People's Republic of Congo); **Kuba (Republik Kuba)** Cuba (Republic of Cuba); **Kuwait (Scheichtum Kuwait)** Kuwait (State of Kuwait); **Laos (Demokratische Volksrepublik Laos)** Laos (People's Democratic Republic of Laos); **Lesotho (Königreich Lesotho)** Lesotho (Kingdom of Lesotho); **Lettland (Republik Lettland)** Latvia (Republic of Latvia); **Libanon (Libanesische Republik)** Lebanon (Republic of Lebanon); **Liberia (Republic Liberia)** Liberia (Republic of Liberia); **Libyen (Sozialistische Libysche Arabische Volksrepublik)** Libya (Socialist People's Libyan Arab Jamahiriya); **Liechtenstein (Fürstentum Liechtenstein)** Liechtenstein (Principality of Liechtenstein); **Litauen (Republik Litauen)** Lithunia (Republic of Lithunia); **Luxemburg (Großherzogtum Luxemburg)** Luxembourg (Grand Duchy of Luxembourg); **Madagaskar (Demokratische Republik Madagaskar)** Madagascar (Democratic Republic of Madagascar); **Malawi (Republik Malawi)** Malawi (Republic of Malawi); **Malaysia (Föderation Malaysia)** Malaysia (Federation of Malaysia); **Malediven** f **(Republik der Malediven)** Maldives (Republic of Maldives); **Mali (Republik Mali)** Mali

(Republic of Mali); **Malta (Republik Malta)** Malta (Republic of Malta); **Marokko (Königreich Marokko)** Morocco (Kingdom of Morocco); **Mauretanien** *n* **(Islamische Republik Mauretanien)** Mauritania (Islamic Republic of Mauritania); **Mauritius** Mauritius; **Mexiko (Vereinigte Staaten von Mexiko)** Mexico (United States of Mexico); **Moçambique (Volksrepublik Moçambique)** Mozambique (People's Republic of Mozambique); **Monaco (Fürstentum von Monaco)** Monaco (Principality of Monaco); **Mongolei (Mongolische Volksrepublik)** Mongolia (Mongolian People's Republic); **Namibia (Republik Namibia)** Namibia (Republic of Namibia); **Nauru (Republik Nauru)** Nauru (Republic of Nauru); **Nepal (Königreich Nepal)** Nepal (Kingdom of Nepal); **Neuseeland** New Zealand; **Nicaragua (Republik Nicaragua)** Nicaragua (Republic of Nicaragua); **Niederlande** *f* **(Königreich der Niederlande)** The Netherlands (Kingdom of the Netherlands); **Niger (Republik Niger)** Niger (Republic of Niger); **Nigeria (Bundesrepublik Nigeria)** Nigeria (Federal Republic of Nigeria); **Nordkorea (Demokratische Volksrepublik Korea)** North Korea (Democratic People's Republic of Korea; **Norwegen (Königreich Norwegen)** Norway (Kingdom of

Norway); **Oman (Sultanat Oman)** Oman (Sultanate of Oman); **Österreich (Republik Österreich)** Austria (Republic of Austria); **Pakistan (Islamische Republik Pakistan)** Pakistan (Islamic Republic of Pakistan); **Panama (Republik Panama)** Panama (Republic of Panama); **Papua-Neuguinea** Papua New Guinea; **Paraguay (República del Paraguay)** Paraguay (Republic of Paraguay); **Peru (República del Perú)** Peru (Republic of Peru); **Philippinen** *f* **(Republik der Philippinen)** The Philippines (Republic of the Philippines); **Polen (Republik Polen)** Poland (Republic of Poland); **Portugal (Republik Portugal)** Portugal (Republic of Portugal); **Ruanda (Republik Ruanda)** Rwanda (Republic of Rwanda); **Rumänien (Republik Rumänien)** Romania; **Russland** Russia; **Saint Lucia** St. Lucia; **Salomonen** *f* Solomon Islands; **Sambia (Republik Sambia)** Zambia (Republic of Zambia); **Samoa (Unabhängiger Staat Westsamoa)** Western Samoa (Independent State of Western Samoa); **Sankt Vincent und die Grenadinen** St. Vincent and the Grenadines; **San Marino (Republik San Marino)** San Marino (Most Serene Republic of San Marino); **São Tomé e Príncipe (Demokratische Republik São Tomé e Príncipe)** São Tomé and Principe (Republic of São Tomé and Principe);

Saudi-Arabien (Königreich Saudi-Arabien) Saudi Arabia (Kingdom of Saudi Arabia); **Schweden (Königreich Schweden)** Sweden (Kingdom of Sweden); **Schweiz** *f* **(Schweizerische Eidgenossenschaft)** Switzerland (Swiss Confederation); **Senegal (Republik Senegal)** Senegal (Republic of Senegal); **Seychellen (Republik der Seychellen)** Seychelles (Republic of Seychelles); **Sierra Leone (Republik Sierra Leone)** Sierra Leone (Republic of Sierra Leone); **Simbabwe (Republik Simbabwe)** Zimbabwe (Republic of Zimbabwe); **Singapur (Republik Singapur)** Singapore (Republic of Singapore); **Slowakei** *f* Slovakia; **Slowenien** Slovenia; **Somalia (Demokratische Republik Somalia)** Somalia (Somali Democratic Republic); **Sowjetunion** *f* **(Union der sozialistischen Sowjetrepubliken; UdSSR)** Soviet Union (Union of Soviet Socialist Republics; USSR); **Spanien (Königreich Spanien)** Spain (Kingdom of Spain); **Sri Lanka (Sozialistische und demokratische Republik Sri Lanka)** Sri Lanka (Democratic Socialist Republic of Sri Lanka); **Südafrika (Republik Südafrika)** South Africa (Republic of South Africa); **Sudan (Demokratische Republik Sudan)** Sudan (Democratic Republic of Sudan); **Südkorea (Republik Korea)** South Korea (Republic of Korea); **Surinam**

(**Republiek van Suriname**) Suriname
(Republic of Suriname); **Swasiland**
(**Königreich Swasiland**) Swaziland
(Kingdom of Swaziland); **Syrien**
(**Syrische arabische Republik**) Syria
(Syrian Arab Republic); **Taiwan**
(**Republik China**) Taiwan (Republic of
China); **Tansania (Vereinigte
Republik Tansania)** Tanzania (United
Republic of Tanzania); **Thailand**
(**Königreich Thailand**) Thailand
(Kingdom of Thailand); **Tonga**
(**Königreich Tonga**) Tonga (Kingdom
of Tonga); **Trinidad und Tobago**
Trinidad and Tobago (Republik of
Trinidad and Tobago); **Tschad**
(**Republik Tschad**) Chad (Republic of
Chad); **Tschechoslowakei** *f*
(**Tschechische und Slowakische
Föderative Republik**) Czechoslovakia
(Czech and Slovak Federative
Republic); **Togo (Togoische Republik)**
Togo (Togolese Republic); **Tunesien**
(**Tunesische Republik**) Tunisia
(Republic of Tunisia); **Türkei** *f*
(**Republik Türkei**) Turkey (Republik
of Turkey); **Tuvalu** Tuvalu; **Uganda**
(**Republik Uganda**) Uganda (Republic
of Uganda); **Ungarn (Ungarische
Republik**) Hungary (Republic of
Hungary); **Uruguay (República
Oriental del Uruguay)** Uruguay
(Republic of Uruguay); **Vanuatu
(Republik Vanuatu)** Vanuatu
(Republic of Vanuatu); **Vatikan (Staat**

der Vatikanstadt) Vatican City;
Venezuela (República de Venezuela)
Venezuela (Republic of Venezuela);
Vereinigte Arabische Emirate United
Arab Emirates; **Vereinigte Staaten von
Amerika (USA)** United States of
America (USA); **Westsamoa
(Unabhängiger Staat Westsamoa)**
Western Samoa (Independent State of
Western Samoa); **Zaire (Republik
Zaire)** Zaire (Republic of Zaire);
Zentralafrikanische Republik Central
African Republic; **Zypern (Republik
Zypern)** Cyprus (Republic of Cyprus)

118. Legierungen - alloys;
Amalgam *n* amalgam; **Britanniametall**
n pewter; **Bronze** *f* bronze; **Kupfergold**
n tombac, tombak, tambac; **Lötzinn** *m*
solder; **Messing** *n* brass; **Tombak** *m*
tombac, tombak, tambac; **Weißgold** n
white gold

119. Leitern - ladders;
Anlegeleiter *f* straight ladder;
Ausziehleiter *f* extension ladder;
Dachbodenklappleiter *f* foldaway
ladder; **Einhängeleiter** *f* hook ladder;
Feuerleiter *f* fire escape; **Hühnerleiter**
f chicken ladder; **Mehrzweckleiter** *f*
multi-purpose ladder; **Rollenleiter** *f*
rolling ladder; **Stehleiter** *f* stepladder;
Strickleiter *f* rope ladder; **Trittleiter** *f*
platform ladder

120. Lichter - lights;

Abblendlicht *n* dipped headlights (Brit); dimmed headlights (US); **auffallendes Licht** incident light; **Blaulicht** *n* flashing blue light; **Blitzlicht** *n* flash-light; **Bremslicht** *n* brake light; **diffuses Licht** diffused light; stray light; **durchfallendes Licht** translucent light; **einfarbiges Licht** monochromatic light; **Fernlicht** *n* full beam; high beam (US); **gebrochenes Licht** refracted light; **infrarotes Licht** infrared light; **intermittierendes Licht** intermittent light; **Kerzenlicht** *n* candlelight; **kohärentes Licht** coherent light; **künstliches Licht** artificial light; **kurzwelliges Licht** short-wave light; **linear-polarisiertes Licht** plane-polarized light; **Mondlicht** *n* moonlight; **monochromatisches Licht** monochromatic light; **natürliches Licht** natural light; **polarisiertes Licht** polarized light; **Rampenlicht** *n* footlights; **reflektiertes Licht** reflected light; **Scheinwerferlicht** *n* 1. spotlight; 2. floodlight; **sichtbares Licht** visible light; **Sonnenlicht** *n* sunlight; **Standlicht** *n* parking light; **Tageslicht** *n* daylight; **ultraviolettes Licht** ultraviolet light; **zerstreutes Licht** scattered light; stray light

121. Linsen - lenses;

Absorptionslinse *f* absorption lens;
Bifokallinse *f* bifocal lens; **bikonkave Linse** biconcave lens; **bikonvexe Linse** biconvex lens; **Brillenglas** *n* eyeglass; spectacle lens; **Doppelfokusglas** *n* bifocal lens; **Dreistärkenglas** *n* trifocal lens; **Haftglas** *n* contact lens; **Haftschale** *f* contact lens; **implantierte Linse** implanted lens; **Kollektorlinse** *f* converging lens; **konkavkonvexe Linse** concavo-convex meniscus; **Konkavlinse** *f* concave lens; plano-concave lens; **Kontaktlinse** *f* contact lens; **Konvergenzlinse** *f* converging lens; **konvexkonkave Linse** convexo-concave lens; **Konvexlinse** *f* convex lens; plano-convex lens; **Korrektionslinse** *f* corrective lens; **Kristalllinse** *f* crystalline lens; **Kugellinse** *f* lentiglobus; spherophakia; **Lupe** *f* magnifying glass; **plankonkave Linse** plano-concave lens; **Probenlinse** *f* trial-lens; **Probierglas** *n* trial-lens; **Sammellinse** *f* converging lens; **Starlinse** *f* cataract lens; **Vergrößerungsglas** *n* magnifying glass; **Wanderlinse** *f* phacoplanesis; **Zerstreuungslinse** *f* diverging lens; **Zweistärkenglas** *n* bifocal lens; **Zylinderlinse** *f* cylindrical lens

122. Löcher - holes;

Abflussloch *n* drain hole; **Arschloch** *n* asshole (US); arsehole (Brit.); **Auftragsloch** *n* order gap; **Bohrloch** *n* drill hole; bore hole; burr hole; **Einschussloch** *n* bullit hole; **Guckloch** *n* peephole; (Spion) spyhole; **Hinterhauptloch** *n* foramen magnum; **Kinnloch** *n* mental foramen; **Knopfloch** *n* buttonhole; **Luftloch** *n* 1. air pocket; 2. air hole; spiracle; **Nasenloch** *n* nostril; orifice of the nose; **Ozonloch** *n* hole in the ozone layer; **Schlagloch** *n* chuckhole; **Schlupfloch** *n* 1. loophole; 2. hideout; **Schlüsselloch** *n* keyhole; **Schneckenloch** *n* helicotrema; **Sehnervenloch** *n* optic foramen; **Siebbeinloch** *n* ethmoid foramen; **Spion** *m* spyhole; **Wirbelloch** *n* vertebral foramen; spinal foramen

123. Löffel - spoons;

Abortlöffel *m* ovum scoop; **Abseihlöffel** *m* draining spoon; **Dessertlöffel** *m* dessert spoon; **Esslöffel** *m* tablespoon; **Gallensteinlöffel** *m* gallstone scoop; **Geburtslöffel** *m* elevating spoon; obstetrical lever; **Kaffeelöffel** *m* coffee spoon; **Kataraktlöffel** *m* cataract spoon; **Limonadenlöffel** *m* sundae spoon; **Marklöffel** *m* marrow spoon; **Messlöffel** *m* measuring spoon; **Plazentalöffel** *m* placenta scoop; **Schöpflöffel** *m* ladle; **Suppenlöffel** *m*

soup spoon; **Teelöffel** *m* teaspoon;
Uteruslöffel *m* uterine scoop;
Uterussekretlöffel *m* uterine secretion
scoop

M

124. Mahlzeiten - meals;
Abendessen *n* dinner; supper; evening
meal; **Brunch** *m* brunch; **Frühstück** *n*
breakfast; **Imbiss** *m* snack; **Mittagessen**
n lunch; **Probemahlzeit** *f* test meal

125. Matrizen - matrices;
Abtastmatrix *f* scan matrix;
Adjazenzmatrix *f* adjacency matrix;
**asymptotische Streuungs-Kovarianz-
Matrix** matrix of asymptotic variances
and covariances; **Ausgangsmatrix** *f*
original matrix; **Auszahlungsmatrix** *f*
payoff matrix; **Bereichsmatrix** *f* area
matrix; **Bewertungsmatrix** *f* value
matrix; **Bindegewebsmatrix** *f*
connective tissue matrix;
charakteristische Matrix characteristic
matrix; **Cholesteatommatrix** *f*
cholesteatoma matrix; **Codiermatrix** *f*
coding matrix; **Decodiermatrix** *f*
decoder matrix; **Diagonalmatrix** *f*
diagonal metrix; **Direktbedarfsmatrix**

f matrix of direct requirements;
Dreiecksmatrix *f* triangular matrix;
Einheitsmatrix *f* identical matrix;
identity matrix; unit matrix;
Entfernungsmatrix *f* distance matrix;
Entscheidungsmatrix *f* decision matrix; **Entschlüsselungsmatrix** *f* decoder matrix; **Ergebnismatrize** *f* payoff matrix; **Erreichbarkeitsmatrix** *f* reachability matrix; **erweiterte Matrix** augmented matrix; **Faktormatrize** *f* component matrix;
Gesamtbedarfsmatrix *f* total input matrix; **Gewinnmatrix** *f* payoff matrix; gain matrix; **hermitische Matrix** Hermitian matrix; **Hilfsmatrix** *f* auxiliary matrix; **identische Matrix** identical matrix; **Interaktionsmatrix** *f* interaction matrix; **inverse Matrix** inverse matrix; reciprocal matrix;
Inzidenzmatrix *f* incidence matrix;
Kehrmatrix *f* inverse matrix; reciprocal matrix; **Knochenmatrix** *f* bone matrix; matrix of the bone; **Koeffizienten-Matrix** *f* matrix of coefficients;
Korrelationsmatrix *f* correlation matrix; **Kostenmatrix** *f* cost matrix;
Kovarianzmatrix *f* covariance matrix;
logische Matrix truth table;
Materialflussmatrix *f* materials flow matrix; **Matrix der Schnittmenge** cut-set matrix; **Matrix der Übergangswahrscheinlichkeit** transition probability matrix; **Matrix des geschlossenen Kantenzuges** circuit

matrix; **Mitochondrienmatrix** *f* mitochondrial matrix; **Momentenmatrix** *f* moment matrix; **Nullmatrix** *f* null matrix; **Nutzenmatrix** *f* payoff matrix; **Opportunitätskostenmatrix** *f* matrix of opportunity costs; **orthogonale Matrix** orthogonal matrix; **Parametermatrix** *f* parameter matrix; **Permutationsmatrix** *f* permutation matrix; **Portfolio-Matrix** *f* portfolio matrix; **Punktmatrix** *f* dot matrix; **quadratische Matrix** square matrix; **Rastermatrix** *f* dot grid; **Relationenmatrix** *f* matrix of relations; **reziproke Matrix** reciprocal matrix; inverse matrix; **singuläre Matrix** singular matrix; **skalare Matrix** scalar matrix; **Speichermatrix** *f* matrix store; **stochastische Matrix** stochastic matrix; **Streuungs-Kovarianz-Matrix** *f* matrix of variances and covariances; **Streuungsmatrix** *f* dispersion matrix; **symmetrische Matrix** symmetrical matrix; **Teilmatrize** *f* component matrix; **Transformationsmatrix** *f* matrix of transformation; **transformierte Matrix** transform of a matrix; **transponierte Matrix** transposed matrix; **Übergangswahrscheinlichkeits-Matrix** *f* transition probability matrix; **Umkehrmatrix** *f* inverse matrix; **unimodulare Matrix** unimodular matrix; **unitäre Matrix** unitary matrix;

Untermatrize *f* submatrix; **Varianz-Kovarianz-Matrix** *f* variance/covariance matrix; **Verbindungskapazitätsmatrix** *f* branch capacity matrix; **Verbundenheitsmatrix** *f* connectedness matrix; **Verschlüsselungsmatrix** *f* coding matrix; **vollständige ganzzahlige Matrix** all-integer matrix; **Vorrangmatrix** *f* precedence matrix; **Wahrheitsmatrix** *f* truth table; **Wegmatrix** *f* path matrix

126. Messer - knives;

Abhäutemesser *n* skinning-knife; **Abszessmesser** *n* abscess knife; **Adenoidmesser** *n* adenoid curette; **Amputationsmesser** *n* amputation knife; **Arachnoideamesser** *n* arachnoid knife; **Arterienmesser** *n* arteriotome; **Arthrotom** *n* arthrotome; **Ausbeinmesser** *n* boning knife; **Austernmesser** *n* oyster knife; **Autopsiemesser** *n* autopsy knife; **Brotmesser** *n* bread knife; **Bruchmesser** *n* hernia knife; herniotome; **Brustbeinmesser** *n* sternotome; **Buttermesser** *n* butter knife; **chirurgisches Messer** surgical knife; scalpel; **Darmmesser** *n* enterotome; **Dessertmesser** *n* dessert knife; **Diathermiemesser** *n* diathermy knife; **Duramesser** *n* dura knife; **Effiliermesser** *n* thinning razor;

Eingeweidemesser *n* viscerotome; **Embryomesser** *n* embryotome; **Faszienmesser** *n* fasciotome; **Filiermesser** *n* filleting knife; **Fischmesser** *n* fish knife; **Fistelmesser** *n* fistula knife; fistulatome; syringotome; **Gartenmesser** *n* pruning knife; **Gaumenzäpfchenmesser** *n* uvulotome; uvulatome; **Gebärmuttermesser** *n* uterotome; hysterotome; metrotome; **Gefäßmesser** *n* vascular knife; vessel knife; **Gelenkmesser** *n* arthrotome; **Gewebsschnittmesser** *n* histotome; **Gipsmesser** *n* plaster knife; **Goniotomiemesser** *n* goniotomy knife; **Grapefruitmesser** *n* grapefruit knife; **Harnröhrenmesser** *n* urethrotome; **Hautmesser** *n* cutisector; dermatome; **Hauttransplantationsmesser** *n* skin graft knife; cutisector; **Herzklappenmesser** *n* valvulotome; cardiovalvulotome; **Hirnmesser** *n* brain knife; encephalotome; **Hornhautmesser** *n* corneal knife; keratome; **Jagdmesser** *n* hunting-knife; **Kampfmesser** *n* commando knife; **Kapselmesser** *n* capsulotome; **Käsemesser** *n* cheese knife; **Kataraktmesser** *n* cataract knife; **Kaviarmesser** *n* caviar-knife; caviare-knife; **Kehlkopfmesser** *n* laryngotome; **Klappmesser** *n* jack-knife; **Knochenmesser** *n* bone knife; osteotome; **Knorpelmesser** *n*

ecchondrotome; chondrotome;
Kochmesser *n* cook's knife;
Küchenmesser *n* kitchen knife;
Lanzenmesser *n* lancet; **Lanzette** *f*
lancet; **Laryngotom** *n* laryngotome;
Larynxmesser *n* laryngotome;
Lederhautmesser *n* sclerotomy knife;
sclerotome; **Linsenkapselmesser** *n*
cystitome; **Meniskotom** *n*
meniscotome; **Meniskusmesser** *n*
meniscus knife; meniscotome;
Metrotom *n* metrotome; uterotome;
Metzgermesser *n* butcher knife;
Mikrotom *n* mikrotome; section cutter;
Milienmesser *n* milium knife;
Muskelmesser *n* myotome;
Myommesser *n* myoma knife;
myomatome; **Myotomiemesser** *n*
myotome; **Nasenmuschelmesser** *n*
conchotome; turbinotome;
Nasenscheidewandmesser *n*
septotome; **Nervenmesser** *n*
neurotome; **Obstmesser** *n* fruit knife;
Officemesser *n* paring knife;
Okuliermesser *n* grafting-knife;
Operationsmesser *n* operating knife;
scalpel; **Ösophagusmesser** *n*
oesophagotome; **Parazentesemesser** *n*
myringotome; **Periostmesser** *n*
periosteum knife; **Phalangenmesser** *n*
phalangeal knife; **Rasiermesser** *n* cut-
throat razor; **Regenbogenhautmesser** *n*
iridotome; **Rektummesser** *n* rectotome;
proctotome; **Resektionsmesser** *n*
resection knife; **Ringmesser** *n* ring

knife; adenotome; **Rückenmarkmesser** *n* myelotome; **Schabmesser** *n* scraper; **Scheidenmesser** *n* colpotome; vaginotome; **Schielmesser** *n* strabismus knife; strabotome; **Schildknorpelmesser** *n* thyrotome; **Schinkenmesser** *n* ham knife; **Schlachtmesser** *n* butcher knife; **Schlitzmesser** *n* lancet; **Schustermesser** *n* cobbler's knife; **Schweizer Offiziersmesser** Swiss army knife; **Sehnenmesser** *n* tenotomy knife; tenotome; **Septumschwingmesser** *n* septum swivel knife; **Seziermesser** *n* autopsy knife; **Skalpell** *n* scalpel; **Skarifikationsmesser** *n* scarificator; scarifying knife; **Sklerotom** *n* sclerotome; sclerotomy knife; **Sklerotomiemesser** *n* sclerotomy knife; sclerotome; **Spargelmesser** *n* asparagus-knife; **Steakmesser** *n* steak knife; **Steinschnittmesser** *n* lithotome; **Stichelungsmesser** *n* scarificator; scarifier; **Strabotom** *n* strabotome; **Symphysenmesser** *n* symphysiotome; **Synechiotom** *n* synechotome; **Syringotom** *n* syringotome; **Taschenmesser** *n* pocket-knife; pen-knife; **Tonsillenmesser** *n* tonsil knife; tonsilsector; tonsillotome; **Tonsillotom** *n* tonsillotome; tonsilsector; tonsil knife; **Tracheotom** *n* trachiotome; **Tracheotomiemesser** *n* trachiotome; **Tranchiermesser** *n* carving-knife; **Tränensackmesser** *n* lacrimotome;

Trigeminusmesser *n* trigeminal knife;
Valvulotom *n* valvulotome;
Venenmesser *n* phlebotome;
Venenskalpell *n* phlebotome;
Veredlungsmesser *n* grafting knife;
Viszerotom *n* viscerotome;
Vorlegemesser *n* carving-knife;
Weidmesser *n* hunting-knife;
Zwischenknochenmesser *n* interosseous knife; **Zyklotom** *n* cyclotome

127. Mikroskope - microscopes;

Binokularmikroskop *n* binocular microscope; **Biomikroskop** *n* biomicroscope; **einfaches Mikroskop** simple microscope; **Elektronenabtastmikroskop** *n* scanning electron microscope; **Elektronenmikroskop** *n* electron microscope; **Fernsehmikroskop** *n* tv microscope; **Fluoreszenz-Mikroskop** *n* fluorescence microscope; **Gefäßmikroskop** *n* angioscope; **Hornhautmikroskop** *n* corneal microscope; **Immersionsmikroskop** *n* immersion microscope; **Interferenz-Mikroskop** *n* interference microscope; **Intravital-Mikroskop** *n* intravital microscope; **Kernspur-Mikroskop** *n* ion track microscope; **Lichtmikroskop** *n* optical microscope; light microscope; **Lippenkapillarmikroskop** *n* cheiloangioscope; **Ohrmikroskop** *n* otomicroscope; **Operationsmikroskop** *n* surgical croscope; **Phasenkontrastmikroskop** *n* phase-contrast microscope; **Photoemissionselektronenmikroskop** *n* photoemission electron microscope; **Polarisationsmikroskop** *n* polarizing microscope; **Präpariermikroskop** *n* dissecting microscope; **Protonenmikroskop** *n* proton microscope; **Rasterelektronenmikroskop** *n* scanning electron microscope; scanning microscope; **Scanningelektronenmikroskop** *n* scanning electron microscope; scanning microscope; **Spaltlampenmikroskop** *n* slit-lamp microscope; **Ultramikroskop** *n* ultramicroscope; **Zentrifugenmikroskop** *n* centrifuge microscope; **zusammengesetztes Mikroskop** compound microscope

128. Monate - months;

Januar *m* January; **Februar** *m* February; **März** *m* March; **April** *m* April; **Mai** *m* May; **Juni** *m* June; **Juli** *m* July; **August** *m* August; **September** *m* September; **Oktober** *m* Oktober; **November** *m* November; **Dezember** *m* December

129. Mondphasen - phases of the moon;

abnehmender Mond waning gibbous; **Halbmond** *m* half-moon; **Mondsichel** *f* crescent moon; (zunehmender Mond) new crescent; (abnehmender Mond) old crescent; **Neumond** *m* new moon; **Vollmond** *m* full moon; **zunehmender Mond** waxing gibbous

130. Muskeln - muscles;

Abduktor *m* abductor; **Adduktor** *m* adductor; **Afterschließmuskel** *m* anal sphincter; **Akkommodationsmuskel** *m* accommodation muscle; **antagonistischer Muskel** antagonistic muscle; **Armbeuger** *m* brachial; **Armmuskel** *m* brachial muscle; **Atemmuskel** *m* respiratory muscle; **Augapfelmuskel** *m* bulbar muscle; **Augenbinnenmuskel** *m* intraocular muscle; **Augenhöhlenmuskel** *m* orbital muscle; orbitalis; **Augeninnenmuskel** *m* intraocular muscle; **Augenringmuskel** *m* orbicularis oculi; **Augenrollmuskel** *m* trochlearis; superior oblique muscle of the eye; **Augenmuskel** *m* eye muscle; ocular muscle; bulbar muscle; **Äußerer Schenkelmuskel** vastus lateralis; **äußerer schräger Bauchmuskel** external oblique; **Backenmuskel** *m* cheek muscle; buccinator; **Bauchmuskel** *m* abdominal muscle;

Bauschmuskel *m* complexus;
Bauschmuskel des Halses splenius cervicis; **Bauschmuskel des Kopfes** splenius capitus; **Beckenbodenmuskel** *m* pelvic floor muscle; **Begleitmuskel** *m* accessory muscle; **Beugemuskel** *m* flexor; **Beuger** *m* flexor;
birnenförmiger Muskel piriform muscle; piriformis; **Bizeps** *m* biceps; bicipital muscle;
Blasenentleerungsmuskel *m* detrusor vesicae; **Blasenschließmuskel** *m* vesical sphincter; **Breiter Rückenmuskel** latissimus dorsi;
Brustbeinmuskel *m* sternalis;
Brustdornmuskel *m* spinalis thoracis;
Brustmuskel *m* pectoral muscle; pectoralis; **Bulbokavernosus** *m* bulbocavernosus; **Bulbospongiosus** *m* bulbospongiosus; **Dammmuskel** *m* perineal muscle; muscle of the perineum; **Darmbeinmuskel** *m* iliac muscle; iliacus;
Darmbeinrippenmuskel *m* iliocostalis; **Darmbein-Steißbein-Muskel** *m* iliococcygeus; **Daumenabzieher** *m* abductor pollicis; **Daumenanzieher** *m* adductor pollicis;
Daumenballenmuskel *m* thenar;
Daumenbeuger *m* flexor pollicis;
Daumengegensteller *m* opponens pollicis; **Daumenstrecker** *m* extensor pollicis; **Dehnmuskel** *m* dilator;
Deltamuskel *m* deltoid; **Depressor** *m* depressor; **doppelbäuchiger Muskel**

double-bellied muscle;
Doppelgelenkmuskel *m* two-joint muscle; **doppeltgefiederter Muskel** bipennate muscle; **Dornmuskel** *m* spinalis; **Dorsalflexionsmuskel** *m* dorsiflexor; **Drehmuskel** *m* rotary muscle; rotator; **Dreiköpfiger Armstrecker** triceps of arm; **dreiköpfiger Muskel** tricipital muscle; triceps; **Dreikopfmuskel** *m* triceps; tricipital muscle; **Eckzahnmuskel** *m* caninus; **einfach gefiederter Muskel** unipennate muscle; **Eingeweidemuskel** *m* visceral muscle; **Ellenbogenstrecker** *m* extensor of the elbow; **Entleerungsmuskel** *m* detrusor muscle; **Extensor** *m* extensor; **Extensormuskel** *m* extensor; **Fingerbeuger** *m* flexor digitorum; **Fingerstrecker** *m* extensor digitorum; **Flexor** *m* flexor; **Gaumenzäpfchenmuskel** *m* muscle of the uvula; **Gaumen-Zungen-Muskel** *m* palatoglossal muscle; palatoglossus; glossopalatinus; **gefiederter Muskel** pennate muscle; **Gegenspielermuskel** *m* antagonistic muscle; **Gelenkmuskel** *m* articular muscle; joint muscle; **Gemeinsamer Fingerstrecker** common extensor of fingers; **Gerader Bauchmuskel** abdominal rectus; **gerader Muskel** rectus; **Gerader Schenkelmuskel** rectus femoris; **Gesäßmuskel** gluteus; **Gesichtsmuskel** *m* facial muscle; mimetic muscle; **glatter Muskel** smooth muscle; **Großer**

Brustmuskel greater pectoral; **Großer Gesäßmuskel** gluteus maximus; **Großer Oberschenkelanzieher** great adductor; **Großer Rundmuskel** teres major; **Großzehenabzieher** *m* abductor hallucis; **Großzehenanzieher** *m* adductor hallucis; **Großzehenstrecker** *m* extensor hallucis; **Haaraufrichter** *m* pilomotor muscle; arrector pilorum; **Haarbalgmuskel** *m* pilomotor muscle; arrector pilorum; **Hakenarmmuskel** *m* coracobrachialis; **Halbdornmuskel** *m* semispinalis; **Halbsehnenmuskel** *m* semitendinosus; **Halsmuskel** *m* cervical muscle; collar muscle; **Hammermuskel** *m* salpingomalleus; **Handbeuger** *m* hand fexor; flexor carpi; **Handbeuger der Ellenseite** ulnar flexor of wrist; **Handstrecker** *m* extensor carpi; **Handstrecker der Ellenseite** ulnar extensor of wrist; extensor carpi ulnaris; **Hautmuskel** *m* dermal muscle; cutaneous muscle; **Hebemuskel** *m* levator; **Herabzieher** *m* depressor; **Herzmuskel** *m* cardiac muscle; myocardium; **Hinterhauptmuskel** *m* occipital; **Hüftlendenmuskel** *m* iliopsoas; **Hüftmuskel** *m* sciatic muscle; **Innerer Schenkelmuskel** vastus medialis; **Inspirationsmuskel** *m* inspiratory muscle; **inspiratorischer Muskel** inspiratory muscle; **intraokulärer Muskel** intraocular muscle; **Jochbeinmuskel** *m* zygomatic muscle; **Kammmuskel** *m* pectineus;

Kappenmuskel *m* trapezius;
Kapuzenmuskel *m* trapezius;
Kaumuskel *m* masseter;
Kehldeckelmuskel *m* aryepiglottic muscle; **Kiefermuskel** *m* masseter;
Kieferzungenbeinmuskel *m* mylohyoid muscle; **Kinnmuskel** *m* mentalis; **Kinn-Zungenbein-Muskel** *m* geniohyoid muscle; **Kinn-Zungen-Muskel** *m* genioglossus muscle; **Kleiner Rundmuskel** teres minor;
Kleinfingerabzieher *m* abductor digiti minimi manus; **Kleinfingerstrecker** *m* extensor digiti minimi;
Kleinzehenabzieher *m* abductor digiti minimi pedis; **Klitorisaufrichtemuskel** *m* erector clitoridis; **Kniegelenkmuskel** *m* subcrureus; **Kniekehlenmuskel** *m* popliteus; **Knorrenmuskel** *m* anconeus;
Kompressionsmuskel *m* compressor muscle; **Konstriktor** *m* constrictor;
Kopfdornmuskel *m* spinalis capitis;
Kopfmuskel *m* head muscle;
Kopfnicker *m* sternocleidomastoid;
Kremastermuskel *m* cremaster;
Kreuzbein-Steißbein-Muskel *m* sacrococcygeus; **Kurzer Hohlhandmuskel** short palmar;
Kurzer Wadenbeinmuskel short peroneal; **Kurzer Zehenstrecker** short extensor of toes; **Langer Hohlhandmuskel** long palmar; **langer Muskel** long muscle; longus; **Langer Oberschenkelanzieher** long adductor;
Langer Wadenbeinmuskel long

peroneal; **Langer Zehenstrecker** long extensor of toes; **Langmuskel** *m* longitudinal muscle; longus; **Lendenmuskel** *m* psoas muscle; **Lippenmuskel** *m* orbicularis orbis; **Mamillenmuskel** *m* mamillary muscle; **Masseter** *m* masseter; **Mimikmuskel** *m* mimetic muscle; muscle of facial expression; **mimischer Muskel** mimetic muscle; muscle of facial expression; **Mundringmuskel** *m* orbicularis oris; **Muskelantagonist** *m* antagonistic muscle; **Nasenmuskel** *m* nasalis; **Oberarmspeichenmuskel** *m* brachioradialis; **Obergrätenmuskel** *m* supraspinatus; **Oberlidheber** *m* levator palpebrae superioris; tarsalis superior; tarsal muscle of the upper eyelid; **Oberlippenheber** *m* levator labii superioris; **Oberschenkeladduktor** *m* adductor of the thigh; **Obturatormuskel** *m* obturator; **Ohrmuskel** *m* auricular muscle; auricularis; **Peroneusmuskel** *m* peroneal muscle; **Plattsehnenmuskel** *m* semimembranosus; **Prostataheber** *m* levator prostatae; **Protagonist** *m* protagonist; **Psoasmuskel** *m* psoas; **Pylorusschließmuskel** *m* sphincter of the pylorus; **Quadrizepsmuskel** *m* quadriceps; four-headed muscle; **quergestreifter Muskel** striped muscle; **Rachenmuskel** *m* pharyngeal muscle; **Reitermuskel** *m* rider's muscle; **Riemenmuskel** *m* splenius muscle of head; **Ringmuskel** *m* orbicular muscle; orbicularis; **Ringschildknorpelmuskel** *m* cricothyroid muscle; **Rotationsmuskel** *m* rotator muscle; rotator; **roter Muskel** red muscle; **Rückenmuskel** *m* dorsal muscle; **Rückenstreckermuskel** *m* extensor of the back; erector spinae; **Rückwärtsbeuger** *m* dorsiflexor; dorsiflexor muscle; **Runder Einwärtsdreher** round pronator; **Sägemuskel** *m* serratus; serratus muscle; **Schenkelbindenspanner** *m* tensor of fascia lata; **Schenkelmuskel** *m* muscle of the thigh; crural muscle; **Schienbeinmuskel** *m* tibial muscle; tibialis; **Schläfenmuskel** *m* temporalis; **Schlankmuskel** *m* gracile; **Schließmuskel** *m* sphincter; **Schneidermuskel** *m* sartorius; **Schnürmuskel** *m* constrictor; sphincter; **Schollenmuskel** *m* soleus; **Schrägmuskel** *m* oblique muscle; **Schulterblattmuskel** *m* trapezius; **Senkungsmuskel** *m* depressor; **Skalenusmuskel** *m* scaleneus muscle; **Skelettmuskel** *m* skeletal muscle; **Sohlenspanner** *m* plantar tensor; **Sohlenviereckmuskel** *m* quadratus plantae muscle; **Steigbügelmuskel** *m* stapedius; **Steißbeinmuskel** *m* coccygeus; ischiococcygeus; **Stimmbandmuskel** *m* vocalis; **synergistischer Muskel** synergistic muscle; synergist; **Tensormuskel** *m* tensor; **Trapezmuskel** *m* trapezius; trapezium; **Trizeps** *m* triceps; **Untergrätenmuskel** *m* infraspinatus; **Unterschlüsselbeinmuskel** *m* subclavius; **Unterschulterblattmuskel** *m* subscapularis; **unwillkürlicher Muskel** involuntary muscle; **Viszeralmuskel** *m* visceral muscle;**Vorderer Schienbeinmuskel** anterior tibial; **willkürlicher Muskel** voluntary muscle; **Zäpchenmuskel** *m* staphylinus medius; **Zeigefingerabzieher** *m* abductor indicis; **Zeigefingerstrecker** *m* extensor indicis; **zweibäuchiger Muskel** biventer muscle; **Zweiköpfiger Armstrecker** biceps of arm; **zweiköpfiger Muskel** bicipital muscle; biceps; **Zweiköpfiger Schenkelmuskel** biceps of thigh; **Stapedius** *m* stapedius; **Strecker** *m* extensor; **Streckmuskel** *m* extensor; **Wadenmuskel** *m* calf muscle; peroneal muscle; gastrocnemius; **Ziliarmuskel** *m* ciliary muscle; **Zungenmuskel** *m* ligual muscle; lingualis; **Zusatzmuskel** *m* accessory muscle; **Zwillingswadenmuskel** *m* gastrocnemius; **Zwischenknochenmuskel** *m* plantar interosseous

N

131. Nerven - nerves;

Achselnerv *m* axillary nerve;
afferenter Nerv afferent nerve;
Armnerv *m* brachial nerve; **Augennerv** *m* ophthalmic nerve; optic nerve;
Aurikulotemporalnerv *m* auriculotemporal nerve; **autonomer Nerv** autonomic nerve; **Backennerv** *m* buccal nerve; **Begleitnerv** *m* accessory nerve; **Beschleunigungsnerv** *m* accelerator nerve; **Bewegungsnerv** *m* motor nerve; **Brustnerv** *m* thoracic nerve; **Drucknerv** *m* pressor nerve; **drucksenkender Nerv** depressor nerve; **Effektornerv** *m* effector nerve; efferent nerve; **efferenter Nerv** efferent nerve; **Eingeweidenerv** *m* splanchnic nerve; visceral nerve; **Ellennerv** *m* ulnar nerve; **Fingernerv** *m* digital nerve; **Felsenbeinnerv** *m* petrosal nerve; **Gefäßnerv** *m* vasomotor nerve; **Gehörnerv** *m* cochlear nerve; **Gelenknerv** *m* articular nerve; joint nerve; **gemeinsamer Wadenbeinnerv** common peroneal nerve; **gemischter Nerv** mixed nerve; **Genitalnerv** *m* genital nerve; **Geruchsnerv** *m* olfactory nerve; **Gesäßnerv** *m* gluteal nerve; **Gesichtsnerv** *m* facial nerve; **Geschlechtsnerv** *m* genital nerve; **Geschmacksnerv** *m* gustatory nerve; **großer Rosennerv** *m* saphenous nerve;

Haaraufrichternerv *m* pilomotor nerve; **Halsnerv** *m* cervical nerve; **Harnleiternerv** *m* ureteral nerve; **Hautnerv** *m* cutaneous nerve; **Hemmnerv** *m* inhibitory nerve; **Herznerv** *m* cardiac nerve; **Hirnnerv** *m* cranial nerve; **Hörgleichgewichtsnerv** *m* vestibulocochlear nerve; **Hörnerv** *m* auditory nerve; **Hüft-Becken-Nerv** *m* iliohypogastric nerve; **Hüft-Leisten-Nerv** *m* ilioinguinal nerve; **Hüftlochnerv** *m* obturator nerve; **Hüftnerv** *m* sciatic nerve; **Interkostalnerv** *m* intercostal nerve; **Ischiasnerv** *m* sciatic nerve; **Karotisnerv** *m* carotid nerve; **Karotissinusnerv** *m* carotid sinus nerve; **Kinnnerv** *m* mental nerve; **kleiner Hüftnerv** minor sciatic nerve; **Kranialnerv** *m* cranial nerve; **Lumbalnerv** *m* lumbar nerve; **Magennerv** *m* gastric nerve; **markhaltiger Nerv** medullated nerve; **markloser Nerv** non-medullated nerve; **Maxillarnerv** *m* maxillary nerve; **Mittelarmnerv** *m* median nerve; **motorischer Nerv** motor nerve; **Nasenaugennerv** *m* nasocilliary nerve; **oberflächlicher Wadenbeinnerv** superficial peroneal nerve; **Oberschenkelnerv** *m* femoral nerve; **parasympathischer Nerv** parasympathetic nerve; **peripherer Nerv** peripheral nerve; **Peroneusnerv** *m* peroneal nerve; **pilomotorischer**

Nerv pilomotor nerve; **pressorischer Nerv** pressor nerve; **Radialisnerv** *m* radial nerve; **Riechnerv** *m* olfactory nerve; **Rückenmerknerv** *m* spinal nerve; **Sakralnerv** *m* sacral nerve; **Schenkelnerv** *m* feroral nerve; **Schienbeinnerv** *m* tibial nerve; **Sehnerv** *m* optic nerve; **Sekretionsnerv** *m* secretory nerve; **sensibler Nerv** sensory nerve; **Sinnesnerv** *m* sensory nerve; **somatischer Nerv** somatic nerve; **Speichennerv** *m* radial nerve; **Spinalnerv** *m* spinal nerve; **Steißbeinnerv** *m* coccygeal nerve; **Stirnnerv** *m* frontal nerve; **sympathischer Nerv** sympathetic nerve; **tiefer Wadenbeinnerv** deep peroneal nerve; **Tränennerv** *m* lacrimal nerve; **Ulnaris** *m* ulnar nerve; **Unterbauchnerv** *m* hypogastric nerve; **Unterkiefernerv** *m* mandibular nerve; **vasomotorischer Nerv** vasomotor nerve; **vegetativer Nerv** autonomic nerve; **Vestibularnerv** *m* vestibular nerve; **Viszeralnerv** *m* visceral nerve; **Wadenbeinnerv** *m* peroneal nerve; **Wadennerv** *m* sural nerve; peroneal nerve; **Wangennerv** *m* buccal nerve; **Zerebrospinalnerv** *m* cerebrospinal nerve; **Zungenfleischnerv** *m* hypoglossal nerve; hypoglossus; **Zungen-Gaumen-Nerv** *m* glossopalatine nerve; **Zungennerv** *m* lingual nerve; **Zungen-Schlund-Nerv** *m* glossopharyngeal nerve; **Zusatznerv** *m* accessory nerve; **Zwerchfellnerv** *m* phrenic nerve

O

132. Objektive - lenses;
Fischaugenobjektiv *n* fisheye lens; **Immersionsobjektiv** *n* immersion lens; **Standardobjektiv** *n* standard lens; **Super-Weitwinkelobjektiv** *n* semi-fisheye lens; **Teleobjektiv** *n* telephoto lens; **Weitwinkelobjektiv** *n* wide-angle lens; **Zoomobjektiv** *n* zoom lens

133. Obst - fruit;
Ananas *f* pineapple; **Apfel** *m* apple; **Apfelsine** *f* orange; **Aprikose** *f* apricot; **Avocado** *f* avocado; **Banane** *f* banana; **Birne** *f* pear; **Blutorange** *f* blood orange; **Brotfrucht** *f* breadfruit; **Clementine** *f* clementine; **Dattel** *f* date; **Erdbeerbaumfrucht** *f* fruit of the strawberry tree; **Erdbeere** *f* strawberry; **Esskastanie** *f* sweet chestnut; **Feige** *f* fig; **Granatapfel** *m* pomegranate; **Grapefruit** *f* grapefruit; **Grenadille** *f* granadilla; **Guajave** *f* guava; **Karambole** *f* carambola; **Kirsche** *f* cherry; **Kiwi** *f* kiwi; **Klementine** *f* clementine; **Kokosnuss** *f* coconut;

Litschi *f* litchi; **Litschipflaume** *f* litchi; **Mandarine** *f* tangerine; **Mango** *f* mango; **Mangopflaume** *f* mango; **Maracuja** *f* passionfruit; **Marone** *f* sweet chustnut; **Melone** *f* melon; **Orange** *f* orange; **Pampelmuse** *f* grapefruit; **Papaya** *f* papaya; **Passionsfrucht** *f* passion fruit; **Pfirsich** *m* peach; **Pflaume** *f* plum; **Preiselbeere** *f* cranberry; **Quitte** *f* quince; **Rote Johannisbeere** red current; **Sauerkirsche** *f* sour cherry; **Schwarze Johannisbeere** black current; **Süßkirsche** *f* sweet cherry; **Traube** *f* grape; **Wassermelone** *f* watermelon; **Zwetschge** *f* Victoria plum

134. Obstbäume - fruit trees;

Apfelbaum *m* apple tree (Malus sylvestris); **Aprikosenbaum** *m* apricot tree (Prunus armeniaca);
Avocadobaum *m* avocado tree (Persea gratissima); **Birnbaum** *m* pear tree (Pyrus communis); **Brotfruchtbaum** *m* breadfruit tree (Artocarpus altilis);
Cashewbaum *m* cashew tree (Anacardium occidentale); **Dattelpalme** *f* date palm (Phoenix dactylifera);
Erdbeerbaum *m* strawberry tree (Arbutus unedo); **Feigenbaum** *m* fig tree (Ficus carica); **Grapefruitbaum** *m* grapefruit tree (Citrus paradisi);
Granatapfelbaum *m* pomegranate tree

(Punica granatum); **Guajavenbaum** *m* guava tree (Psidium guajava); **Gurkenbaum** *m* carambola tree (Averrhoa); **Jambusenbaum** *m* roseapple tree; plum rose tree (Syzygium jambos); **Karambolabaum** *m* carambola tree (Averrhoa carambola); **Kastanienbaum** *m* chestnut tree (Castanea sativa); **Kirschbaum** *m* cherry tree; **Litschibaum** *m* litchi tree (Litchi chimensis); **Mandarinenbaum** *m* mandarin tree (Citrus reticulata); **Mandelbaum** *m* almond tree (Prunus amygdalus); **Mangobaum** *m* mango tree (Mangifera indica); **Maulbeerbaum** *m* mulberry tree (Morus); **Melonenbaum** *m* papaya tree (Carica papaya); **Mispelbaum** *m* medlar tree (Mespilus germanica); **Olivenbaum** *m* olive tree (Olea europaea); **Pampelmusenbaum** *m* grapefruit tree (Citrus grandis); **Papayabaum** *m* papaya tree (Carica papaya); **Pfirsichbaum** *m* peach tree (Prunus persica); **Pflaumenbaum** *m* plum tree (Prunus domestica); **Pomeranzenbaum** *m* bitter orange tree (Citrus aurantium); **Quittenbaum** *m* quince tree (Cydonia vulgaris); **Sapotilbaum** *m* sapodilla tree (Manilkara zapota); **Sauerkirschbaum** *m* sour cherry tree (Prunus cerasus); **Süßkirschbaum** *m* sweet cherry tree (Prunus avium); **Walnussbaum** *m*

walnut tree (Juglans regia);
Zitronenbaum *m* lemon tree (Citrus limon)

135. Olympiade - olympics;
Behindertenolympiade *f* paralympics; **Schacholympiade** *f* chess olympics; **Sommerolympiade** *f* summer olympics; **Winterolympiade** *f* winter olympics

P

136. Palmen - palms;
Afrikanische Ölpalme African oil palm (Elaeis guineensis); **Amerikanische Ölpalme** American oil palm (Elaeis oleifera); **Betelnusspalme** *f* betel-nut palm (Areca catechu); **Betelpalme** *f* betel palm (Areca catechu); **Brasilianische Wachspalme** wax palm; carnauba palm (Copernicia cerifera); **Brennpalme** *f* fishtail palm (Caryota urens); **Dattelpalme** *f* date palm (Phoenix dactylifera); **Dumpalme** *f* doum palm (Hyphaene thebaica); **Elfenbeinpalme** *f* ivory-nut palm (Phytelephas macrocarpa); **Erythea** *f* hesper palm (Erythea); **Falsche**

Sagopalme false sago palm (Cycas circinalis); **Faltensamenpalme** *f* solitair palm (Ptychosperma); **Farnpalme** *f* fern palm (Cycas revoluta);
Goldfruchtpalme *f* Madagaskar palm (Chrysalidocarpus lutescens);
Hanfpalme *f* windmill palm (Trachycarpus); **Honigpalme** *f* coquito palm (Jubaea chilensis); **Hyophorbe** *f* spindle palm (Hyophorbe); **Japanische Sagopalme** fern palm (Cycas revoluta); **Karnaubapalme** *f* carnauba palm (Copernicia cerifera); **Keulenbaum** *m* dracaena palm (Cordylina); **Kohlpalme** *f* cabbage palm (Euterpe oleracea); **Kokospalme** *f* coconut palm; coconut tree (Cocos nucifera); **Kordyline** *f* dracaena palm (Cordylina); **Livistone** *f* fan palm (Livistona); **Lontaropalme** *f* palmyra palm (Borassus flabellifer); **Molukkische Zuckerpalme** sugar palm (Arenga saccharifera); **Palmirapalme** *f* palmyra palm (Borassus flabellifer); **Panamapalme** *f* Panama-hat palm (Carludovica palmata); **Pfirsichpalme** *f* peach palm (Bactris gasipaes); **Rotang** *m* rattan-cane palm (Calamus rotang); **Rotangpalme** *f* rattan-cane palm (Calamus rotang); **Sagopalme** *f* sago palm (Metroxylon sagu); **Schirmpalme** *f* European fan palm; dwarf palm (Chamaerops humilis); **Steinnusspalme** *f* ivory-nut palm (Phytelephas macrocarpa); **Talipotpalme** *f* talipot palm (Corypha umbraculifera);

Totaipalme *f* totai palm (Acrocomia totai); **Weinpalme** *f* wine palm (Raphia vinifera); **Zwergpalme** *f* dwarf palm; Mediterranean palm (Chamaerops); European fan palm (Chamaerops humilis)

137. Patente - patents;

abgelaufenes Patent lapsed patent; expired patent; **abhängiges Patent** dependent patent; **älteres Patent** prior patent; **Anordnungspatent** *n* arrangement patent; **Ausbaupatent** *n* improvement patent; **Auslandspatent** *n* foreign patent; **Ausschießlichkeitspatent** *n* exclusive patent; **Basispatent** *n* basic patent; **Blockierpatent** *n* blocking-off patent; **EG-Patent** *n* Community-wide patent; **Einkreisungspatent** *n* fencing-in patent; **endgültiges Patent** complete patent; **entgegengehaltenes Patent** reference patent; cited patent; **Erfindungspatent** *n* patent for an invention; letters patent; **Ergänzungspatent** *n* supplementary patent; **erloschenes Patent** expired patent; lapsed patent; extinct patent; **Erzeugnispatent** *n* product patent; **EU-Patent** *n* Union-wide patent; **Geheimpatent** *n* secret patent; **gemeinsames Patent** joint patent; **Gemeinschaftspatent** *n* jointly owned patent; **Grundpatent** *n* basic patent; master patent; **Hauptpatent** *n* main patent; original patent; **Inlandspatent** *n* domestic patent; **internationales Patent** international patent; **jüngeres Patent** subsequent patent; **kollidierendes Patent** interfering patent; **Kollisionspatent** *n* interfering patent; **Kombinationspatent** *n* combination patent; **laufendes Patent** pending patent; **mangelhaftes Patent** defective patent; **Nachpatent** *n* subsequent patent; **nationales Patent** national patent; **parallel laufendes Patent** collateral patent; **Sachpatent** *n* product patent; **Schubladenpatent** *n* blocking patent; **selbstständiges Patent** independent patent; **Sicherungspatent** *n* confirmation patent; **Sperrpatent** *n* blocking patent; **Stammpatent** *n* original patent; parent patent; **Streitpatent** *n* litigious patent; **umfassendes Patent** broad patent; **Umzäunungspatent** *n* fencing-off patent; **unangreifbares Patent** incontestable patent; **ungeprüftes Patent** patent without examination; **Ursprungspatent** *n* original patent; **Verbesserungspatent** *n* improvement patent; **Verfahrenspatent** *n* process patent; **verfallenes Patent** lapsed patent; **Vorpatent** *n* prior patent; **Vorrichtungspatent** *n* device patent; **Wegelagererpatent** *n* free-lance patent; short-gun patent; **Weltpatent** *n* universal patent; **Zusatzpatent** *n* additional patent; supplementary patent

138. Phobien - phobias;

Achluophobie *f* achluophobia (fear of darkness); Algophobie *f* algophobia (fear of pain); Androphobie *f* androphobia (fear of men); Arachnophobie *f* arachnaphobia (fear of spiders); Astrophobie *f* astrophobia (fear of stars); Autophobie *f* autophobia (fear of one's self); Beschmutzungsfurcht *f* mysophobia; verminophobia (fear of contamination); Bibliophobie *f* bibliophobia (fear of books); Blitzangst *f* keraunophobia (fear of lightning); Blutabscheu *m* haemophobia (fear of blood); Einschlaffurcht *f* hypnophobia (fear of sleep); Gynäkophobie *f* gynaecophobia (fear of women); Hämophobie *f* haemophobia (fear of blood); Harnangst *f* urophobia; paruresis (fear of being judged for not being able to urinate); Heiratsangst *f* gamophobia (fear of getting married); Hitzeangst *f* thermophobia (fear of heat); Höhenangst *f* hypsophobia; acrophobia (fear of heights); Insektenangst *f* entomophobia (fear of insects); Kältefurcht *f* psychrophobia (fear of coldness); Karzinophobie *f* cancerophobia (fear of cancer); Klaustrophobie *f* claustrophobia (fear of enclosed places); Kristallophobie *f* crystallophobia (fear of glass); Liebesfurcht *f* erotophobia (fear of sexual discourse); **Mikrophobie** *f* microphobia (fear of microbes); **Monophobie** *f* monophobia (fear of loneliness); **Nadelangst** *f* belonephobia (fear of needles); **Neophobie** *f* neophobia (fear of new things); **Odynophobie** *f* odynophobia (fear of pain); **Schlafangst** *f* hypnophobia (fear of sleep); **Schmerzangst** *f* odynophobia (fear of pain); **Spinnenfurcht** *f* arachnaphobia (fear of spiders)

139. Pinsel - brushes;
Fächerpinsel *m* fan brush; **Flachpinsel** *m* flat brush; **Japanpinsel** *m* sumie; **Kuchenpinsel** *m* pastry brush; **Lippenpinsel** *m* lipbrush; **Rasierpinsel** *m* shaving brush; **Schreibpinsel** *m* writing brush

140. Planeten - planets;
Erde *f* Earth; **Jupiter** *m* Jupiter; **Mars** *m* Mars; **Merkur** *m* Mercury; **Neptun** *m* Neptune; **Pluto** *m* Pluto; **Saturn** *m* Saturn; **Uranus** *m* Uranus; **Venus** *f* Venus

141. Preise - prices;
Abgabepreis *m* selling price; **Absahnpreis** *m* skim-off price; **Absatzpreis** *m* selling price; **Abschlusspreis** *m* striking price; **Abwehrpreis** *m* keep-out price; **Abzahlungpreis** *m* installment price;

Angebotspreis *m* offer price;
angestrebter Preis target price;
annehmbarer Preis acceptable price;
Aufpreis *m* additional price; extra charge; **Barpreis** *m* cash price;
Basispreis *m* basic price; **Bezugspreis** *m* price of delivery; subscription price;
Binnenmarktpreis *m* domestic price;
Börsenpreis *m* stock market price;
Bruttopreis *m* gross price;
Dumpingpreis *m* dumping price;
Durchschnittseinstandspreis *m* average cost price; **Durchschnittspreis** *m* average price; **Einfuhrpreis** *m* import price; **Einheitspreis** *m* standard price; unit price; uniform price;
Einkaufsbruttopreis *m* gross purchase price; **Einkaufspreis** *m* purchase price;
Einschleusungspreis *m* sluice-gate price; **Einstandspreis** *m* cost price;
Einstiegspreis *m* strike price; striking price; **Eintrittspreis** *m* admission fee; admission charge; **Einzelhandelspreis** *m* retail price; **Einzelhandelsrichtpreis** *m* recommended retail price;
Einzelpreis *m* unit price; **Endpreis** *m* final price; **Endverbraucherpreis** *m* retail price; **Endverkaufspreis** *m* final sales price; **Energiepreis** *m* energy price; **Erstausgabepreis** *m* initial offering price; **Erzeugerpreis** *m* producer price; **Erzeugerrichtpreis** *m* producer target price;
Fabrikabgabepreis *m* price ex works;
Fabrikpreis *m* factory price; price ex

works; **Faktorpreis** *m* factor price; input price; **Festpreis** *m* firm price; fixed price; **fob-Preis** *m* fob price; f.o.b. price; **Garantiepreis** *m* guaranteed price; **gebotener Preis** bid price; **gebundener Preis** controlled price; **gegenwärtiger Preis** current price; **Gelegenheitspreis** *m* bargain price; **geltender Preis** current price; **Gesamtkaufpreis** *m* total purchase price; **Gesamtpreis** *m* total price; overall price; **gespaltener Preis** split price; **gesteuerter Preis** controlled price; **gestützter Preis** pegged price; **Getreidepreis** *m* grain price; **Gleichgewichtspreis** *m* equilibrium price; **Goldpreis** *m* gold price; **Großhandelspreis** *m* wholesale price; **Grundpreis** *m* basic price; base price; **Grundrichtpreis** *m* basic target price; **Güteaufpreis** *m* quality extra; **Händlerpreis** *m* dealer price; **herabgesetzter Preis** reduced price; cut-rate price; **herrschender Preis** ruling price; **Höchstpreis** *m* maximum price; ceiling price; **hoher Preis** high price; **Indexpreis** *m* index-linked price; **interner Verrechnungspreis** intercompany billing price; **Interventionspreis** *m* intervention price; **Kampfpreis** *m* cut-rate price; **Katalogpreis** *m* catalog price; **Konkurrenzpreis** *m* competitive price; **kostendeckender Preis** cost covering price; **Kostenpreis** *m* cost price;

Kundenpreis *m* customer price; **Ladenpreis** *m* retail price; **Listenpreis** *m* list price; **Loko-Preis** *m* spot price; **marktgerechter Preis** fair market price; **Marktpreis** *m* market price; **Materialpreis** *m* materials price; **Mengenpreis** *m* bulk price; **Mindesterzeugerpreis** *m* minimum producer price; **Mindestpreis** *m* minimum price; knocked-down price; **Mischpreis** *m* mixed price; composite price; **Monopolpreis** *m* monopoly price; **negativer Preis** negative price; **Nettoeinkaufspreis** *m* net purchase price; **Nettopreis** *m* net price; **Nettoverkaufspreis** *m* net sales price; **niedriger Preis** low price; **Niedrigpreis** *m* cut price; **Optionspreis** *m* option price; warrant exercise price; **Paritätspreis** *m* parity price; **Pauschalpreis** *m* all-inclusive price; **Phantasiepreis** *m* fancy price; **Prohibitivpreis** *m* prohibitive price; **Referenzpreis** *m* reference price; **relativer Preis** relative price; **Richtpreis** *m* recommended price; suggested price; **Rücknahmepreis** *m* repurchase price; redemption price; bid price; repo rate; **Schleuderpreis** *m* give-away price; knock-out price; **Schwellenpreis** *m* threshold price; **Sonderpreis** *m* special price; **Spannungspreis** *m* spread price; **Spitzenpreis** *m* peak price; **Spottpreis** *m* knock-down price; ridiculously low price; **Standardpreis** *m* standard price; **Stoppreis** *m* stop price; **Stückpreis** *m* unit price; **Stützpreis** *m* supported price; **Stützungspreis** *m* support price; **Submissionspreis** *m* contract price; **Subskriptionspreis** *m* prepublication price; **subventionierter Preis** subsidized price; **Transferpreis** *m* transfer price; **Treibstoffpreis** *m* fuel price; **überhöhter Preis** excessive price; **Übernahmepreis** *m* takeover price; **ungefährer Preis** approximate price; **Verkaufsförderungspreis** *m* promotional price; **Verkaufspreis** *m* sales price; selling price; **Verrechnungspreis** *m* transfer price; internal price; **Vertragspreis** *m* contract price; **Vorzugspreis** *m* special price; **Wandlungspreis** *m* conversion price; **Warenpreis** *m* commodity price; **Weltmarktpreis** *m* world market price; **Werbepreis** *m* advertising price; **wettbewerbsfähiger Preis** competitive price; **Wettbewerbspreis** *m* competitive price; free market price; **Wiederbeschaffungspreis** *m* replacement price; **Wiederverkaufspreis** *m* resale price; **Wucherpreis** *m* exorbitant price; **Zeilenpreis** *m* line rate; **Zielpreis** *m* target rate

142. Proteine - proteins;
Akute-Phase-Protein *n* acute phase protein; **Ankerprotein** *n* anchor protein; anchorage protein; **Antigeneiweiß** *n* antigenic protein; **Apolipoprotein** *n* apolipoprotein; **Bence-Jones-Eiweißkörper** *m* Bence Jones protein; **Bluteiweiß** *n* blood protein; **Carrier-Protein** *n* carrier protein; **Chondroprotein** *n* chondroprotein; **Chromoprotein** *n* chromoprotein; **c-reaktives Protein (CRP)** c-reactive protein (CRP); **einfaches Protein** simple protein; **entsalztes Eiweiß** desalted protein; **Erythrozytenmembraneiweiß** *n* erythrocyte membrane protein; **fibrilläres Protein** fibrous protein; **Fremdeiweiß** *n* foreign protein; **Frühprotein** *n* early protein; **Fusionprotein** *n* fused protein; fusion protein; **Gefrierschutzprotein** *n* antifreeze protein; **Gerüsteiweiß** *n* scleroprotein; albuminoid; **Gesamteiweiß** *n* total protein; serum protein; **Gewebseiweiß** *n* tissue protein; **globuläres Protein** globular protein; **Hüllprotein** *n* coat protein; **Klebereiweiß** *n* gluten; **Körpereiweiß** *n* body protein; **Laktoprotein** *n* lactoprotein; **Lezithoprotein** *n* lecithoprotein; **Lipoprotein** *n* lipoprotein; **Liquorprotein** *n* cerebrospinal fluid protein; **Metaprotein** *n* metaprotein;

Milcheiweiß *n* lactalbumin; lactoprotein; **Muskeleiweiß** *n* myoprotein; myoalbumin; **Myogen** *n* myogen; **Nahrungsprotein** *n* food protein; **Paranuklein** *n* paranuclein; paranucleoprotein; **Paranukleoprotein** *n* paranucleoprotein; paranuclein; **Paraprotein** *n* paraprotein; **Pflanzenprotein** *n* vegetable protein; **pflanzliches Eiweiß** vegetable protein; **Phosphoprotein** *n* phosphoprotein; **Plasmaprotein** *n* plasma protein; **prozessiertes Protein** truncated protein; **Pseudonuklein** *n* pseudonuclein; **rekombinantes Protein** recombinant protein; chimeric protein; **Ribonukleinprotein** *n* ribonucleoprotein (RNP); **Rohprotein** *n* crude protein; **salzfreies Protein** desalted protein; **Schilddrüsenprotein** *n* thyroid protein; **Schlepperprotein** *n* carrier protein; **Schutzeiweiß** *n* protective protein; **Serumprotein** *n* serum protein; **Signalerkennungsprotein** *n* signal recognition protein; **Skleroprotein** *n* scleroprotein; albuminoid; **Speicherprotein** *n* storage protein; **Strukturprotein** *n* structural protein; **Trägereiweiß** *n* carrier protein; **transaktivierendes Protein** transacting protein; **Transportprotein** *n* carrier protein

R

143. ¹**Räder** - wheels;
Alurad *n* aluminium wheel; **Holzspeichenrad** *n* wooden-spoked wheel; **Speichenrad** *n* spoke wheel; spoked wheel; **Stahlrad** *n* steel wheel

144. ²**Räder** - cycles;
Dreirad *n* tricycle; **E-Bike** *n* e-bike; **Einrad** *n* monocycle; unicycle; **Ergometerfahrrad** *n* ergometer bicycle; **Fahrrad** *n* bicycle; **Hochrad** *n* penny-farthing; **Motorrad** *n* motorcycle; motorbike; **Pedelec** *n* pedelec; **Rennrad** *n* racer; racing cycle; **Tandem** *n* tandem; bicycle-built-for-two

145. **Räume** - rooms;
Ausstellungsraum *m* show room; **Badezimmer** *n* bathroom; **Besprechungszimmer** *n* conference room; **Dachkammer** *f* attic room; **Diele** *f* hall; **Druckkammer** *f* compression chamber; **Dunkelkammer** *f* darkroom; **Elternschlafzimmer** *n* master bedroom; **Entbindungsraum** *m* delivery room; birth room; **Esszimmer** *n* dining room; **Flur** *f* hallway; **Krankenzimmer** *n* sick-room; **Küche** *f* kitchen; **Schlafzimmer** *n* bedroom; **Schwitzraum** *m* sudatorium; sweating

room; **Speiseraum** *m* refectory; dining area; **Sprechstundenzimmer** *n* consulting room; **Stillraum** *m* nursing room; **Toilette** *f* toilet; **Warteraum** *m* waiting room; **Waschküche** *f* laundry room; **Waschraum** *m* washroom; **Wohnzimmer** *n* living room

146. Reflexe - reflexes;

Abdominalreflex *m* abdominal reflex; **Abwehrreflex** *m* defensive reflex; **Achillessehnenreflex** *m* Achilles tendon reflex; ankle reflex; **Adduktorenreflex** *m* adductor reflex; **Affektreflex** *m* affective reflex; **Afterreflex** *m* anal reflex; **Akkommodationsreflex** *m* accommodation reflex; **Akromialreflex** *m* acromial reflex; **Analreflex** *m* anal reflex; **angeborener Reflex** congenital reflex; inborn reflex; inherited reflex; **Antischwerkraftreflex** *m* antigravity reflex; **Audiookularreflex** *m* audio-ocular reflex; audito-oculogyric reflex; **Aufmerksamkeitsreflex** *m* attention reflex; **Aufrichtungsreflex** *m* righting reflex; **Augendruckreflex** *m* eyeball compression reflex; **Augenlidreflex** *m* eyelid reflex; **Augenringmuskelreflex** *m* orbicularis oculi reflex; **Aurikulopalpebralreflex** *m* auriculopalpebral reflex; **Aurikulozervikalreflex** *m* auriculocervical reflex; **Auropalpebralreflex** *m* auropalpebral reflex; **Axonreflex** *m* axon reflex; **Bauchdeckenreflex** *m* abdominal wall reflex; **Bauchhautreflex** *m* abdominal skin reflex; **Bauchreflex** *m* abdominal reflex; **bedingter Reflex** conditioned reflex; **Berührungsreflex** *m* tactile reflex; **Beugemuskelreflex** *m* flexor reflex; **Beugereflex** *m* flexion reflex; **Beugungsreflex** *m* flexion reflex; bending reflex; **Bewegungsreflex** *m* motor reflex; **Bindehautreflex** *m* conjunctival reflex; **Bizeps-Femoris-Reflex** *m* biceps femoris reflex; hamstring reflex; **Bizepsreflex** *m* biceps jerk; **Blinzelreflex** *m* blink reflex; winking reflex; **Blutdruckreflex** *m* blood pressure reflex; **Brechreflex** *m* vomitting reflex; **Brustmuskelreflex** *m* pectoral reflex; **Bulbospongiosusreflex** *m* bulbospongiosus reflex; **Bulbusdruckreflex** *m* oculocardiac reflex; **Bulbusreflex** *m* oculocardiac reflex; **Chemoreflex** *m* chemoreflex; **Daumenreflex** *m* thumb reflex; **Defäkationsreflex** *m* defaecation reflex; **Dehnungsreflex** *m* stretch reflex; **Deltamuskelreflex** *m* deltoid reflex; **Depressorreflex** *m* depressor reflex; **Digitalreflex** *m* digital reflex; **Eigenreflex** *m* proprioceptive reflex; **Eingeweidereflex** *m* visceral reflex; **Einstellungsreflex** *m* orienting reflex; **Ejakulationsreflex** *m* ejaculatory reflex; **Ellenbogenreflex** *m* elbow reflex; elbow jerk; **erworbener Reflex** acquired reflex; **Faszienreflex** *m* fascial reflex; **Femoralreflex** *m* femoral reflex; **Fingerbeugerreflex** *m* finger flexor reflex; **Fingerreflex** *m* digital reflex; **Fixationsreflex** *m* fixation reflex; **Flexorreflex** *m* flexor reflex; **Fluchtreflex** *m* escape reflex; **Fundusreflex** *m* fundus reflex; **Fußrückenreflex** *m* dorsal reflex of the foot; **Fußsohlenreflex** *m* plantar reflex; plantar response; **Gallenblasenreflex** *m* cholecystic reflex; **Gänsehautreflex** *m* pilomotor reflex; **Gaumenreflex** *m* palatine reflex; **Gefäßnervenreflex** *m* vasomotor reflex; **Gefäßreflex** *m* vascular reflex; vasoreflex; **Gegenreflex** *m* antagonistic reflex; **Genitalreflex** *m* genital reflex; **Gesäßmuskelreflex** *m* gluteal reflex; **Gesäßreflex** *m* gluteal reflex; **Gliedreflex** *m* penile reflex; **Greifreflex** *m* grasp reflex; **Großzehenreflex** *m* great-toe reflex; **Halsreflex** *m* neck reflex; **Haltungsreflex** *m* postural reflex; **Handbeugerreflex** *m* hand flexor reflex; **Handflächenreflex** *m* palmar reflex; **Handrückenreflex** *m* carpometacarpal reflex; **Handwurzel-Finger-Reflex** *m* carpophalangeal reflex; **Handwurzel-Mittelhand-Reflex** *m* carpometacarpal reflex; **Harnblasenreflex** *m* bladder reflex; urinary reflex; **Haut-Pupillen-Reflex** *m* cutaneous pupillary reflex; **Hautreflex**

m skin reflex; cutaneous reflex;
Hemmreflex *m* inhibitory reflex;
Hemmungsreflex *m* inhibitory reflex;
herabgesetzter reflex hypoactive reflex; **Hirnreflex** *m* brain reflex; celebral reflex; cranial reflex;
Hirnrindenreflex *m* cortical reflex; celebral cortex reflex;
Hodenheberreflex *m* cremasteric reflex; **Hodenkompressionsreflex** *m* testicular compression reflex;
Hodensackreflex *m* scrotal reflex;
Hohlhandreflex *m* palmar reflex;
Hornhaut-Unterkiefer-Reflex *m* corneomandibular reflex; **Hörreflex** *m* acoustic reflex; auditory reflex; aural reflex; **Hustenreflex** *m* cough reflex; **hypogastrischer Reflex** hypogastric reflex; **Infraspinatusreflex** *m* infraspinatus reflex;
Intersegmentalreflex *m* intersegmental reflex; **Interskapularreflex** *m* interscapular reflex; **Intestinalreflex** *m* intestinal reflex; **Iriskontraktionsreflex** *m* iris-contraction reflex; **Kardiareflex** *m* cardia reflex; **Karotiskörperreflex** *m* carotid-body reflex; **Karotissinusreflex** *m* carotid sinus reflex;
Karpometakarpalreflex *m* carpometacarpal reflex;
Karpophalangealreflex *m* carpophalangeal reflex;
Kaumuskelreflex *m* masseter reflex; jaw jerk; **Kehlkopfreflex** *m* laryngeal reflex; **Kettenreflex** *m* chain reflex;

Kieferreflex *m* jaw reflex; jaw jerk; **Kinnreflex** *m* chin reflex; **Kniescheibenreflex** *m* patellar reflex; knee jerk (US); **Kniesehnenreflex** *m* patellar reflex; knee jerk (US); **Knochenhautreflex** *m* periosteal reflex; **Knochenperiostreflex** *m* bone periosteal reflex; **Knochenreflex** *m* bone reflex; **Kochlearisreflex** *m* cochlear reflex; **Konjunktivalreflex** *m* conjunctival reflex; **Konvergenzreflex** *m* convergence reflex; **Kornealreflex** *m* corneal reflex; eyelid reflex; **Koronarreflex** *m* coronary reflex; **Körperaufrichtungsreflex** *m* body-righting reflex; **Körperstellreflex** *m* body-righting reflex; **krankhafter Reflex** pathologic reflex; **Kranialreflex** *m* cranial reflex; **Kratzreflex** *m* scratch reflex; **Kremasterreflex** *m* cremasteric reflex; **Kutanreflex** *m* cutaneous reflex; **Labyrinthreflex** *m* labyrinthine reflex; **Labyrinthstellreflex** *m* bowing reflex; **Leistenreflex** *m* inguinal reflex; **Lichtreflex** *n* light reflex; **Lidschlagreflex** *m* blinking reflex; **Lidschlussreflex** *m* eyelid closure reflex; **Lippenmuskelreflex** *m* orbicularis orbis reflex; **Lippenreflex** *m* lip reflex; **Lumbalreflex** *m* lumbar reflex; **Lungenreflex** *m* lung reflex; pulmonary reflex; **Magen-Dickdarm-Reflex** *m* gastrocolic reflex; **Magnetreflex** *m* magnet reflex; **Mandibularreflex** *m* mandibular reflex; jaw jerk; **Masseterreflex** *m* masseter reflex; jaw jerk; **Mastdarmreflex** *m* rectal reflex; **Muskeleigenreflex** *m* muscular proprioceptive reflex; deep tendon reflex; **Muskelreflex** *m* muscular reflex; **Nachahmungsreflex** *m* imitating reflex; **Nackenaufrichtungsreflex** *m* neck-righting reflex; **Nasenreflex** *m* nasal reflex; **Netzhautreflex** *m* retinal reflex; **Niesreflex** *m* sneezing reflex; **Obliquusreflex** *m* obliquus reflex; **Olekranonreflex** *m* elbow reflex; **Orientierungsreflex** *m* orientative reflex; **Palmarreflex** *m* palmar reflex; **Patellarsehnenreflex** *m* patellar reflex; knee jerk (US); **Pektoralreflex** *m* pectoral reflex; **Penisreflex** *m* penile reflex; **Peroneusreflex** *m* peroneal reflex; **Plantarreflex** *m* sole reflex; **psychogalvanischer Reflex** psycholgalvanic reflex; **psychokardialer Reflex** psychocardiac reflex; **propriozeptiver Reflex** proprioceptive reflex; **Pupillenreflex** *m* pupillar reflex; **Quadrizepsreflex** *m* quadriceps reflex; **Rachenreflex** *m* pharyngeal reflex; **Radius-Periost-Reflex** *m* periosteoradial reflex; **Rippenperiostreflex** *m* costal periosteal reflex; **roter Reflex** red reflex; **Rückenmarkreflex** *m* spinal reflex; **Rückenmuskelreflex** *m* dorsal reflex; **Rückenreflex** *m* dorsal reflex; **Rückenstreckerreflex** *m* erector spinae

reflex; **Rückgratreflex** *m* spinal reflex;
Saugreflex *m* sucking reflex;
Schluckreflex *m* swallowing reflex;
deglutition reflex; **Schmerzreflex** *m*
pain reflex; **Schnappreflex** *m* grasp
reflex; **Schüttelreflex** *m* shivering
reflex; **Schutzreflex** *m* defence reflex;
Sehnenreflex *m* tendon reflex;
Skrotalreflex *m* scrotal reflex;
Sohlenreflex *m* sole reflex;
Sonnengeflechtreflex *m* coeliac-plexus
reflex; **Spätreflex** *m* delayed reflex;
Speichelreflex *m* salivary reflex;
Sphinkterreflex *m* sphincteric reflex;
Spinalreflex *m* spinal reflex;
Sprungreflex *m* jump reflex;
Stapediusreflex *m* stapedius reflex;
Stehreflex *m* static reflex; **Stellreflex** *m*
postural reflex; **Streckreflex** *m*
extension reflex; **Supraorbitalreflex** *m*
supra-orbital reflex;
Suprapatellerreflex *m* supra-patellar
reflex; **Tiefenreflex** *m* deep reflex;
Tränenreflex *m* lacrimal reflex;
Trizepsreflex *m* triceps jerk; elbow
reflex; **Trommelfellreflex** *m* cone of
light; **Umklammerungsreflex** *m*
embrace reflex; **unbedingter Reflex**
unconditioned reflex;
Untergrätenmuskelreflex *m*
infraspinatus reflex; **Vasomotorreflex**
m vasomotor reflex; **Verhaltensreflex**
m behaviour reflex; **verzögerter Reflex**
delayed reflex; **Vestibulookularreflex**
m vestibulo-ocular reflex;

Viszeralreflex *m* visceral reflex;
Vorbeugungsreflex *m* bowing reflex;
Würgreflex *m* gag reflex; **Ziliarreflex** *m* ciliary reflex; **Ziliospinalreflex** *m* ciliospinal reflex; **Zwinkerreflex** *m* winking reflex

147. Religionen -
religions; **Buddhismus** *m* Buddhism; **Christentum** *n* Christianity; **Hinduismus** *m* Hinduism; **Islam** *m* Islam; **Judentum** *n* Judaism; **Katholizismus** *m* Catholicism; **Protestantismus** *m* Protestantism; **Taoismus** *m* Taoism

148. Richtungen (als Antwort auf die Frage wohin) - directions (as answer to the question where to);
abwärts *adv* down; downwards; **auf die Seite** aside; **aufwärts** *adv* up; upwards; **gegen den Uhrzeigersinn** anticlockwise; **geradeaus** *adv* straight ahead; **im Uhrzeigersinn** clockwise; **nach allen Seiten** in all directions; **nach links** (to the) left; **nach Norden** (to the) north; **nach oben** up; upwards; upstairs; **nach Osten** (to the) east; **nach rechts** (to the) right; **nach Süden** (to the) south; **nach unten** down;

downwards; downstairs; **nach Westen** (to the) west; **rückwärts** *adv* backwards; **schräg nach links** diagonally to the left; **schräg nach rechts** diagonally to the right; **südwärts** *adv* south; southwards; **um die Ecke** around the corner; **vorwärts** *adv* forwards; **weiter links** further to the left; **weiter rechts** further to the right; **zur Seite** aside; **zurück** *adv* back

149. Ringe - rings;

Augenringe *pl* rings under one's eyes; **Bandring** *m* band ring; **Brilliantring** *m* diamond ring; **Collegering** *m* class ring; **Diamantring** *m* diamond ring; **Ehering** *m* wedding ring; **Faserring** *m* fibrous ring; **Femoralring** *m* femoral ring; **Gefäßring** *m* vascular ring; **Goldring** *m* gold ring; **Gummiring** *m* rubber ring; **Herrenring** *m* man's ring; **Herzklappenring** *m* valvular ring; annulus; **Hochzeitsring** *m* wedding ring; **Hornhautring** *m* corneal arcus; **Jahresring** *m* annual ring; **Kolbenring** *m* piston ring; **Konjunktivalring** *m* conjunctival ring; **Kontraktionsring** *m* contraction ring; **Mitralklappenring** *m* mitral ring; **Nabelring** *m* navel ring; umbilical ring; **Nasenring** *m* nose ring; **Ohrring** *m* earring; **Platinring** *m* platinum ring; **Quotientenring** *m* quotient ring; **Schnürring** *m* constriction ring; **Siegelring** *m* signet-ring; **Sigmaring** *m* sigma ring;

Silberring *m* silver ring; **Simmering** *m* simmering; **Solitärring** *m* solitaire ring; **Trauring** *m* wedding-ring; **Trommelfellring** *m* tympanic ring; **Verlobungsring** *m* engagement ring; **Ziliarring** *m* ciliary ring

150. Romane - novels;
Abenteuerroman *m* adventure story; **Briefroman** *m* epistolary novel; **Groschenroman** *m* penny dreadful (GB); cheap novel; dime novel (US); **historischer Roman** historical novel; **Kriminalroman** *m* detective story; **Liebesroman** *m* romantic novel; **Zukunftsroman** *m* science fiction novel

S

151. Säfte - juices;
Apfelsaft *m* apple juice; **Apfelsinensaft** *m* orange juice; **Darmsaft** *m* intestinal juice; enteric juice; **Duodenalsaft** *m* duodenal juice; **Fruchtsaft** *m* fruit juice; **Hustensaft** *m* cough-mixture; **Johannisbeersaft** *m* currant juice; **Kernsaft** *m* nuclear juice; karyolymph; **Körpersaft** *m* bodily juice; humour; **Lecksaft** *m* lincture; linctus; **Magensaft**

m gastric juice; **Mohnsaft** *m* meconium; **Obstsaft** *m* fruit juice; **Orangensaft** *m* orange juice; **Pankreassaft** *m* pancreas juice; **roter Johannisbeersaft** red currant juice; **schwarzer Johannisbeersaft** black currant juice; **Tomatensaft** *m* tomato juice; **Verdauungssaft** *m* digestive juice; **Zellkernsaft** *m* karenchyma; **Zellsaft** *m* cell sap

152. Saiteninstrumente - stringed instruments;

akustische Gitarre acoustic guitar; **Balalaika** *f* balalaika; **Banjo** *n* banjo; **Bassgitarre** *f* bass guitar; **Bratsche** *f* viola; **Cello** *n* cello; **E-Gitarre** *f* electric guitar; **elektrische Gitarre** electric guitar; **elektrischer Kontrabass** electric upright bass; **Elektrogitarre** *f* electric guitar; **Gitarre** *f* guitar; **Harfe** *f* harp; **Hawaigitarre** *f* Hawain guitar; **Kontrabass** *m* double bass; contrabass; upright bass; **Konzertgitarre** *f* classical guitar; **Leadgitarre** *f* lead guitar; **Lyra** *f* lyre; **Mandoline** *f* mandolin; **Rhythmusgitarre** *f* rhythm guitar; **Violine** *f* violin; **Zither** *f* zither

153. Säulenordnungen - orders;

die dorische Säulenordnung the Doric order; **die ionische Säulenordnung** the

Ionic order; **Kompositkapitell** *n* the Composite order; **die korinthische Säulenordnung** the Corinthian order; **die tuskanische Säulenordnung** the Tuscan order

154. Säuren - acids;

Acetylsalicylsäure *f* acetylsalicylic acid; **Adenosindiphosphatsäure** *f* adenosine diphosphoric acid; **Adenosinmonophosphatsäure** *f* adenosine monophosphoric acid; **Adenosintriphosphatsäure** *f* adenosine triphosphoric acid; **Ameisensäure** *f* formic acid; **Aminobuttersäure** *f* aminobutyric acid; **Aminoessigsäure** *f* aminoacetic acid; **Aminoisobuttersäure** *f* aminoisobutyric acid; **Aminokapronsäure** *f* aminocaproic acid; **Aminosalizylsäure** *f* aminosalicylic acid; **Aminosäure** *f* amino acid; **Apfelsäure** *f* malic acid; **Askorbinsäure** *f* ascorbic acid; **Asparaginsäure** *f* aspartic acid; **Azeteruksäure** *f* erucylacetic acid; **Azetoessigsäure** *f* acetoacetic acid, diacetic acid; **Azetomilchsäure** *f* acetolactic acid; **Azetylmuraminsäure** *f* acetylmuramic acid; **Azetylsalizylsäure** *f* acetylsalicylic acid; aspirin; **Baldriansäure** *f* valeric acid; valerianic acid; **Barbitursäure** *f* barbituric acid; **Benzoesäure** *f* benzoic acid; **Bernsteinsäure** *f* succinic acid;

Blausäure *f* prussic acid; hydrocyanic acid; **Boten-Ribonukleinsäure (mRNS)** *f* messenger ribonucleic acid (mRNA); **Brenztraubensäure** *f* pyruvic acid; **Buttersäure** *f* butyric acid; **Chenodesoxycholsäure** *f* chenodeoxycholic acid; **Chininsäure** *f* quinic acid; **Chinolinsäure** *f* quinolinic acid; **Chlorwasserstoffsäure** *f* hydrochloric acid; **C-terminale Aminosäure** C-terminal amino acid; **Cyansäure** *f* cyanic acid; **Cyanwasserstoff** *m* hydrocyanic acid; prussic acid; **Desoxyribonukleinsäure (DNS)** *f* deoxyribonucleic acid (DNA); **endständige Aminosäure** chain-terminal amino acid; **essentielle Aminosäure** essential amino acid; indispensable amino acid; **Essigsäure** *f* acetic acid; **Fettsäure** *f* fatty acid; **Folinsäure** *f* formyltetrahydrofolic acid; **Formyltetrahydrofolsäure** *f* formyltetrahydrofolic acid; **freie Fettsäure** free fatty acid; **Fulminsäure** *f* fulminic acid; **Fumarsäure** *f* fumaric acid; **Gallensäure** *f* bile acid; **Gerbsäure** *f* tannic acid; **Glukoronsäure** *f* glucuronic acid; **Glutaminsäure** *f* glutamic acid; **Glykocholsäure** *f* glycocholic acid; **Glyzerinphosphorsäure** *f* glycerophosphoric acid; **Harnsäure** *f* uric acid; **Hippursäure** *f* hippuric acid; **Homogentisinsäure** *f* homogentisic acid; **Hydroxybrenztraubensäure** *f* hydroxypyruvic acid; **Indolbuttersäure** *f* indolebutyric acid; **Indolessigsäure** *f* indoleacetic acid; **Kakodilsäure** *f* dimethylarsinic acid; **Kaprilsäure** *f* n-octanoic acid; **Kapronsäure** *f* hexanoic acid; **Karbolsäure** *f* carbolic acid; **Knallsäure** *f* fulminic acid; **Koffeinsäure** *f* caffeic acid; **Kohlensäure** *f* carbonic acid; **Kreatinphosphorsäure** *f* creatine phosphoric acid; **Lävulinsäure** *f* laevulinic acid; **Lipoinsäure** *f* lipoic acid; **Litocholsäure** *f* lithocholic acid; **Magensäure** *f* gastric acid; **Mekonsäure** *f* meconic acid; **Merkaptopurinsäure** *f* mercapturic acid; **Messenger-Ribonukleinsäure (mRNS)** *f* messenger ribonucleic acid (mRNA); **Milchsäure** *f* lactic acid; **Mohnsäure** *f* meconic acid; **Mukotinschwefelsäure** *f* mucotinsulphuric acid; **Muraminsäure** *f* muramic acid; **Nalidixinsäure** *f* nalidixic acid; **Neuraminsäure** *f* meuraminic acid; **Nikotinsäure** *f* nicotinic acid; **N-terminal-Aminosäure** *f* N-terminal amino acid; **Nukleinsäure** *f* nucleic acid; **Ölsäure** *f* oleic acid; **Opiumsäure** *f* meconic acid; **Oxalessigsäure** *f* oxaloacetic acid; **Pantothensäure** *f* pantothenic acid; **Para-Aminobenzoesäure** *f* para-aminobenzoic acid; **Para-Aminohippursäure** *f* para-aminohippuric acid; **Penizillinsäure** *f* penicillinic acid; **Perjodsäure** *f* periodic acid; **Phenol** *n* phenol; carbolic acid; **Phenyläthylbarbitursäure** *f* phenylethylbarbituric acid; **Phosphoglukonsäure** *f* phosphogluconic acid; **Phthalsäure** *f* phthalic acid; **Phytinsäure** *f* phytic acid; **Pikrinsäure** *f* picric acid; **Ribonukleinsäure (RHS)** *f* ribonucleic acid (RNA); **Salizylsäure** *f* salicylic acid; **Salzsäure** *f* hydrochloric acid; **Senfsäure** *f* sinapic acid; **Stearinsäure** *f* stearic acid; **Sulfanilsäure** *f* sulphanilic acid; **Sulfosalizylsäure** *f* sulphosalicylic acid; **Taurocholsäure** *f* taurocholic acid; **Thiobarbitursäure** *f* thiobarbituric acid; **Transfer-Ribonukleinsäure (t-RNS)** *f* transfer ribonucleic acid (t-RNA); **Valeriansäure** *f* valeric acid; **Zimtsäure** *f* cinnamic acid; **Zitronensäure** *f* citric acid; **Zuckersäure** *f* saccharic acid; **Zyansäure** *f* cyanic acid

155. Schachfiguren - chess pieces;

Bauer *m* pawn; **Dame** *f* queen; **König** *m* king; **Königin** *f* queen; **Läufer** *m* bishop; **Springer** *m* knight; **Turm** *m* castle; rook

156. Scheren - scissors and shears;

Abdominalschere *f* abdominal scissors; Astschere *f* lopping shears; tree pruner; Bauchdeckenschere *f* abdominal scissors; Baumschere *f* tree pruner; lopping shears; Blechschere *f* metal shears; snips; chirurgische Schere surgical scissors; Darmschere *f* enterotomy scissors; bowel scissors; Duraschere *f* dura scissors; Episiotomieschere *f* episiotomy scissors; Fußnagelschere *f* toenail scissors; Gartenschere *f* pruning shears; secateurs (Brit.); Gefäßschere *f* vascular scissors; vessel scissors; Geflügelschere *f* poultry shears; Gipsschere *f* plaster scissors; plaster shears; Haarschneideschere *f* haircutting scissors; Heckenschere *f* hedge shears; Inzisionsschere *f* incision scissors; Iridektomieschere *f* iridectomy scissors; iris scissors; Knorpelschere *f* cartilage scissors; Kosten-Preis-Schere *f* cost-price scissors; Kraniotomieschere *f* craniotomy scissors; Ligaturschere *f* ligature scissors; Nabelschnurschere *f* umbilical cord scissors; Nagelhautschere *f* cuticle scissors; Nagelschere *f* nail scissors; Nagelspaltschere *f* nail-splitting scissors; Operationsschere *f* surgical scissors; Papierschere *f* paper scissors;

Präparierschere *f* dissecting scissors;
Preis-Kosten-Schere *f* price-cost gap;
Preisschere *f* price gap; Rippenschere
f rib shears; costotome; Sehnenschere *f*
tendon scissors; tenotomy scissors;
Sternumschere *f* sternum scissors;
Tonsillenschere *f* tonsil scissors;
Tränenkanalschere *f* canalicular
scissors; Verbandschere *f* bandage
shears; bandage cutting scissors;
Wundrandschere *f* scissors for wound
edges

157. Schlafarten - types of sleep;
fester Schlaf sound sleep; kurzer
Schlaf nap; leichter Schlaf slumber;
Nachmittagsschläfchen *n* afternoon
nap; Nickerchen *n* nap, snooze; forty
winks; suggestiver Schlaf hypnotic
sleep; tiefer Schlaf deep sleep; heavy
sleep; Winterschlaf *m* hibernation

158. Schlaginstrumente - percussion instruments;
Basstrommel *f* bass drum; Becken *n*
cymbal; Galsharfe *f* musical glasses;
Gong *m* gong; Kastagnetten *pl*
castanets; Kesselpauke *f* kettledrum;
kleine Trommel snare drum; oberes
Becken superior cymbal; Pauke *f*
timpani; Röhrenglocken *pl* tubular
bells; Schlagzeug *n* drums; percussion;

Tamburin *n* tambourine; **Triangel** *f* triangle; **Trommel** *f* drums; **Trommeln** *pl* drums; **unteres Becken** inferior cymbal; **Xylophon** *n* xylophone

159. Schmerzen - pains (molimina);

Achillessehnenschmerz *m* achillodynia; **Afterschmerz** *m* proctalgia; proctodynia; sphincteralgia; **Alkoholschmerz** *m* alcoholic pain; **allgemeiner Körperschmerz** pantalgia; periodynia; **Amputationsstumpfschmerz** *m* amputation stump pain; stump neuralgia; **Anginaschmerz** *m* anginal pain; **anhaltender Schmerz** continuous pain; **Antrumschmerz** *m* antrodynia; **Aortenschmerz** *m* aortalgia; **Armschmerz** *m* pain in the arm, brachialgia; **Atemschmerz** *m* respiratory pain; **Augenschmerz** *m* eye pain; pain in the eye; ophthalmalgia; ophthalmodynia; **Austreibungsschmerz** *m* expulsive pain; **Austrocknungsschmerz** *m* xerosalgia; **Bänderschmerz** *m* pain in a ligament; desmalgia; desmodynia; **Bauchschmerz** *m* bellyache; abdominal pain; abdominalgia; **Bauchschmerzen** *pl* tormina; griping pains in the bowel; **Beckenschmerz** *m* pelvic pain; **Beinschmerz** *m* leg pain; pain in the leg; skelalgia; **Berührungsschmerz** *m*

haphalgesia; sensation of pain;
Bewegungsschmerz *m* kinesalgia; kinesialgia; **Blasenschmerz** *m* pain in the bladder; cystalgia; cystodynia; **blitzartiger Schmerz** lightning pain; **bohrender Schmerz** boring pain; terebrating pain; **brennender Schmerz** burning pain; **Brustfellschmerz** *m* pleuralgia; pleurodynia; **Brustdrüsenschmerz** *m* mammalgia; mazalgia; **Brustkorbschmerz** *m* chest pain; thoracodynia; thoracalgia; pectoralgia; **Brustmuskelschmerz** *m* thoracomyodynia; **Brustschmerz** *m* chest pain; pectoral pain; pectoralgia; thoracalgia; thoracodynia; **Brustwarzenschmerz** *m* thelalgia; **Dammschmerz** *m* perineal pain; **Darmschmerz** *m* pain in the intestine; enterodynia; enteralgia; **Dauerschmerz** *m* continuous pain; permanent pain; **Dehnungsschmerz** *m* dilating pain; **Dickdarmschmerz** *m* pain in the colon; colonalgia; **Dolchstichschmerz** *m* boring pain; **Druckschmerz** *m* tenderness on pressure; **Drüsenschmerz** *m* adenalgia; adenodynia; **dumpfer Schmerz** dull pain; **Eierstockschmerz** *m* ovarialgia; oophoralgia; oothecalgia; **Eingeweideschmerz** *m* visceralgia; splanchnodynia; enteralgia; **einschießender Schmerz** shooting pain;; fulgurant pain; **Ejakulationsschmerz** *m*

dysspermatism; dysspermia;
Epikondylenschmerz *m*
epicondylalgia; **Erwärmungsschmerz**
m thermalgesia;
Extremitätenknochenschmerz *m*
acrostealgia; **Fersenbeinschmerz** *m*
calcaneodynia; talalgia; **Fersenschmerz**
m calcaneodynia; talalgia;
Fingerschmerz *m* digitalgia;
Flankenschmerz *m* pain on the side;
flank pain; **fortgeleiteter Schmerz**
referred pain; heterotopic pain;
Fußschmerz *m* pedal pain; podalgia;
pedialgia; pododynia;
Fußsohlenschmerz *m* plantalgia;
Fußwurzelschmerz *m* pain in the
tarsus; tarsalgia; **Gallenblasenschmerz**
m cholecystalgia;
Gebärmutterschmerz *m* uterine pain;
hysteralgia; hysterodynia; uteralgia;
metralgia; **Geburtsschmerz** *m* labour
pain; pains; **Gefäßnervenschmerz** *m*
angioneuralgia; **Gefäßschmerz** *m*
vascular pain; angialgia; angiodynia;
Gelenkschmerz *m* arthralgia; pain in a
joint; **Genitalschmerz** *m* genital pain;
pudendagra; **Gesäßschmerz** *m*
pygalgia; pain in the buttocks;
Gesichtskopfschmerz *m*
faciocephalgia; **Gesichtsschmerz** *m*
facial neuralgia; prosopalgia;
prosopodynia; **Gichtschmerz** *m* gouty
pain; **Gliedendenschmerz** *m* acrodynia;
Gliederschmerz *m* limb pain; melalgia;
Gliedmaßenschmerz *m* acrodynia;

Gliedschmerz *m* pain in the penis; phallalgia; phallodynia; **Glossalgie** *f* glossalgia; pain in the tongue; **Gnathalgie** *f* gnathalgia; pain of the jaw; **Gürtelschmerz** *m* girdle pain; **Haarberührungsschmerz** *m* trichalgia; **Haarwurzelschmerz** *m* hairache; **Halsmuskelschmerz** *m* trachelodynia; **Halsschmerzen** *pl* sore throat; **Handschmerz** *m* cheiralgia; **Harnleiterschmerz** *m* pain in the ureter; urethalgia; urethrodynia;; **Harnröhrenschmerz** *m* pain in the ureter; urethalgia; urethrodynia; **Hautnervenschmerz** *m* dermatalgia; dermatagra; dermatodynia; **Hautschmerz** *m* dermatodynia; dermatalgia; **heftiger Schmerz** sharp pain; severe pain; violent pain; megalgia; **Heimweh** *n* homesickness; **Hepatalgie** *f* hepatalgia; hepatodynia; pain in the liver; **Herzschmerz** *m* heartache; cardiac pain; cardialgia; cardiodynia; **Hodenschmerz** *m* testicular pain; testalgia; **Hornhautschmerz** *m* pain in the cornea; keratalgia; **Hüftgelenkschmerz** *m* pain in the hip joint; coxalgia; coxodynia; **Hüftschmerz** *m* pain in the hip joint; coxalgia; coxodynia; **Iridalgie** *f* iralgia; pain in the iris; **Irisschmerz** *m* pain in the iris; iralgia; **Ischialgie** *f* ischialgia; ischioneuralgia; sciatica; sciatic neuralgia; **Ischias** *f* ischialgia; ischioneuralgia; sciatica; sciatic neuralgia; **Kälteschmerz** *m* cryalgesia; crymodynia; **Karzinomschmerz** *m* cancer pain; **Kehlkopfschmerz** *m* laryngalgia; pain in the larnyx; **Kieferschmerz** *m* gnathalgia; gnathodynia; pain in the jaw; **Klitoralgie** *f* clitoralgia; pain in the clitoris; **Klitorisschmerz** *m* pain in the clitoris; clitoralgia; **klopfender Schmerz** throbbing pain; **Knieschmerz** *m* gonalgia; pain in the knee; **Knochenschmerz** *m* osteocopic pain; ostealgia; **Knorpelschmerz** *m* pain in the cartilage; chondrodynia; chondralgia; **Kohabitationsschmerzen** *pl* dyspareunia; **Kolikschmerz** *m* colicky pain; **Kolpalgie** *f* colpalgia; pain in the vagina; **Kopfschmerz** *m* headache; cephalodynia; encephalalgia; cephalalgia; **Körperschmerz** *m* somatalgia; (allg.) pantalgia; periodynia; **krampfartiger Schmerz** spasmodic pain; colic; **Krampfschmerz** *m* algospasm; **Kreuzbeinschmerz** *m* sacralgia; sacrodynia; pain in the rump bone; **Kreuzschmerzen** *pl* backache; pains in the back; lumbago; low back pain; **lanzinierender Schmerz** lancinating pain; **Leberschmerz** *m* pain in the liver; hepatalgia; **Leibschmerzen** *pl* abdominal pain; belly-ache; enteralgia; enterodynia; colic; **Leistenschmerz** *m* inguinodynia; pain in the groin; **Lendenschmerz** *m* lumbago; low back pain; **Lichtschmerz**

m photalgia; photodynia;
Lippenschmerz *m* cheilalgia;
Lokalschmerz *m* local pain; **Lumbago** *f* lumbago; lumbalgia; lumber pain; backache in the lumber region;
Lumbalschmerz *m* lumbago; lumbalgia; lumber pain; backache in the lumber region; **Lumbosakralschmerz** *m* lumbosacral pain; **Magen-Darm-Schmerz** *m* gastroenteralgia;
Magenschmerz *m* pain in the stomach; gastralgia; gastrodynia; stomachodynia; cardialgia; **Mastdarmschmerz** *m* pain in the rectum; proctalgia; proctodynia;
Mekonalgie *f* meconalgia; **Menalgie** *f* menalgia; menstrual pain;
Menorrhalgie *f* menorrhalgia; menstrual pain; **Menstruationsschmerz** *m* menstrual pain; menalgia; menorrhalgia; dysmenorrhoea;
Meralgie *f* meralgia; pain in the thigh;
Metralgie *f* metralgia; metrodynia; pain in the uterus; **Migräne** *f* migrain; megrim; migrainious headache; blind headache; bilious headache; brow pang;
Miktionsschmerz *m* urodynia;
Mittelfußschmerz *m* metatarsalgia;
Mittelohrschmerz *m* pain in the middle ear; **Mittelohrschmerz durch Luftdruckunterschiede** barotalgia;
Mittelschmerz *m* midpain; middle pain; intermenstrual pain; **Mundschmerz** *m* pain in the mouth; stomalgia; stomatodynia; **Muskelschmerz** *m* muscular pain; muscular aching; pain in

a muscle; myalgia; myodynia; **Muskel-Skelett-Schmerz** *m* musculoskeletal pain; **Nachschmerz** *m* afterpain; **Nachtschmerz** *m* night pain; nyctalgia; **Nackenschmerz** *m* neck pain; cervicodynia; trachelodynia; **Nagelschmerz** *m* pain in the nails; onychalgia; onychodynia; **Nervenschmerz** *m* neuralgic pain; neuralgia; ague; **Nervenwurzelneuralgie** *f* radiculalgia; neuralgia of a nerve root; redicular pain; **Neuralgie** *f* neuralgia; neuralgic pain; ague; **Neuralgie in mehreren Nerven** polyneuralgia; **Netzhautschmerz** *m* pain in the retina; neurodealgia; **Nierenschmerz** *m* pain in the kidney; nephralgia; **Nüchternschmerz** *m* hunger pain; gastralgokenosis; **Oberbauchschmerz** *m* upper abdominal pain; epigastric pain; epigastralgia; **Oberschenkelschmerz** *m* pain in the thigh; meralgia; **Ohrenschmerz** *m* earache; otalgia; otodynia; otagra; pain in the ear; otoneuralgia; **Okzipitalnervenschmerz** *m* occipital neuralgia; **Onychalgie** *f* onychalgia; pain in the nails; **Ophthalmalgie** *f* ophthalmalgia; ophthalmodynia; pain in the eye; **Ophthalmodynie** *f* ophthalmodynia; ophthalmalgia; pain in the eye; **Opiumentzugsschmerz** *m* meconalgia; **Otalgie** *f* otalgia; earache; **Ovulationsschmerz** *m* intermenstrual pain; **Pankrealgie** *f* pancrealgia; pain in the pancreas; **Pedialgie** *f* pedialgia; neuralgic pain in the foot; **Pektoralgie** *f* pectoralgia; pain in the breast; **Penisschmerz** *m* phallalgia; phallodynia; pain in the penis; **Peritonealschmerz** *m* peritonealgia; peritoneal pain; **Phantomschmerz** *m* phantom pain; pseudoaesthesia; **Phantomzahnschmerz** *m* phantom odontalgia; **Phrenalgie** *f* phrenalgia; pain in the diaphragm; **Pleuritisschmerz** *m* pleuritic pain; **Präkordialschmerz** *m* precordial pain; precordialgia; **Proktalgie** *f* proctalgia; proctodynia; pain in the rectum; **Prosopalgie** *f* prosopalgia; facial pain; **Prostatalgie** *f* prostatalgia; pain in the prostatic gland; **psychischer Schmerz** psychic pain; psychalgia; mental pain; phrenalgia; **Pulpalgie** *f* pulpalgia; pain in the dental pulp; **Pulpaschmerz** *m* pulpalgia; pain in the dental pulp; **Pyloralgie** f pyloralgia; pain in the pylorus region; **Pylorusschmerz** *m* pain in the pylorus region; pyloralgia; **Rachenschmerz** *m* pharyngeal pain; pharyngalgia; **Rachialgie** *f* rachialgia; pain in the vertebral column; **reflektorischer Schmerz** reflex pain; referred pain; **Retrosternalschmerz** *m* retrosternal pain; **Rheumaschmerz** *m* chronic rheumatic pain; rheumatalgia; **Rheumatalgie** *f* rheumatalgia; chronic rheumatic pain; **Rippenschmerz** *m* costalgia; **Rückenmerkschmerz** *m* myelalgia; pain in the spinal cord; **Rückenschmerz** *m* backache; pain in the back; dorsalgia; **Rückenschmerzen** *pl* backache; pains in the back; **Ruheschmerz** *m* rest pain; night pain; **Samenstrangneuralgie** *f* spermoneuralgia; **Samenstrangschmerz** *m* spermoneuralgia; **scharfer Schmerz** sharp pain; **Scheidenschmerz** *m* pain in the vagina; vaginalgia; vaginodynia; colpalgia; **Schienbeinschmerz** *m* pain in the shinbone; tibialgia; **Schlafschmerz** *m* hypnalgia; **Schließmuskelschmerz** *m* pain in a sphincter; sphincteralgia; **Schluckschmerz** *m* pain on deglutition; pharyngeal discomfort; odynophagia; **Schmerz in mehreren Gelenken** polyarthralgia; **Schmerz in mehreren Muskeln** polymyalgia; **schneidender Schmerz** cutting pain; stabbing pain; **Schulterblattschmerz** *m* pain in the scapula; scapulalgia; scapulodynia; **Schultergelenkschmerz** *m* pain in the shoulder joint; omarthralgia; **Schultergürtelschmerz** *m* brachial neuritis; **Schulterschmerz** *m* shoulder pain; omalgia; omodynia; **Seelenschmerz** *m* psychic pain; psychalgia; mental pain; phrenalgia; **Sehnenschmerz** *m* pain in a tendon; tenalgia; tenodynia; desmalgia; desmodynia; **Spätschmerz** *m* delayed pain; **Spinalgie** *f* spinalgia; pain in the spinal region; **Splenalgie** *f* splenalgia pain in the spleen; **Spondylalgie** *f* spondylalgia; pain in the vertebra; **stechender Schmerz** stich; darting pain; **Steißbeinneuralgie** *f* coccygeal neuralgia; **Steißbeinschmerz** *m* pain in the coccyx; coccyalgia; **Sternalgie** *f* sternalgia; pain in the sternum; **Stirnkopfschmerz** *m* frontal headache; metopodynia; **Stomachodynie** *f* stomachodynia; pain in the stomach; **Stumpfneuralgie** *f* stump neuralgia; **Stumpfschmerz** *m* stump pain; amputation pain; **Supraorbitalneuralgie** *f* supra-orbital neuralgia; **Synästhesialgie** *f* synaesthesialgia; **Talalgie** *f* talalgia; pain in the ankle; **Tarsalgie** *f* tarsalgia; pain in the tarsus; **Thalamusschmerz** *m* thalamic pain; **Thelalgie** *f* thelalgia; pain in the nipple; **Thoraklagie** *f* thoracalgia; pain in the chest wall; **Tibialgie** *f* tibialgia; pain in the shinbone; pinful shin; **Trachealgie** *f* trachealgia; pain in the trachea; **Tränendrüsenschmerz** *m* pain in a lacrimal gland; dacryoadenalgia; **Traumschmerz** *m* hypnalgia; **Trichalgie** *f* trichalgia; **Ulalgie** *f* ulalgia; pain in the gums; **Ulkusschmerz** *m* ulcer pain; **Unterbauchschmerz** *m* lower abdominal pain; **Ureteralgie** *f* ureteralgia; pain in the ureter;

Urethralgie *f* urethralgia; pain in the urethra; **Vaginalgie** *f* vaginalgia; vaginodynia; pain in the vagina; colpalgia; colpodynia; **Vasalgie** *f* vasalgia; pain in a vessel; **Venenschmerz** *m* pain in a vein; venalgia; phlebalgia; **Viszeralgie** *f* visceralgia; pain in the viscera; **Viszeralschmerz** *m* visceralgia; pain in the viscera; **Vorsteherdrüsenschmerz** *m* pain in the prostate; prostatalgia; **Vulvaschmerz** *m* vulvar pain; **wandernder Schmerz** wandering pain; **Wärmeschmerz** *m* thermalgesia; thermoalgesia; **Warzenfortsatzschmerz** *m* mastoidalgia; pain in the mastoid process; **Wirbelsäulenschmerz** *m* pain in the verbal column; spinalgia; rachialgia; **Wirbelschmerz** *m* spinalgia; rachialgia; spondylalgia; spondylodynia; **Wurmfortsatzschmerz** *m* appendalgia; **Wurzelschmerz** *m* root pain; radicular pain; **Zahnfleischschmerz** *m* gingivalgia; pain in the gums; pain in the gingiva; **Zahnschmerz** *m* toothache; dentalgia; odontalgia; odontalgy; **Zahnschmerzen** *pl* toothache; dentalgia; odontalgia; odontalgy; **Zahnweh** *n* toothache; **Zehenschmerz** *m* pain in a toe; digitalgia; **Ziliarneuralgie** *f* ciliary neuralgia; **Zungen-Schlund-Nervenschmerz** *m* glossopharyngeal neuralgia; **Zungenschmerz** *m* glossodynia; glossalgia; pain in the tongue; **Zwerchfellnervenschmerz** *m* phrenic neuralgia; **Zwerchfellschmerz** *m* pain in the diaphragm; diaphragmalgia; phrenodynia; **Zystalgie** *f* cystalgia; cystodynia; pain in the urinary bladder

160. Schneekristalle - snow crystals;
bedeckte Säule capped column; **Eiskörnchen** *n* sleet; **Frostgraupel** *f* snow pellet; **Hagel** *m* hail; **irreguläres Aggregat** irregular crystal; **Nadel** *f* needle; **Plättchen** *n* plate crystal; **räumlicher Dendrit** spatial dendrite; **Reifgraupel** *f* snow pellet; **Säule** *f* column; **Stern** *m* steller crystal

161. Schränke - cabinets and closets;
Aktenschrank *m* filing cabinet; **Apothekenschrank** *m* medicine cabinet; **Bücherschrank** *m* bookcase; **Eckschrank** *m* corner cupboard; **Giftschrank** *m* poison cupboard; poison cabinet; **Glasschrank** *m* glass-fronted cupboard; **Instrumentenschrank** *m* instrument cupboard; instrument cabinet; **Kleiderschrank** *m* wardrobe; **Küchenschrank** *m* kitchen cabinet; kitchen cupboard; **Panzerschrank** *m* safe; **Schuhschrank** *m* shoe cabinet;

Stahlschrank *m* steel cabinet; steel closet; **Vitrinenschrank** *m* glass-fronted display cabinet; **Waffenschrank** *m* weapons locker; firearm safe; **Wäscheschrank** *m* linen closet; linen cupboard; **Werkzeugschrank** *m* tool cabinet

162. Schrauben - screws;

Ablass-Schraube *f* 1. drain bolt; drain plug; 2.(bei Bremsflüssigkeit) bleed screw; **Flachkopfschraube** *f* flat headed screw; thruss head screw; **Flügelschraube** *f* wing screw; wing bolt; **Flügelschraube mit Schlitz** slotted pan head screw; **Holzschraube** *f* wood screw; **Imbusschraube** *f* socket screw; socket head screw; Allen screw; **Klemmschraube** *f* 1. binding screw; 2. clamping screw; **Kreuzschlitzschraube** *f* cross-headed screw; Philipps head screw; **Linsensenk-Holzschraube** *f* raised countersunk wood screw; **Mess-Schraube** *f* 1. measuring screw; 2. micrometer screw; **Rändelschraube** *f* knurled screw; knurled head screw; **Schiffsschraube** *f* ship's screw; marine propelling screw; **Stellschraube** *f* 1. adjusting screw; set screw; set-screw; setscrew; 2. (am Motor) binding screw; **Verschlussschraube** *f* locking screw; screw plug; **Verschlussschraube mit Innensechskant** hexagon socket screw sealing plug

163. Schreibgeräte - writing instruments;

Ätzstift *m* caustic pencil; caustic stylus; **Binsenstengel** *m* Egyptian reed pen; **Bleistift** *m* pencil; **Buntstift** *m* crayon; coloured pencil; **Druckbleistift** *m* retractable pencil; **Federkiel** *m* quill; **Filzstift** *m* felt-tip pen; **Füllfederhalter** *m* fountain pen; **Gänsekiel** *m* quill; **Graphitstift** *m* lead pencil; **Kiel** *m* quill; **Kugelschreiber** *m* ballpoint pen; **Marker** *m* marker; **Metallfeder** *f* metal pen; **Rohrfeder** *f* cane pen; **römische Metallfeder** Roman metal pen; **Schreibpinsel** *m* writing brush; **Stahlschreibfeder** *f* steel pen; **Stilus** *m* stylus

164. Schuhe→ Fußbekleidung

165. Singvögel - songbirds (Oscines);

Amsel *f* blackbird; **Baumläufer** *m* tree creeper; **Drossel** *f* thrush; **Grasmücke** *f* warbler; **Lerche** *f* lark; **Meise** *f* titmouse; **Nachtigall** *f* nightingale; **Schwalbe** *f* swallow; **Spottdrossel** *f* mocking-bird; **Star** *m* starling; **Stelze** *f* wagtail; **Würger** *m* shrike; **Zaunkönig** *m* wren

166. Sinne - senses;
Gehörsinn *m* audition; sense of hearing; **Geruchssinn** *m* olfaction; sense of smell; **Geschmackssinn** *m* gustation; sense of taste; gustatory sense; **Gleichgewichtssinn** *m* vestibular sense; **Hören** *n* hearing; **Lagesinn** *m* sense of position; acrognosis; **Riechsinn** *m* olfactory sense; **Schmerzsinn** *m* pain sense; sense of pain; **Sehen** *n* sight; **Tastsinn** *m* sense of touch; stereognosis; tactile sense

167. Sinnesorgane - sense organs;
Auge *n* eye; **Geruchsorgan** *m* organ of smell; olfactory organ; (Organum olfactus); **Geschmacksorgan** *m* organ of taste; gustatory organ (Organum gustus); **Gleichgewichtsorgan** *m* organ of equilibrium (Organum vestibulare); **Haut** *f* skin; **Hörorgan** *m* organ of hearing (Organum auditus); **Nase** *f* nose; **Ohr** *n* ear; **Riechorgan** *m* organ of smell; olfactory organ (Organum olfactus); **Sehorgan** *m* visual organ; organ of vision; organ of sight; **Tastorgan** *m* organ of touch; tactile organ; **Zunge** *f* tongue

168. Spielkarten - playing cards;
Herzass *n* ace of hearts; **Herzbube** *m*

jack of hearts; knave of hearts;
Herzdame *f* queen of hearts;
Herzkönig *m* king of hearts; **Karoass** *n*
ace of diamonds; **Karobube** *m* jack of
diamonds; knave of diamonds;
Karodame *f* queen of diamonds;
Karokönig *m* king of diamonds;
Kreuzass *n* ace of clubs; **Kreuzbube** *m*
jack of clubs; knave of clubs;
Kreuzdame *f* queen of clubs;
Kreuzkönig *m* king of clubs; **Pikass** *n*
ace of spades **Pikbube** *m* jack of
spades; knave of spades; **Pikdame** *f*
queen of spades; **Pikkönig** *m* king of
spades

169. ¹Sprachen - languages;

Albanisch *n* Albanian; **Arabisch** *n*
Arabic; **Aserbeidschanisch** *n*
Azerbaijani; **Bengali** *n* Bengali;
Birmanisch *n* Burmese; **Bulgarisch** *n*
Bulgarian; **Chinesisch** *n* Chinese;
Mandarin; **Dänisch** *n* Danish; **Deutsch**
n German; **Divehi** *n* Divehi; **Dzongkha**
n Dzongkha; **Englisch** *n* English;
Estnisch *n* Estonian; **Finnisch** *n*
Finnish; **Flämisch** *n* Flemish;
Französisch *n* French; **Georgisch** *n*
Georgian; **Griechisch** *n* Greek;
Grönländisch *n* Greenlandic;
Hebräisch *n* Hebrew; **Hindi** *n* Hindi;
Hottentottisch *n* Hottentot;
Indonesisch *n* Indonesian; **Irisch** *n*

Irish; **Isländisch** *n* Icelandic;
Italienisch *n* Italian; **Japanisch** *n*
Japanese; **Kambodschanisch** *n* Khmer;
Kantonesisch *n* Cantonese; **Kasakisch**
n Kazakh; **Katalanisch** *n* Catalan;
Kirundi *n* Kirundi; **Koptisch** *n* Coptic;
Koreanisch *n* Korean; **Kurdisch** *n*
Kurdish; **Laotisch** *n* Lao; **Lappisch** *n*
Lapp; **Latein** *n* Latin; **Lateinisch** *n*
Latin; **Lettisch** *n* Latvian; **Litauisch** *n*
Lithuanian; **Livisch** *n* Livonian;
Malagasy *n* Malagasy; **Malaiisch** *n*
Malay; **Maledivisch** *n* Divehi;
Maltesisch *n* Maltese; **Mandingo** *n*
Mandinka; **Mongolisch** *n* Mongolian;
Khalkha; **Nauruisch** *n* Nauruan;
Nepalesisch *n* Nepali; **Niederländisch**
n Dutch; **Paschto** *n* Pashtu; **Persisch** *n*
Farsi; **Polnisch** *n* Polish; **Portugiesisch**
n Portuguese; **Ruanda** *n* Kinyarwanda;
Rundi *n* Kirundi; **Russisch** *n* Russian;
Schwedisch *n* Swedish; **Sesuto** *n*
Sesotho; **Singhalesisch** *n* Sinhala;
Slowakisch *n* Slovak; **Slowenisch** *n*
Slovene; **Spanisch** *n* Spanish; **Suahili** *n*
Swahili; **Sumerisch** *n* Sumerian;
Tagalisch *n* Tagalog; **Tagalog** *n*
Tagalog; **Tamilisch** *n* Tamil; **Thai** *n*
Thai; **Tonga** *n* Tongan; **Tschechisch** *n*
Czech; **Türkisch** *n* Turkish;
Turkmenisch *n* Turkmen; **Ugrisch** *n*
Ugrian; Ugric; **Uigurisch** *n* Uigurian;
Ungarisch *n* Hungarian; **Urdu** *n* Urdu;
Vietnamesisch *n* Vietnamese;
Yakutisch *n* Yakut

170. ²Sprachen - languages;
Amtssprache *f* official language; **Fachsprache** *f* technical language; jargon; **Kindersprache** *f* child language; nursery talk; **Kunstsprache** *f* artificial language; **Rechnersprache** *f* computer language; **Rechtssprache** *f* legal parlance; **Vertragssprache** *f* language of contract; **Wirtschaftssprache** *f* language of business; business jargon

171. Staudämme - dams;
Bogenstaudamm *m* arch dam; **Gewichtsstaudamm** *m* gravity dam; **Stützpfeilerstaudamm** *m* buttress dam; **Uferdamm** *m* embankment dam

172. Sternzeichen - Signs of the Zodiac;
Fische *pl* Pisces (the Fishes); **Jungfrau** *f* Virgo (the Virgin); **Krebs** *m* Cancer (the Crab); **Löwe** *m* Leo (the Lion); **Schütze** *m* Sagittarius (the Archer); **Skorpion** *m* Scorpio (the Scorpion); **Steinbock** *m* Capricorn (the Goat); **Stier** *m* Taurus (the Bull); **Waage** *f* Libra (the Balance); **Wassermann** *m* Aquarius (the Water Bearer); **Widder** *m* Aries (the Ram); **Zwillinge** *pl* Gemini (the Twins)

173. Steuern - taxes;

Abwasserabgabe *f* sewage levy; **Abzugsteuer** *f* withholding tax; **Alleinsteuer** *f* single tax; **allgemeine Steuer** general tax; broad-based tax; **Allphasen-Brutto-Umsatzsteuer** *f* all-stage gross turnover tax; **Allphasen-Netto-Umsatzsteuer** *f* all-stage net turnover tax; **Allphasensteuer** *f* all-stage tax; **anrechenbare Steuer** creditable tax; **Aufsichtsratsteuer** *f* directors' tax; **Ausgleichsteuer** *f* turnover equalization tax; **Ausschüttungssteuer** *f* tax on distributed earnings; **Banderolensteuer** *f* revenue stamp tax; **Banknotensteuer** *f* tax on note issue; **Baulandsteuer** *f* site value tax; **Beförderungssteuer** *f* transportation tax; **Betriebssteuer** *f* operating tax; **Biersteuer** *f* beer tax; **Börsenumsatzsteuer** *f* exchange turnover tax; stock exchange transfer tax; **Branntweinabgabe** *f* spirits duty; **Branntweinsteuer** *f* tax on spirits; liquor tax (US); **Brutto-Allphasen-Umsatzsteuer** *f* cumulative all-stage turnover tax; **Bruttomehrwertsteuer** *f* output tax; **Bruttoumsatzsteuer** *f* gross turnover tax; **Bundessteuer** *f* federal tax; **degressive Steuer** degressive tax; **direkte Steuer** direct tax; **Dividendensteuer** *f* dividend tax; **einbehaltene Steuer** tax withheld; **Einfuhrsteuer** *f* import levy;

Einfuhrumsatzsteuer *f* turnover tax on imports; **Einheitssteuer** *f* flat rate tax; **Einkommensteuer** *f* income tax; **Einphasen-Umsatzsteuer** *f* single-stage turnover tax; **Emissionsteuer** *f* security issue tax; **Energiesteuer** *f* energy tax; **Erbanfallsteuer** *f* inheritance tax; **Erbschaftsteuer** *f* inheritance tax; **Erdrosselungsteuer** *f* strangling tax; **Ergänzungsabgabe** *f* supplemental income tax; **Exportsteuer** *f* export levy; **Fabrikationsteuer** *f* production tax; **Fabrikatsteuer** *f* product tax; **Feuerschutzsteuer** *f* fire protection tax; **Feuerversicherungsteuer** *f* fire insurance tax; **Finanzsteuer** *f* revenue tax; tax levied for revenue; **Fluchtsteuer** *f* tax on capital flight; **Fremdenverkehrsabgabe** *f* tourist tax; **Gemeindesteuer** *f* municipal tax; **Gemeinschaftsabgabe** *f* Community levy; **Gemeinschaftssteuer** *f* shared tax; **Gesellschaftssteuer** *f* company tax; capital investment tax; capital duty (Brit.); **Getränkesteuer** *f* beverage tax; **Gewerbekapitalsteuer** *f* trade tax on capital; **Gewerbesteuer** *f* trade tax; **Grenzausgleichsteuer** *f* border tax adjustment; **Grunderwerbssteuer** *f* property acquisition tax; land transfer tax; **Grundsteuer** *f* real property tax; **Heizölsteuer** *f* heating oil tax; **Hundesteuer** *f* dog tax; **Hypothekengewinnabgabe** *f* levy on profits from the redemption of mortgage loans; **Importabgabe** *f* import levy; **indirekte Steuer** indirect tax; **Informationssteuer** *f* information tax; **Investitionssteuer** *f* capital investment tax; **Jagdsteuer** *f* hunting tax; **Kaffeesteuer** *f* coffee tax; **Kapitalertragssteuer** *f* capital gains tax; capital yields tax; tax on income from capital; **Kapitalverkehrssteuer** *f* capital transfer tax; **Kaskadensteuer** *f* cascade tax; repetitive sales tax; **Kirchensteuer** *f* church tax; **Klimasteuer** *f* climate improvement tax; **konfiskatorische Steuer** confiscatory tax; **konjunkturreagible Steuer** tax sensitive to economic trends; **Körperschaftssteuer** *f* corporate income tax; corporation income tax; **Kraftfahrzeugsteuer** *f* motor vehicles tax; vehicle license tax (Brit.); **kumulative Allphasensteuer** cumulative all-stage turnover tax; **kumulative Mehrphasensteuer** cumulative multi-stage tax; **kumulative Umsatzsteuer** cumulative turnover tax; **Kuponsteuer** *f* coupon tax; **Lawinensteuer** *f* cascade tax; repetitive sales tax; **Leuchtmittelsteuer** *f* tax on electric bulbs and fluorescent fittings; **Lohnsteuer** *f* wage tax; income tax on wages and salaries; **Lohnsummensteuer** *f* municipal payroll tax; **Lotteriesteuer** *f* tax on lotteries; **Luxussteuer** *f* luxury tax; **Massensteuer** *f* mass tax; broad-based tax; **Mehrphasensteuer** *f* multi-stage tax; **Mehrphasen-Umsatzsteuer** *f* multi-stage turnover tax; **Mehrwertsteuer (MwSt)** *f* value-added tax (VAT); **Mineralölsteuer** *f* mineral oil tax; oil tax; petrol tax (Brit.); **Nachlasssteuer** *f* estate tax; **Nachsteuer** *f* supplementary tax; **Nettoumsatzsteuer** *f* net turnover tax; **neutrale Steuer** neutral tax; **Objektsteuer** *f* impersonal tax; non-personal tax; tax imposed on an object; **Pauschalsteuer** *f* lump-sum tax; **Produktionssteuer** *f* production tax; **Proportionalsteuer** *f* proportional tax; **Quellensteuer** *f* withholding tax (US); pay-as-you-earn tax (Brit.); tax deducted at source; **Realsteuer** *f* impersonal tax; non-personal tax; **redistributive Steuer** redistributive tax; **Reisegewerbesteuer** *f* itinerant-trade tax; **Rennwettsteuer** *f* tax on bettings; **Sachsteuer** *f* impersonal tax; non-personal tax; tax imposed on an object; **Salzsteuer** *f* excise tax on salt; **Satellitensteuer** *f* satellite tax; **Schankerlaubnissteuer** *f* licence fee; **Schaumweinsteuer** *f* champagne tax; excise tax on champagne; **Schenkungssteuer** *f* gift tax; tax on donations; **Sonderumsatzsteuer** *f* export levy; **Spekulationsteuer** *f* tax on speculative profits; **spezielle Steuer** narrow-based tax; **Spielkartensteuer** *f* excise tax on playing cards;

Stempelsteuer *f* stamp tax; **Streifensteuer** *f* revenue strip tax; **Substanzsteuer** *f* tax on non-income values; **Surrogatsteuer** *f* tax on a substitute product; **Tabaksteuer** *f* tobacco tax; **Teesteuer** *f* excise tax on tea; **Übergewinnsteuer** *f* excess profits tax; **Umsatzausgleichssteuer** *f* turnover equalization tax on imported goods; **Umsatzsteuer** *f* turnover tax; **veranlagte Steuer** assessed tax; **Verbrauchsteuer** *f* consumption tax; **verdeckte Steuer** hidden tax; **veredelte Umsatzsteuer** refined turnover tax; **Vergnügungssteuer** *f* amusements tax; entertainment tax; **Verkehrssteuer** *f* transactions tax; **Vermögenssteuer** *f* net worth tax; **Versicherungssteuer** *f* insurance tax; **Vorsteuer** *f* prior tax; input tax; **Wandergewerbesteuer** *f* itinerant-trade tax; **Warensteuer** *f* commodity tax; **Wechselsteuer** *f* tax on drafts and bills of exchange; **Wertsteuer** *f* ad valorem tax; **Wertzuwachssteuer** *f* property increment tax; **Zigarettensteuer** *f* excise tax on cigarettes; **Zinsabschlagsteuer** *f* interest discount tax; **Zinsausgleichsteuer** *f* interest equalization tax; **Zuckersteuer** *f* sugar tax; excise duty on sugar; **Zündwarensteuer** *f* excise tax on matches and tapers; **Zusatzsteuer** *f* additional tax; **zuviel gezahlte Steuer** overpaid tax; **Zwecksteuer** *f*

nonrevenue regulatory tax;
Zweigstellensteuer *f* branch tax

174. Stichproben -
samples;
abhängige Stichprobe dependent sample; **angepasste Stichprobe** balanced sample; **ausgewogene Stichprobe** balanced sample; **Beurteilungsstichprobe** *f* judgmental sample; **bewusst gewählte Stichprobe** purposive sample; **einfache Stichprobe** simple sample; **feste Stichprobe** fixed sample; **Flächenstichprobe** *f* area sample; **gekoppelte Stichprobe** linked sample; **Gelegenheitsstichprobe** *f* chunk sample; **geschichtete Stichprobe** stratified sample; **gewichtete Stichprobe** differential sample; **gezielte Stichprobe** precision sample; **Grundstichprobe** *f* master sample; **Haushaltsstichprobe** *f* household sample; **ineinandergreifende Stichprobe** interpenetrating sample; **Klumpenstichprobe** *f* cluster sample; **konkordante Stichprobe** concordant sample; **Lotteriestichprobe** *f* lottery sample; **mehrstufige Stichprobe** multi-stage sample; **Mehrzweckstichprobe** *f* all-purpose sample; **nichtzufällige Stichprobe** non-random sample; **Parallelstichprobe** *f* duplicate sample; **Quotenstichprobe** *f* quota sample; **repräsentative Stichprobe**

representative sample; **sequentielle Stichprobe** item-by-item sample; sequential sample; **systematische Stichprobe** systematic sample; **überlagerte Stichprobe** interpenetrating sample; **unendliche Stichprobe** infinite sample; **unverzerrte Stichprobe** unbiased sample; **unvollständige Stichprobe** defective sample; **verbundene Stichprobe** matched sample; **verzerrte Stichprobe** biased sample; **Wahrscheinlichkeitsstichprobe** f probability sample; **Wiederfangstichprobe** f capture-release sample; **Wiederholungsstichprobe** f replication; **Zufallsstichprobe** f random sample; **zweistufige Stichprobe** two-stage sample

175. Störungen - disturbances;

Affektstörung f affective disorder; emotional disturbance; **Anpassungsstörung** f adaptation disturbance; pathergasia; **Assimilationsstörung** f malassimilation; **Atemstörung** f breathing disturbance; respiratory embarrassment; **Atmungsstörung** f breathing disturbance; respiratory embarrassment; **Aussprachestörung** f malarticulation; **Bewusstseinsstörung** f

disturbance of consciousness;
Bildstörung *f* picture interference;
Bindegewebsstörung *f* connective tissue disorder;
Blasenfunktionsstörung *f* bladder dysfunction; **Blutdruckstörung** *f* dysarteriotony; **Blutverteilungsstörung** *f* disturbance of the blood distribution;
Charakterstörung *f* character disorder;
Defäkationsstörung *f* defaecation disturbance; **Druckanpassungsstörung** *f* dysbarism; **Drüsenstörung** *f* glandular disturbance; **Durchblutungsstörung** *f* circulatory disturbance;
Eierstockfunktionsstörung *f* dysovarism; **Einschlafstörung** *f* difficulty in falling asleep;
Elektrolytstörung *f* electrolyte disturbance; **Erektionsstörung** *f* erection disturbance;
Ernährungsstörung *f* dystrophy; nutritional disturbance;
Farbenbezeichnungsstörung *f* color aphasia; chromatic aphasia; amnesic color blindness;
Farberkennungsstörung *f* color agnosia; **Farbsehstörung** *f* color vision defect; parachromatism;
Farbsinnstörung *f* color vision defect; defective color vision;
Funktionsstörung *f* malfunction; dysfunction; **gastrointestinale Störung** gastro-intestinal disturbance;
Gebärmutterstörung *f* uterine disorder; **Gefäßstörung** *f* vascular

disturbance; **Gehstörung** *f* gait
disturbance; dysbasia; **Geistesstörung** *f*
mental disorder; mental derangemant;
mental deterioration;
Gerinnungsstörung *f* coagulation
disorder; clotting disturbance;
Geruchsdysfunktion *f* olfactory
dysfunction; **Geruchssinndysfunktion**
f olfactory dysfunction;
Geruchsstörung *f* olfactory
disturbance; dysosmia;
Geschmackssinnstörung *f* gustatory
disturbance; dysgeusia; parageusia;
Gesundheitsstörung *f* disturbance of
health; **Gleichgewichtsstörung** *f* 1.
vestibular disorder; 2. balance
disturbance; imbalance; **Haarstörung** *f*
paratrichosis; **Harnabflussstörung** *f*
urinary obstruction;
Herzfunktionsstörung *f* cardiac
dysfunction; **Herzrhythmusstörung** *f*
arrhythmia; cardiac dysrhythmia;
Hirndysfunktion *f* brain dysfunction;
celebral dysfunction;
Hodenfunktionsstörung *f* male
hypogonadism; hypo-orchidia;
Hormonhaushaltsstörung *f*
dyshormonism; **Hormonstörung** *f*
dyshormonism;
Immunglobulinstörung *f*
immunglobulin disorder;
Immunitätsstörung *f* dysimmunity;
Intelligenzstörung *f* intellectual
disorder; dysgnosia; **Kaustörung** *f*
dysmasesia; **Klappendysfunktion** *f*

valvular dysfunction;
Knochenwachstumsstörung *f*
osteodysplasia; **Kreislaufstörung** *f*
circulatory disorder; circulatory
disturbance; **Laktationsstörung** *f*
dysgalactia; disordered milk secretion;
Lautbildungsstörung *f* malarticulation;
Leberfunktionsstörung *f* liver
dysfunction; hepatic function
disturbance; **Leberstörung** *f* hepatic
dysfunction; liver disturbance; liver
disorder; **Lernstörung** *f* learning
disorder; **Lesestörung** *f* dyslexia;
Lungenstörung *f* pulmonary disorder;
Magen-Darm-Störung *f* gastro-
intestinal disturbance;
Maschinenstörung *f* machine failure;
machine fault; **Menstruationsstörung** *f*
menstrual disorder; menstrual
irregularity; emmeniopathy;
Milzfunktionsstörung *f* dyssplenism;
Mimikstörung *f* dysmimia;
Motilitätsstörung *f* motility
disturbance;
Muskelkoordinationsstörung *f*
disturbance of muscular coordination;
dyssynergia; **Mutationsstörung** *f*
mutation disorder; mutation
disturbance; **Nahsehstörung** *f* near
vision disturbance;
Nierenfunktionsstörung *f* renal
dysfunction; **Okklusionsstörung** *f*
occlusion dysharmony; occlusion
dystrophy; **Optikusstörung** *f* optic
nerve disturbance;

Persönlichkeitsstörung *f* personality disorder; **Perzeptionsstörung** *f* perceptive disorder; **Phonationsstörung** *f* dysphonia; **Pigmentstörung** *f* pigment disorder; dyschromia; **Reflexstörung** *f* reflex disturbance; **Regulationsstörung** *f* regulatory disturbance; regulatory disorder; **Reproduktionsstörung** *f* reproduction disturbance; reproduction disorder; **Rhythmusstörung** *f* rhythm disturbance; arrhythmia; dysrhythmia; **Riechstörung** *f* olfactory dysfunction; **Ruhestörung** *f* disturbance of peace; **Samenbildungsstörung** *f* dysspermatism; **Samenreifungsstörung** *f* aspermatogenesis; **Schilddrüsenstörung** *f* thyroid dysfunction; dysthyroidism; **Schlafstörung** *f* sleep disturbance; dyssomnia; **Schluckstörung** *f* dysphagia; **Schreibstörung** *f* dysgraphia; **Sehstörung** *f* visual disturbance; dysopia; optic dysfunction; **Sekretionsstörung** *f* dyssecretosis; disturbed secretion; **Sexualstörung** *f* sexual dysfunction; **Sexualtriebsstörung** *f* erotopathy; **Sinnesstörung** *f* sensory disturbance; **Speicheldrüsenfunktionsstörung** *f* salivary gland disorder; **Sprachartikulationsstörung** *f* anarthria; logophasia; **Sprachstörung** *f* speech disorder; dysphrasia; **Stillstörung** *f* dystithia;

Stimmbildungsstörung *f* dysphonia;
Stoffwechselstörung *f* metabolic disorder; dysbolism;
Thymusfunktionsstörung *f* dysthymia; malfunction of the thymus; **Tonstörung** *f* sound interference; **Tonusstörung** *f* dystonia; **Tubulusfunktionsstörung** *f* tubular malfunction;
Ventilationsstörung *f* ventilatory disorder; **Verdauungsstörung** *f* digestive disturbance; dyspepsia;
Verhaltensstörung *f* behavioural disorder; behaviour disturbance; pathergasia; **Verknöcherungsstörung** *f* dysostosis; **vestibuläre Störung** vestibular disorder;
Wachstumsstörung *f* growth disturbance; dysontogenesis

176. Streiks - strikes;

Anerkennungsstreik *m* recognition strike; **Blitzstreik** *m* lightning strike; **Bummelstreik** *m* slowdown strike; go-slow; **bundesweiter Streik** all-out national strike; **Eisenbahnerstreik** *m* rail strike; **Generalstreik** *m* general strike; **Hungerstreik** *m* hunger strike; **illegaler Streik** illegal strike; snap strike; **kurzer Warnstreik** hit-and-run strike; **nicht genehmigter Streik** unofficial strike; **organisierter Streik** official strike; **örtlich begrenzter Streik** localized strike; **politischer Streik** political strike; **Proteststreik** *m* protest strike; **Schwerpunktstreik** *m* selective strike; key strike; **Sitzstreik** *m* sit-in strike; **Solidaritätsstreik** *m* sympathy strike; **Sympathiestreik** *m* sympathy strike; **Teilstreik** *m* partial strike; **versteckter Streik** hidden strike; camouflaged strike; **Warnstreik** *m* warning strike; **zeitlich begrenzter Streik** limited duration strike

177. Stühle - chairs;

Drehstuhl *m* swivel-chair; **Gartenstuhl** *m* lawn chair; **Klappstuhl** *m* folding chair; **Rollstuhl** *m* wheelchair; **Schaukelstuhl** *m* rocking chair; **Stillstuhl** *m* nursing chair; **Untersuchungsstuhl** *m* examining-chair; **Zahnarztstuhl** *m* dentist's chair

178. Stürme - storms;

Blizzard *m* blizzard; **Gewitter** *n* thunderstorm; **Hagel** *m* hail; **Hagelschauer** *m* hail-storm; **Monsun** *m* monsoon; **Orkan** *m* hurricane; **Schneesturm** *m* snowstorm; **Staubsturm** *m* dust storm; **Sturm** *m* storm; strong gale; **Taifun** *m* typhoon; **Tornado** *m* tornado; twister (US); **tropischer Sturm** tropical storm; **Wirbelsturm** *m* whirlwind; twister (US); **Wirbelwind** *m* whirlwind; twister (US); **Zyklon** *m* cyclone

179. Suppen - soups;
Aalsuppe *f* eel soup;
Champignoncremesuppe *f* cream of mushroom soup; **Champignonsuppe** *f* mushroom soup; **Frühlingssuppe** *f* mixed early vegetables soup;
Gemüsesuppe *f* vegetable soup;
Hühnerbrühe *f* chicken broth;
Hühnersuppe *f* chicken soup;
Kartoffelsuppe *f* potato soup;
Kuttelsuppe *f* tripe soup;
Ochsenschwanzsuppe *f* oxtail soup;
Rindfleischbrühe *f* beef-tea;
Spargelsuppe *f* asparagus soup;
Tomatenkremsuppe *f* cream of tomato soup; **Tomatensuppe** *f* tomato soup;
Zwiebelsuppe *f* onion soup

T

180. Tageszeiten - times of the day;
Abend *m* evening; **Abenddämmerung** *f* dusk; twilight; **Dämmerung** *f* twilight;
Mittag *m* noon; **Mitternacht** *f* midnight; **Morgen** *m* morning;
Morgendämmerung *f* dawn; daybreak;
Morgengrauen *n* dawn; **Nachmittag** *m* afternoon; **Nacht** *f* night;

Sonnenaufgang *m* sunrise;
Sonnenuntergang *m* sunset;
Tagesanbruch *m* daybreak; **Vormittag** *m* morning

181. Tasteninstrumente - keyboard instruments;
elektronische Orgel electronic organ;
elektronisches Piano electronic piano;
Flügel *m* grand piano;
Handharmonika *f* accordion;
Harmonium *n* harmonium; pump organ; **Klavier** *n* upright piano; **Orgel** *f* organ; **Synthesizer** *m* synthesizer

182. Tierbehausungen - animal dwellings;
Bärenhöhle *f* bear's den; **Fuchsbau** *m* fox's burrow; **Höhle** *f* **des Löwen** lion's den; **Hühnerstall** *m* henhouse; chicken coop; **Hundehütte** *f* doghouse; kennel; **Kaninchenbau** *m* rabbit-burrow; **Kuhstall** *m* cowshed; **Nest** *n* nest; **Pferdestall** *m* stable; **Schafstall** *m* sheep-pen; sheep shelter; **Schweinestall** *m* pigsty; pigpen; **Vogelnest** *n* bird's nest

183. Tiergruppen - animal groups;
Ameisenkolonie *f* colony of ants;
Bienenschwarm *m* swarm of bees;
Elephantenherde *f* herd of elephants;

Fischschwarm *m* shoal of fish; school of fish; **Herde** *f* herd (animals); flock (sheep); gaggle (geese); pod (whales); gam (whales); **Kolonie** *f* colony; **Löwenrudel** *n* pride of lions; **Meute** *f* pack (wild animals); **Rotte** *f* pack (hounds); herd (pigs); sounder (pigs); **Rudel** *n* pack (wolves); pride (lions); **Schar** *f* flock (birds); gang (elk); gaggle (geese); **Schule** *f* school (fish); pod (whales); gam (whales); **Schwarm** *m* flock (birds); swarm (bees); shoal (fish); school (fish) bevy (quail); **Wolfsrudel** *n* pack of wolves

184. Tierkreiszeichen→ Sternzeichen

185. Tierlaute - animal sounds;

bellen (wie ein Hund) to bark, to bay (like a dog); **blöken (wie ein Schaf)** to bleat (like a sheep); **brüllen**[1] **(wie ein Löwe)** to roar (like a lion); **brüllen**[2] **(wie ein Elephant)** to trumpet (like an elephant); **brüllen**[3] **(wie ein Stier)** to bellow (like a bull); **brummen**[1] **(wie ein Bär)** to growl (like a bear); **brummen**[2] **(wie ein Insekt)** to buzz (like an insect); **fauchen (wie eine Katze)** to hiss (like a cat); **fiepen**[1] **(wie ein Reh)** to call (like a deer); **fiepen**[2] **(wie ein Hund)** to whimper (like a dog); **fiepen**[3] **(wie ein Vogel)** to cheep (like a bird); **gackern (wie ein Huhn)** to gackle (like a hen); **glucken (wie eine Henne)** to cluck (like a hen); **grunzen (wie ein Schwein)** to grunt (like a pig); **gurren (wie eine Taube)** to coo (like a pigeon); **heulen (wie ein Hund oder ein Wolf)** to howl (like a dog or a wolf); **jaulen (wie ein Hund)** to yowl (like a dog); **kläffen (wie ein Hund)** to yap (like a dog); **klappern (wie eine Klapperschlange)** to rattle (like a rattlesnake); **knurren (wie ein Hund)** to growl (like a dog); **kollern (wie ein Truthahn)** to gobble (like a turkey); **krächzen (wie ein Rabe oder eine Krähe)** to croak (like a raven or a crow); **krähen (wie ein Hahn)** to crow (like a rooster); **kreischen**[1] **(wie ein Vogel)** to squawk (like a bird); **kreischen**[2] **(wie eine Eule)** to screech (like an owl); **lachen (wie eine Hyäne)** to laugh (like a hyena); **mähen (wie ein Schaf)** to bleat (like a sheep); **meckern (wie eine Ziege)** to bleat (like a goat); **miauen (wie eine Katze)** to miaow; to mew (like a cat); **piepen (wie ein Vogel)** to peep (like a bird); **piepsen (wie ein Vogel)** to cheep (like a bird); **quaken (wie eine Ente)** to quack (like a duck); **quaken (wie ein Frosch)** to croak (like a frog); **quieken**[1] **(wie ein Schwein)** to squeal (like a pig); **quieken**[2] **(wie eine Maus)** to squeak (like a mouse); **schnattern**[1] **(wie eine

Ente) to quack (like a duck); **schnattern**[2] **(wie eine Gans)** to gaggle (like a goose); **schnattern**[3] **(wie ein Affe)** to chatter, to gibber (like a monkey); **schnurren (wie eine Katze)** to purr (like a cat); **schreien (wie ein Esel)** to bray (like an ass); **summen (wie ein Insekt)** to hum (like an insect); **trillen**[1] **(wie ein Vogel)** to warble (like a bird); **trillern**[2] **(wie eine Lerche)** to sing (like a lark); **wiehern (wie ein Pferd)** to neigh, to whinny (like a horse); **ziepen (wie ein Vogel)** to tweet (like a bird); **zirpen (wie eine Grille)** to chirp (like a cricket); **zischen**[1] **(wie eine Gans)** to hiss (like a goose); **zischen**[2] **(wie eine Schlange)** to hiss (like a snake); **zwitschern**[1] **(wie ein Vogel)** to twitter, to chitter (like a bird); **zwitschern**[2] **(wie eine Lerche)** to warble (like a lark)

186. Tische - tables;

Arbeitstisch *m* desk; work-table; **Auslagetisch** *m* display counter; **Ausziehtisch** *m* extension table; **Bedienungstisch** *m* controle desk; **Beistelltisch** *m* side-table; occasional table; **Billardtisch** *m* billiard-table; **Computertisch** *m* computer desk; **Esstisch** *m* dining-table; **Gartentisch** *m* garden table; **Glastisch** *m* glass table; **Instrumententisch** *m* instrument table; **Klapptisch** *m* gate-leg table; **Operationstisch** *m* operating table; **OP-**

Tisch *m* operating table; **Röntgentisch** *m* X-ray table; **Roulettetisch** *m* roulette table; **Schalttisch** *m* control table; **Schreibtisch** *m* desk; **Spieltisch** *m* games table; gaming table; **Tischtennisplatte** *f* ping-pong table; **Untersuchungstisch** *m* examining-table

187. Trinkgefäße - drinking-vessels;

Becher *m* mug; **Bierglas** *n* beer glass; **Bierkrug** *m* beer mug; **Bordeauxglas** *n* bordeaux glass; **Burgunderglas** *n* burgundy glass; **Cocktailglas** *n* cocktail glass; **Elsassglas** *n* Alsace glass; **Kaffeetasse** *f* coffee-cup; **Kognakschwenker** *m* brandy snifter; **Likörglass** *n* liqueur glass; **Longdrinkglas** *n* tall tumbler; **Schnabelbecher** *m* feeding mug; **Schnabeltasse** *f* feeding cup; **Sektkelch** *m* champagne flute; **Sektschale** *f* sparkling wine glass; **Süßweinglas** *n* port glass; **Tasse** *f* cup; **Teeglas** *n* tea glass; **Teetasse** *f* teacup; **Wasserglas** *n* water goblet; **Weinglas** *n* wein glass; **Weißweinglas** *n* white wine glass; **Whiskybecher** *m* tumbler

188. Türen - doors;

Ausgangstür *f* exit door; **Außentür** *f* outer door; **automatischeTür** automatically-controlled door; **Autotür** *f* car door; **Badezimmertür** *f* bathroom

door; **Balkontür** *f* French window;
Drehflügeltür *f* hinged door; **Drehtür** *f*
revolving door; **Eingangstür** *f* entrance
door; **Eisentür** *f* iron door; **Falltür** *f*
trap door; **Falttür** *f* folding door;
Feuertür *f* fire door; **Harmonikatür** *f*
sliding folding door; **Haustür** *f* front
door; **Holztür** *f* wooden door; **Innentür**
f inner door; **Kellertür** *f* basement door;
Küchentür *f* kitchen door; **Schiebetür** *f*
sliding door; **Schlafzimmertür** *f*
bedroom door; **Stahltür** *f* steel door

189. Turngeräte - gymnastics apparatuses;
Barren *m* bars; **Parallelbarren** *m*
parallel bars; **Pauschenpferd** *n* pommel
horse; **Reck** *n* horizontal bar; **Ringe** *pl*
rings; **Schwebebalken** *m* balance beam;
Seitpferd *n* side horse; **Sprungbrett** *n*
springboard; **Sprungpferd** *n* vaulting
horse; **Stufenbarren** *m* asymmetrical
bars; **Trampolin** *n* trampoline

U

190. Uhren - clocks and watches;
Analoguhr *f* analogue watch;
Armbanduhr *f* wristwatch; **Benzinuhr**
f fuel gauge; **Chronometer** *m*
chronometer; **Digitaluhr** *f* digital

watch; digital clock; **Eieruhr** *f* egg-timer; **Gasuhr** *f* gas meter; **Kontrolluhr** *f* time clock; **Küchenuhr** *f* kitchen clock; **Kuckucksuhr** *f* cuckoo clock; **mechanische Uhr** mechanical watch; **Quarzuhr** *f* quartz watch; quartz clock; **Pendeluhr** *f* pendulum clock; **Realzeituhr** *f* real time clock; **Sanduhr** *f* hour-glass; **Sonnenuhr** *f* sundial; **Standuhr** *f* grandfather clock; **Stechuhr** *f* time clock; attendance recorder; **Stempeluhr** *f* time clock; attendance recorder; **Stoppuhr** *f* stop-watch; **Taschenuhr** *f* pocket watch; **Wasseruhr** *f* watermeter; **Wecker** *m* alarm clock

V

191. Variablen - variables;

abhängige Variable dependent variable; **Attributenvariable** *f* attribute variable; **aufgabenorientierte Variable** task variable; **Aussagenvariable** *f* propositional variable; **austretende Variable** departing variable; **autonome Variable** autonomous variable; **Basisvariable** *f* basic variable; **Bedingungsvariable** *f* conditional variable; **beeinflussbare Variable** controlled variable; **beobachtbare**

Variable observable variable; **Bereichsvariable** *f* area variable; array variable; **beschränkte Variable** bounded variable; **Bildvariable** *f* display variable; **diskrete Variable** discontinuous variable; **eintretende Variable** entering variable; **endogene Variable** endogenous variable; **Entscheidungsvariable** *f* decision variable; **erklärende Variable** explanatory variable; **Erklärungsvariable** *f* explaining variable; **Ersatzvariable** *f* proxy variable; **exogene Variable** exogenous variable; **Fehlervariable** *f* error term; **Funktionsvariable** *f* functional variable; **ganzzahlige Variable** integer-valued variable; **gebundene Variable** bound variable; **gemeinsam abhängige Variable** jointly dependent variable; **gesteuerte Variable** controlled variable; **Hilfsvariable** *f* slack variable; **indizierte Variable** subscripted variable; **induzierte Variable** induced variable; **Instrumentvariable** *f* instrument variable; **intervenierende Variable** intervening variable; **künstliche Variable** artificial variable; **Kunstvariable** *f* dummy variable; **latente Variable** latent variable; **Leerlaufvariable** *f* slack variable; **Leitvariable** *f* leading variable; **Makrovariable** *f* macro variable; **Matrixvariable** *f* array variable; **Näherungsvariable** *f* proxy variable;

ökonomische Variable economic variable; **primale Variable** primal variable; **Schaltvariable** *f* switching variable; **scheinbare Variable** bound variable; **Scheinvariable** *f* dummy variable; **Schlupfvariable** *f* slack variable; **Schlüsselvariable** *f* key variable; **skalare Variable** scalar variable; **statistische Variable** statistical variable; **Stichprobenvariable** *f* sample variable; **stochastische Variable** stochastic variable; **Störvariable** *f* disturbance variable; **Strukturvariable** *f* structural variable; **unabhängige Variable** independent variable; **ursächliche Variable** cause variable; **Verhaltensvariable** *f* behavior variable; **verzögerte Variable** lagged variable; **vorgegebene Variable** predictive variable; predicated variable; **vorherbestimmte Variable** predetermined variable; **Wirkungsvariable** *f* effect variable; **Zeichenkettenvariable** *f* string variable; **Zeitvariable** *f* time variable; **Zielvariable** *f* goal variable; target variable; **Zufallsvariable** *f* random variable; chance variable; variate; **Zustandsvariable** *f* state variable; **Zwischenvariable** *f* intermediate variable; **Zwischenzielvariable** *f* target variable

192. Verdauungsorgane - digestive organs;
Anus *m* anus; **Bauchspeicheldrüse** *f* pancreatic gland; pancreas; **Blinddarm** *m* caecum; **Darm** *m* intestine; **Dickdarm** *m* large intestine; **Dünndarm** *m* small intestine; **Gallenblase** *f* gall-bladder; **Krummdarm** *m* ileum; **Leber** *f* liver; **Leerdarm** *m* jejunum; **Magen** *m* stomach; **Mastdarm** *m* rectum; **Mund** *m* mouth; **Mundspeicheldrüse** *f* salivary gland; **Rachen** *m* pharynx; **Speiseröhre** *f* oesophagus; **Zunge** *f* tongue; **Zwölffingerdarm** *m* duodenum

193. Vergiftungen - poisonings;
Akonitinvergiftung *f* aconitine poisoning; aconite intoxication; aconitism; **Alkoholvergiftung** *f* alcohol poisoning; alcoholic intoxication; **Allgemeinvergiftung** *f* general poisoning; general intoxication; **Antimonvergiftung** *f* antimony poisoning; stibialism; **Arsenvergiftung** *f* arsenical poisoning; **Arsenwasservergiftung** *f* arsine poisoning; **Arzneimittelvergiftung** *f* drug intoxication; drug poisoning; **Äthervergiftung** *f* ether intoxication; ether poisoning; **Atropinvergiftung** *f* atropine intoxication; atropine

poisoning; **äußere Vergiftung** hetero-intoxication; exogenous toxicosis; **Autointoxikation** *f* autointoxication; endo-intoxication; **Barbituratvergiftung** *f* barbiturate poisoning; **Belladonnavergiftung** *f* atropism; **Blausäurevergiftung** *f* hydrocyanic acid poisoning; hydrocyanism; **Bleivergiftung** *f* lead poisoning; saturnism; plumbism; **Blutvergiftung** *f* blood poisoning; septaemia; toxaemia; toxicaemia; **Bromvergiftung** *f* bromide poisoning; bromine poisoning; bromism; **Chininvergiftung** *f* quinnism; cinchonism; **Digitalisvergiftung** *f* digitalis intoxication; digitalism; **Endotoxikose** *f* endotoxicosis; **Endotoxinvergiftung** *f* endotoxicosis; **Fingerhutvergiftung** *f* digitalis poisoning; digitalism; **Fleischvergiftung** *f* meat poisoning; **Harnvergiftung** *f* uraemia; **Haschischvergiftung** *f* hashish poisoning; cannabism; **innere Vergiftung** endo-intoxication; endogenous toxicosis; **Insektizidvergiftung** *f* insecticide poisoning; **Kaliumvergiftung** *f* potassium intoxication; **Kampfervergiftung** *f* camphor intoxication; **Kanalgasvergiftung** *f* sewer gas poisoning; mephitis; **Käsevergiftung** *f* cheese poisoning; **Kokainvergiftung** *f* cocaine poisoning;

Konservenvergiftung *f* can poisoning;
Kupfervergiftung *f* copper poisoning;
Lebensmittelvergiftung *f* food poisoning; alimentary toxicosis;
Manganvergiftung *f* mangan poisoning; mangan intoxication; manganism; **Massenvergiftung** *f* mass intoxication;
Medikamentenintoxikation *f* drug intoxication; drug poisoning;
Mießmuschelvergiftung *f* mytilotoxism; **Molybdänvergiftung** *f* molybdenosis; molybdenum poisoning;
Muschelvergiftung *f* mytilotoxism;
Muskarinvergiftung *f* muscarinism; mushroom poisoning; **Mykotoxikose** *f* mycotoxicosis; mushroom poisoning;
Nahrungsmittelvergiftung *f* food poisoning; alimentary toxicosis;
Nikotinvergiftung *f* poisoning by nicotine; nicotinism;
Oleandervergiftung *f* oleandrism;
Opiumvergiftung *f* opium poisoning; meconism; **Oxalatvergiftung** *f* oxalism;
Oxalsäurevergiftung *f* oxalism;
Phenolvergiftung *f* phenol poisoning; carbolism; **Phosphorvergiftung** *f* phosphorism; poisoning by phosphorus;
Pilzblutvergiftung *f* fungaemia;
Pilzvergiftung *f* mushroom poisoning; mycotoxicosis; **Quecksilbervergiftung** *f* mercurial poisoning; mercurialism;
Resorzinvergiftung *f* resorcinism; chronic poisonning by resorcinol;
Rizinusvergiftung *f* ricinism;

Salizylvergiftung *f* salicylism;
Säurevergiftung *f* acid intoxication;
Schlangenbissvergiftung *f* snake-bite poisoning; ophidism; ophidiasis;
Schwermetallvergiftung *f* heavy metal poisoning; **Selbstvergiftung** *f* autointoxication; **Selenvergiftung** *f* selenium poisoning; selenosis;
Silbervergiftung *f* argyrism; argyria;
Spinnenbissvergiftung *f* arachnidism;
Strychninvergiftung *f* strycchnine poisoning; **Wismutvergiftung** *f* bismuthism; bismuthosis;
Zinkvergiftung *f* zinc poisoning

194. Versicherungen -
insurances; assurances (Brit.);
abgekürzte Versicherung endowment life insurance;
Abonnentenversicherung *f* subscribers' insurance;
Allbranchenversicherung *f* all-lines insurance; **Angestelltenversicherung** *f* employees' insurance; salary earners' pension insurance;
Arbeiterrentenversicherung *f* invalidism and old-age insurance for wage earners;
Arbeitslosenpflichtversicherung *f* compulsory unemployment insurance;
Arbeitslosenversicherung *f* unemployment insurance; **Atomrisiko-Versicherung** *f* nuclear risk insurance;

aufgeschobene Versicherung deferred insurance; **Ausbildungsversicherung** *f* educational endowment insurance; **Ausfuhrkreditversicherung** *f* export credit insurance; **Auslandsreiseversicherung** *f* foreign travel insurance; **Außenversicherung** *f* external insurance; **Ausstellungs-Versicherung** *f* trade fair insurance; **Aussteuerversicherung** *f* daughters' endowment insurance; **Autoversicherung** *f* car insurance; **Bankeinbruchversicherung** *f* bank burglary insurance; **Bankeinlagenversicherung** *f* bank deposit insurance; **Bauleistungsversicherung** *f* contractor's all risk insurance; **Baurisikoversicherung** *f* builder's risk insurance; **Bauschädenversicherung** *f* building liability insurance; **Bauwesenversicherung** *f* builder's risk insurance; **bedingte Versicherung** contingent insurance; **beitragsfreie Versicherung** paid-up insurance; **Belegschaftsversicherung** *f* employee insurance; **Berufsunfallversicherung** *f* occupational accident insurance; **Beschlagnahmeversicherung** *f* capture-risk insurance; **Betriebshaftpflichtversicherung** *f* business liability insurance; **Betriebstreuhandversicherung** *f* plant fidelity insurance; **Betriebsversicherung** *f* group

insurance;
Binnenschifffahrtversicherung *f* inland waterway insurance;
Blitzschlagversicherung *f* lightning insurance; **Bruchschadenversicherung** *f* insurance against breakage;
Bruchteilversicherung *f* fractional value insurance;
Bürgschaftsversicherung *f* guaranty insurance; **Dachschädenversicherung** *f* roof damage insurance;
Debitorenversicherung *f* accounts receivable insurance;
Deckladungsversicherung *f* deck cargo insurance; **Delkredere-Versicherung** *f* del credere insurance;
Depositenversicherung *f* bank deposit insurance; **Depotversicherung** *f* deposit insurance; **Doppelversicherung** *f* double insurance; **Einbruchdiebstahl-Versicherung** *f* burglary insurance; theft insurance (Brit.);
Einheitsversicherung *f* combined-risk insurance; **Einlagenversicherung** *f* deposit insurance;
Einzellebensversicherung *f* individual life insurance; **Einzelversicherung** *f* individual insurance;
Elementarschadenversicherung *f* storm and tempest insurance; insurance against damage by natural forces;
Erdbebenversicherung *f* earthquake insurance; **Erlebensfallversicherung** *f* pure endowment insurance; **Erlebens-Rentenversicherung** *f* retirement

income insurance; **Ernteversicherung** *f* crop insurance; **Erstrisikoversicherung** *f* first loss insurance; **Erstversicherung** *f* first insurance; original insurance; primary insurance; **Extremkostenversicherung** *f* catastrophic coverage; **Exzedentenrückversicherung** *f* excess loss insurance; surplus treaty reinsurance; **Fahrnisversicherung** *f* insurance of movable property; **Fahrradversicherung** *f* bicycle insurance; **Fahrzeugversicherung** *f* fully comprehensive car insurance; **Festwertversicherung** *f* agreed-value insurance; **Feuerversicherung** *f* fire insurance; **Flugzeugkaskoversicherung** *f* aircraft hull insurance; **Folgeschadenversicherung** *f* consequential loss insurance; **Frachtversicherung** *f* cargo insurance; **freiwillige Versicherung** voluntary insurance; **Fremdversicherung** *f* third-party insurance; **Fremdwährungsversicherung** *f* foreign currency insurance; **Frostschadenversicherung** *f* frost insurance; **Garantieversicherung** *f* guaranty insurance; **Gastwirtversicherung** *f* innkeeper's insurance; **Gebäudeversicherung** *f* building insurance; **Gegenversicherung** *f* mutual insurance; reciprocal insurance; **Gemeinschaftsversicherung** *f* group insurance; **gemischte Lebensversicherung** endowment insurance; **gemischte Versicherung** combined insurance; **Gepäckversicherung** *f* luggage insurance; baggage insurance; **Gesamtversicherung** *f* all-risk comprehensive insurance; all-in insurance (Brit.); **gesetzliche Haftpflichtversicherung** third-party insurance; act liability insurance (Brit.); **gesetzliche Krankenversicherung** statuary health insurance; compulsory health insurance; **gesetzliche Unfallversicherung** statuary accident insurance; **Gesundheitsversicherung** *f* health insurance; **Gewerbeunfallversicherung** *f* industrial accident insurance; **Gewinnausfallversicherung** *f* loss of profit insurance; **Glasversicherung** *f* glass insurance; plate glass insurance; **Globalversicherung** *f* blanket insurance; **Grundstücksversicherung** *f* real property insurance; **Gruppenlebensversicherung** *f* group life insurance; **Gruppenversicherung** *f* group insurance; collective insurance; **Gütertransportversicherung** *f* freight insurance; goods in transit insurance; **Güterversicherung** *f* cargo insurance; **Haftpflichtversicherung** liability insurance; third-party insurance; **Hagelversicherung** *f* hail insurance; **Hauptversicherung** *f* direct insurance;

Hausratversicherung *f* household and personal effects insurance;
Hinterbliebenenversicherung *f* survivors' insurance;
Hypothekenlebensversicherung *f* mortgage protection insurance;
Hypothekentilgungsversicherung *f* mortgage redemption life insurance;
Hypothekenversicherung *f* mortgage redemption life insurance;
Immobiliarversicherung *f* real estate insurance; real property insurance;
Immobilienversicherung *f* real estate insurance; real property insurance;
Indexversicherung *f* index-linked insurance; **Individualversicherung** *f* individual insurance; private insurance;
Insassen-Unfallversicherung *f* passenger accident insurance;
Insassenversicherung *f* motor car passenger insurance;
Insolvenzversicherung *f* insolvency insurance; **Invalidenversicherung** *f* workers' disability insurance;
Investitionskreditversicherung *f* investment credit insurance;
Kapitallebensversicherung *f* capital sum life insurance;
Kapitalversicherung *f* endowment insurance; **Kargoversicherung** *f* cargo insurance; **Kaskoversicherung** *f* hull insurance; collision damage insurance; insurance against damage to one's own automobile;
Katastrophenversicherung *f*

catastrophal hazard insurance;
Kautionsversicherung *f* guaranty insurance; **Kfz-Haftpflichtversicherung** *f* third-party motor insurance; motor vehicle liability insurance; **Kfz-Versicherung** *f* automobile insurance; motor insurance (Brit.); **Kleinlebensversicherung** *f* industrial life insurance;
Kollektivversicherung *f* group insurance; **kombinierte Versicherung** multiple risk insurance;
Korrespondenzversicherung *f* home-foreign insurance;
Kraftfahrzeugversicherung *f* automobile insurance; motor insurance (Brit.); **Krankenhausversicherung** *f* hospital expense insurance;
Krankentagegeldversicherung *f* daily benefits insurance;
Krankenversicherung *f* health insurance; **Kreditrisikoversicherung** *f* credit risk insurance;
Kreditversicherung *f* credit insurance; lending insurance; loan insurance;
Kühlgüterversicherung *f* cold storage insurance; **Kumulrückversicherung** *f* accumulated risk reinsurance;
Lagerversicherung *f* storage insurance;
Landtransportversicherung *f* insurance of goods in transit by land;
laufende Versicherung floater policy; open policy; **Lebensversicherung** *f* life insurance; life assurance (Brit.);
Leibrentenversicherung *f* annuity life

insurance; **Leuchtröhrenversicherung** *f* insurance of fluorescent fittings; **Luftfahrtversicherung** *f* aviation insurance; **Luftgüterversicherung** *f* air cargo insurance; **Luftkaskoversicherung** *f* hull coverage aviation insurance policy; **Luftunfallversicherung** *f* air travel insurance; **Luftversicherung** *f* air-risk insurance; **Maschinenbetriebsversicherung** *f* machinery breakdown insurance; **Maschinen-Garantieversicherung** *f* machinery guaranty insurance; **Maschinenversicherung** *f* machinery insurance; **Mehrfachversicherung** *f* multiple-line insurance; **Montageversicherung** *f* erection all risks insurance (EAR); **Nachversicherung** *f* supplementary insurance; **Nebenversicherung** *f* additional insurance; **obligatorische Versicherung** compulsory insurance; **Pauschalversicherung** *f* blanket insurance; package insurance; **Personengarantie-Versicherung** *f* suretyship insurance; **Personen-Kautionsversicherung** *f* fidelity bond insurance; **Personenversicherung** *f* personal insurance; **Pflichtversicherung** *f* compulsory insurance; **Portfolio-Versicherung** *f* portfolio insurance; **prämienfreie Versicherung** fully paid-up insurance; paid-for insurance;

Prämienversicherung *f* proprietary insurance;
Privathaftpflichtversicherung *f* personal liability insurance;
Privatversicherung *f* private insurance;
Provisionsversicherung *f* commission insurance; **Quotenrückversicherung** *f* quota share reinsurance;
Rechtsschutzversicherung *f* legal expense insurance; legal protection insurance (Brit.); **Regenversicherung** *f* rain insurance;
Reisegepäckversicherung *f* luggage insurance; baggage insurance; personal effects floater (US);
Reiselagerversicherung *f* insurance of travelling salesman's merchandise;
Reiseunfallversicherung *f* traveller's accident insurance; **Reiseversicherung** *f* travel insurance; voyage insurance;
Reisewetterversicherung *f* tourist weather insurance;
Rentenversicherung *f* annuity insurance; pensions insurance;
Risikolebensversicherung *f* term insurance; temporary insurance (US); temporary assurance (Brit.);
Risikoversicherung *f* term insurance; term assurance (Brit.);
Ristornoversicherung *f* return of premium insurance; **Rückversicherung** *f* reinsurance; reassurance (Brit.);
Sachrückversicherung *f* property reinsurance; **Sachschadenversicherung** *f* property damage insurance;

Sachversicherung *f* property insurance; non-life insurance;
Sammelversicherung *f* group insurance; collective insurance;
Schadenereignisrückversicherung *f* accumulated risk reinsurance;
Schadenexzedenten-Rückversicherung *f* excess of loss reinsurance; **Schadenversicherung** *f* casualty insurance;
Schiffskaskoversicherung *f* hull coverage marine insurance;
Seefrachtversicherung *f* marine cargo insurance; **Seegüterversicherung** *f* marine cargo insurance;
Seehaftpflichtversicherung *f* marine liability insurance;
Seekargoversicherung *f* maritime cargo insurance;
Seekaskoversicherung *f* maritime hull insurance; **Seeversicherung** *f* marine insurance; ocean marine insurance;
Selbstversicherung *f* self-insurance;
Sozialversicherung *f* social insurance;
Spezialrückversicherung *f* special risk reinsurance; **Sterbefallversicherung** *f* life insurance; life assurance (Brit.);
Sterbegeldversicherung *f* death benefit insurance; **Streikversicherung** *f* employer strike insurance;
Summenexzedentenrückversicherung *f* excess of line reinsurance;
Summenversicherung *f* fixed sum insurance; **Tagegeldversicherung** *f* daily benefits insurance;

Teilkaskoversicherung *f* part comprehensive coverage; **Todesfallversicherung** *f* whole-life insurance; assurance payable at death (Brit.); **Transportversicherung** *f* transportation insurance; **Teilversicherung** *f* partial insurance; **Überlebensversicherung** *f* survivorship insurance; **Überschwemmungsversicherung** *f* flood insurance; **Umtauschversicherung** *f* convertible assurance (Brit.); versatile policy (US); **Umweltversicherung** *f* environmental insurance; **Unfallversicherung** *f* accident insurance; **Valutaversicherung** *f* foreign currency insurance; **verbundene Lebensversicherung** joint life insurance; **Versicherung auf den Todesfall** whole-life insurance; assurance payable at death (Brit.); **Versicherung auf den Todes- und Erlebensfall** endowment life insurance; **Versicherung auf Zeit** time insurance; **Versicherung für eigene Rechnung** insurance for own account; **Versicherung für fremde Rechnung** insurance for third party account; **Versicherung für Rechnung, für wen es angeht** insurance for account of whom it may concern; **Versicherung mit Selbstbehalt** participating insurance; **voll eingezahlte Versicherung** paid-up insurance;

Vollwertversicherung *f* full-value insurance; insurance at full value; insurance to value;
Vorräteversicherung *f* inventory insurance; **Vorsorgeversicherung** *f* insurance including future risks;
Vorversicherung *f* previous insurance;
Warendelkredere-Versicherung *f* accounts receivable insurance;
Wareneinheitsversicherung *f* combined-risk insurance;
Warenkreditversicherung *f* credit sale insurance;
Wasserschadenversicherung *f* water damage insurance;
Wiederbeschaffungsversicherung *f* replacement insurance;
Zusatzversicherung *f* additional insurance; supplementary insurance; „gap-filler" insurance;
Zwangsversicherung *f* compulsory insurance

195. Versicherungspolicen - insurance policies;

abgelaufene Police expired policy;
Abschreibepolice *f* floater policy;
befristete Police time policy;
beitragsfreie Police free policy;
Blankopolice *f* blank policy;
Dachpolice *f* umbrella policy;
Einzelpolice *f* individual policy;
Erneuerungspolice *f* renewal policy;
Frachtversicherungspolice *f* cargo

policy; **Generalpolice** *f* floating policy; **Globalpolice** *f* global policy; **Hauptpolice** *f* master policy; **Inhaberpolice** *f* policy made out to bearer; bearer policy; **laufende Police** floating policy; **Mantelpolice** *f* blanket policy; **Mogelpolice** *f* low-performance insurance policy; **Nachtragspolice** *f* additional policy; **nicht gewinnberechtigte Police** non-participating policy; **Normalpolice** *f* standard policy; **offene Police** floating policy; floater; **Orderpolice** *f* policy made out to order; **Originalpolice** *f* original policy; **Paketpolice** *f* package policy; **Police mit versicherbarem Interesse** interest policy; **Police mit Wertangabe** valued policy; **Police ohne Wertangabe** unvalued policy; **prämienfreie Police** free policy; **prolongierte Police** extended policy; **Rahmenpolice** *f* master policy; **Reisepolice** *f* voyage policy; **rückdatierte Police** antedated policy; **Rückversicherungspolice** *f* reinsurance policy; **Sammelpolice** *f* general policy; package policy; collective policy; **Seeversicherungspolice** *f* marine insurance policy; **Umweltpolice** *f* environmental policy; **untaxierte Police** open policy; **Verlängerungspolice** *f* extension policy

196. Verwandte - relatives;

Base *f* cousin; **Blutsverwandter** *m* blood relative; **Bruder** *m* brother; **Cousin** *m* cousin; **Cousine** *f* cousin; **Ehefrau** *f* wife; **Ehegatte** *m* husband; **Ehegattin** *f* wife; **Ehemann** *m* husband; **Eltern** *pl* parents; **Enkel** *m* grandson; **Enkelin** *f* granddaughter; **Enkelkind** *n* grandchild; **Enkelsohn** *m* grandson; **Enkeltochter** *f* granddaughter; **Gatte** *m* husband; **Gattin** *f* wife; **Großeltern** *pl* grandparents; **Großenkel** *m* great-grandson; **Großenkelin** *f* great-granddaughter; **Großmama** *f* grandma; **Großmutter** *f* grandmother; **Großneffe** *m* great-nephew; **Großnichte** *f* great-niece; **Großonkel** *m* great-uncle; granduncle; **Großpapa** *m* grandpa; **Großtante** *f* great-aunt; **Großvater** *m* grandfather; **Halbbruder** *m* half-brother; **Halbschwester** *f* half-sister; **Kind** *n* child; **Kinder** *pl* children; **Kusine** *f* cousin; **Mutter** *f* mother; **Neffe** *m* nephew; **Nichte** *f* niece; **Oma** *f* grandma; **Onkel** *m* uncle; **Opa** *m* grandpa; **Schwager** *m* brother-in-law; **Schwägerin** *f* sister-in-law; **Schwester** *f* sister; **Schwiegereltern** *pl* parents-in-law; **Schwiegermama** *f* mother-in-law; **Schwiegermutter** *f* mother-in-law; **Schwiegerpapa** *m* father-in-law; **Schwiegersohn** *m* son-in-law; **Schwiegertochter** *f* daughter-in-law;

Schwiegervater *m* father-in-law; **Schwippschwager** *m* sister-in-law's husband; **Schwippschwägerin** *f* brother-in-law's wife; brother-in-law's sister; sister-in-law's sister; **Sohn** *m* son; **Stiefbruder** *m* stepbrother; **Stiefeltern** *pl* step-parents; **Stiefgeschwister** *pl* stepbrother(s) and sister(s); **Stiefkind** *n* stepchild; **Stiefmutter** *f* stepmother; **Stiefschwester** *f* stepsister; **Stiefsohn** *m* stepson; **Stieftochter** *f* stepdaughter; **Stiefvater** *m* stepfather; **Tante** *f* aunt; **Tochter** *f* daughter; **Urahn** *m* forefather; forebear; **Urahne** *f* forebear; **Ureltern** *pl* forebears; **Urenkel** *m* great-grandson; **Urenkelin** *f* great-granddaughter; **Urgroßeltern** *pl* great-grandparents; **Urgroßmutter** *f* great-grandmother; **Urgroßvater** *f* great-grandfather; **Urvater** *m* forefather; **Vater** *m* father; **Vetter** *m* cousin; **Zwillingsbruder** *m* twin brother; **Zwillingsschwester** *f* twin sister

W

197. Wälder - forests;

Ahornwald *m* maple forest; **Bambuswald** *m* bamboo forest; **Bergwald** *m* alpine forest; **Birkenwald** *m* birch forest; **Buchenwald** *m* beech forest; **Dornwald** *m* thorn forest; **Eichenwald** *m* oak forest; **Erlenwald** *m* alder forest; **Fichtenwald** *m* spruce forest; **Gebirgswald** *m* mountain forest; **gemischter Wald** mixed forest; **Hartlaubwald** *m* hard-leaved forest; **Heidewald** *m* heath forest; **Hochwald** *m* high forest; **immergrüner Wald** evergreen forest; **Lärchenwald** *m* larch forest; **Laubwald** *m* hardwood forest; **Lindenwald** *m* lime-tree forest; **Mischwald** *m* mixed forest; **Nadelwald** *m* coniferous forest; needle-leaved forest; softwood forest; **Palmenwald** *m* palm forest; **Regenwald** *m* rain forest; **Schutzwald** *m* protection forest; **Steineichenwald** *m* holy oak forest; **Tannenwald** *m* fir forest; **Tropenwald** *m* tropical forest; **Urwald** *m* jungle; primeval forest; **Weißbuchenwald** *m* hornbeam forest; **Zederwald** *m* cedar forest

198. Wechsel - bills;
Abzahlungswechsel *m* insatllment bill of exchange; **Aktivwechsel** *m* outstanding bill; **Akzeptantenwechsel** *m* acceptor's bill; **Auslandswechsel** *m* foreign bill; external bill; **bankfähiger Wechsel** bankable bill; **Blankowechsel** *m* blank bill; **Datowechsel** *m* after-date bill of exchange; bill payable at a fixed date; **Datumswechsel** *m* bill payable at a fixed date; **Depotwechsel** *m* collateral bill; **Devisenwechsel** *m* foreign exchange bill; bill in foreign currency; **diskontfähiger Wechsel** discountable bill; **diskontierter Wechsel** discounted bill; **Diskontwechsel** *m* discount bill; discounted bill; **Distanzwechsel** *m* out-of-town bill; **Dokumentenwechsel** *m* documentary bill; **domizilierter Wechsel** domiciled bill; **Domizilwechsel** *m* domiciled bill; adressed bill; **Dreimonatswechsel** *m* three months' bill of exchange; **eigener Wechsel** promissory note; **eigentrassierter Wechsel** bill drawn by the maker; **Eigenwechsel** *m* promissory note; **Einfuhrwechsel** *m* import bill; **Einheitswechsel** *m* standard form of bill of exchange; **Einlagerungswechsel** *m* storage bill; warehouse bill; **Einzugswechsel** *m* bill for collecting; collective draft; **erstklassiger Wechsel** approved bill of exchange; prime bill; **fälliger Wechsel** payable bill of exchange; **Filialwechsel** *m* house bill;

Finanzwechsel *m* finance bill; financial bill; **Fremdwährungswechsel** *m* foreign currency bill; **Gefälligkeitswechsel** *m* accommodation bill; accommodation note; **Gegenwechsel** *m* cross bill; **Geldmarktwechsel** *m* money market bill; **gezogener Wechsel** draft; **girierter Wechsel** indorsed bill of exchange; **Handelswechsel** *m* commercial bill; commodity bill; **indossierter Fremdwechsel** bill discounted; **Inhaberwechsel** *m* bill payable to bearer; **Inkassowechsel** *m* bill for collection; collection draft; **Inlandswechsel** *m* domestic bill of exchange; **Kautionswechsel** *m* bill of exchange deposited as a guaranty; **Kellerwechsel** *m* fictitious bill; **Kundenwechsel** *m* customer's acceptance; **kurzfristiger Wechsel** short-dated bill; **langfristiger Wechsel** long-dated bill; **Lieferantenwechsel** *m* supplier's bill; supplier's note; **Lombardwechsel** *m* collateralized bill; collateralized note; **Medio-Wechsel** *m* fortnightly bill; **Nachsichtwechsel** *m* after-sight bill; **nicht eingelöster Wechsel** dishonored bill; **notenbankfähiger Wechsel** eligible bill; **notleidender Wechsel** bill overdue; dishonored bill; **Originalwechsel** *m* original bill of exchange; **Pensionswechsel** *m* bill pledged; **Platzwechsel** *m* local bill;

Portfeuille-Wechsel *m* portfolio bill; **Primawechsel** *m* first of exchange; primary bill; **Prolongationswechsel** *m* renewal bill; renewal note; **Protestwechsel** *m* protested bill; **Ratenwechsel** *m* multi-maturity bill of exchange; **rediskontfähiger Wechsel** eligible bill; **Rektawechsel** *m* non-negotiable bill of exchange; **Rembourswechsel** *m* documentary draft; **Ricambiowechsel** *m* redrafted bill; **Rückwechsel** *m* redrafted bill; **Schatzwechsel** *m* Treasury bill; **Sekundawechsel** *m* second of exchange; **Sicherheitswechsel** *m* collateral bill; **Sichtwechsel** *m* bill on demand; bill payable at sight; **Solawechsel** *m* promissory note; **Tageswechsel** *m* fixed-date bill; bill payable at a fixed date; **Tagwechsel** *m* fixed-date bill; bill payable at a fixed date; **Terminwechsel** *m* time draft; **trassiert-eigener Wechsel** bill of exchange where the drawer is identical with the drawee; **trockener Wechsel** promissory note; **ungedeckter Wechsel** uncovered bill of exchange; **Valutawechsel** *m* foreign exchange bill; **Versandwechsel** *m* out-of-town bill; **Vorratsstellenwechsel** *m* storage agency bill; **Vorschusswechsel** *m* collateral bill; **Warenwechsel** *m* trade bill; commercial bill; commodity bill; **Wechselsekunda** *f* second of exchange; **Zeitsichtwechsel** *m* bill payable at fixed period after sight; **Zeitwechsel** *m* time draft; **Zielwechsel** *m* time bill

199. Weine - wines;
Apfelwein *m* cider; **Holunderwein** *m* elderberry wine; **Rotwein** *m* red wine; claret; **Weißwein** *m* white wine; hock

200. Winde - winds;
Nordwind *m* north wind; **Ostwind** *m* east wind; **Schirokko** *m* sirocco; **Südwind** *m* south wind; **Westwind** *m* east wind

201. Windstärken (auf der Beaufort-Skala von 0 bis 12) - wind forces (on the Beaufort scale from 0 to 12);
(0) **Stille** *f* calm; (1) **leiser Zug** lights airs; (2) **leichte Brise** slight breeze; (3) **schwache Brise** gentle breeze; (4) **mäßige Brise** moderate breeze; (5) **frische Brise** fresh breeze; (6) **starker Wind** stronge breeze; (7) **steifer Wind** moderate gale; (8) **stürmischer Wind** fresh gale; (9) **Sturm** *m* strong gale; (10) **schwerer Sturm** whole gale; (11) **orkanartiger Sturm** storm; (12) **Orkan** *m* hurricane

202. Winkel - angles;

Abdachungswinkel *m* angle of inclination; **Aberrationswinkel** *m* angle of aberration; aberration angle; **Ablenkungswinkel** *m* angle of deviation deviation angle; **Alveolarwinkel** *m* alveolar angle; **Augenkammerwinkel** *m* eye chamber angle; **Augenwinkel** *m* corner of the eye; canthus; **Außenwinkel** *m* exterior angle; **Basiswinkel** *m* base angle; **Beckenneigungswinkel** *m* pelvivertebral angle; inclination angle of the pelvis; **Beugungswinkel** *m* 1. angle of inclination; 2. angle of diffraction; **Blickwinkel** *m* 1. visual angle; 2. point of view; **Brechungswinkel** *m* refraction angle; angle of refraction; **Brustbeinwinkel** *m* angle of the sternum; **Dispersionswinkel** *m* angle of dispersion; **Divergenzwinkel** *m* divergence angle; angle of divergence; **Ergänzungswinkel** *m* conjugate angle; **Filtrationswinkel** *m* filtration angle; iridian angle; **Gesichtswinkel** *m* visual angle; **gestreckter Winkel** extended angle; **Herz-Leber-Winkel** *m* cardiohepatic angle; **Herz-Zwergfell-Winkel** *m* cardiophrenic angle; **innerer Augenwinkel** angle of the eye; inner canthus; **Kammerwinkel** *m* chamber angle; **Kiefergelenkwinkel** *m* mandibular angle; **Kieferwinkel** *m* mandibular angle;

Kleinhirnbrückenwinkel *m* cerebellopontine angle; **Komplementwinkel** *m* complementary angle; **Konvergenzwinkel** *m* convergence angle; angle of convergence; **Lidaußenwinkel** *m* temporal angle; **Lidwinkel** *m* palpebral angle; canthus; **Lumbosakralwinkel** *m* lumbosacral angle; **Mittelpunktswinkel** *m* central angle; **Mundwinkel** *m* labial angle; corner of the mouth; **Nebenwinkel** *m* adjacent angle; **Neigungswinkel** *m* angle of inclination; **Okzipitalwinkel** *m* occipital angle; **optischer Winkel** optic angle; **Peripheriewinkel** *m* circumferential angle; **Polarisationswinkel** *m* polarization angle; angle of polarization; **Polarwinkel** *m* polar angle; **Raumwinkel** *m* solid angle; **rechter Winkel** right angle; **Refraktionswinkel** *m* refraction angle; angle of refraction; **Rippenwinkel** *m* epigastric angle; **Rippen-Wirbelsäulen-Winkel** *m* costovertebral angle; **Rippen-Zwerchfell-Winkel** *m* costophrenic angle; **Schambeinwinkel** *m* angle of the pubes; **Scheitelwinkel** *m* vertical angle; **Schielwinkel** *m* strabismus angle; angle of squint; **Schwertfortsatzwinkel** *m* xiphoid angle; **Sehwinkel** *m* visual angle; **Sinus-Dura-Winkel** *m* sinodural angle; **spitzer Winkel** acute angle; **stumpfer Winkel** obtuse angle; **Subkostalwinkel**

m subcostal angle; **Supinationswinkel** *m* supination angle; angle of supination; **Supplementwinkel** *m* supplementary angle; **Tuber-Gelenk-Winkel** *m* tuber angle; **überstumpfer Winkel** reflex angle; **Umfangswinkel** *m* circumferential angle; **Unterkieferwinkel** *m* mandibular angle; angle of the mandible jaw; **Wechselwinkel** *m* alternate angle; **Wendungswinkel** *m* tilt angle; **Zentriwinkel** *m* central angle; **Zerstreuungswinkel** *m* angle of dispersion

203. Wirbel - vertebrae;

Assimilationswirbel *m* assimilation vertebra; **Atlas** *m* atlas; **Blockwirbel** *m* block vertebra; **Brustwirbel** *m* thoracic vertebra; **Drehwirbel** *m* rotation vertebra; **erster Halswirbel** atlas; **Halbwirbel** *m* hemivertebra; **Halswirbel** *m* cervical vertebra; **Kreuzbeinwirbel** *m* sacral vertebra; **Lendenwirbel** *m* lumbar vertebra; **Primitivwirbel** *m* primitive vertebra; protovertebra; **Pseudovertebra** *f* pseudovertebra; false vertebra; **Rotationswirbel** *m* rotation vertebra; **Rückenwirbel** *m* thoracic vertebra; spondylus; **Scheinwirbel** *m* false vertebra; pseudovertebra; **siebenter Halswirbel** seventh cervical vertebra; **Spaltwirbel** *m* cleft vertebra; butterfly vertebra; bifid spine; **Steißwirbel** *m* coccygeal vertebra; **Übergangswirbel** *m* transitional vertebra; **zweiter Halswirbel** axis; epistropheus

204. Wochentage -
weekdays;
Sonntag *m* Sunday; **Montag** *m* Monday; **Dienstag** *m* Tuesday; **Mittwoch** *m* Wednesday; **Donnerstag** *m* Thursday; **Freitag** *m* Friday; **Samstag** *m* Saturday; **Sonnabend** *m* Saturday

205. Wohnhäuser -
dwelling houses;
Altenheim *n* old people's home; **Appartmenthaus** *n* block of flats (Brit.); condominium; apartment house (US); **Asylantenwohnheim** *n* home for asylum seekers; **Bauernhaus** *n* farmhouse; **Blockhaus** *n* log-cabin; **Bungalow** *m* bungalow; **Cottage** *n* cottage; **Datscha** *f* datcha; dacha; **Datsche** *f* datcha; dacha; **Doppelhaus** *n* pair of semidetached houses; semidetached house; **eigengenutztes Haus** owner-occupied home; **Eigenheim** *n* private home; owner-occupied home (US); **Eigentumswohnung** *f* owner-occupied flat; owner-occupied appartment (Brit.); condominium (US); **Einfamilienhaus** *n* single-family home; one-family house;

detached town house; **Holzhaus** *n* wooden house; timber house; **Holzhütte** *f* wooden hut; **Hütte** *f* hut; **Iglu** *n* igloo; **Jurte** *f* yurt; **Kibitka** *f* yurt; **Landhaus** *n* country house; **Lehmhütte** *f* mud-hut; **Mehrfamilienhaus** *n* multiple dwelling unit; multi-family unit; **Modellhaus** *n* model home; show house (Brit.); **Pfahlbau** *m* pile dwelling; **Pflegeheim** *n* foster home; **Reihenhaus** *n* terraced house (Brit.); row house (US); **Strohhütte** *f* thatched cottage; **Tipi** *n* tepee; **Villa** *f* villa; **Wigwam** *m* wigwam; **Wohnheim** *n* dormitory; hall of residence (Brit.); **Zweifamilienhaus** *n* two-family home

Z

206. Zahlen - numbers;

absolute Zahl absolute number; **algebraische Zahl** algebraic number; **arabische Zahl** Arabic numeral; **Binärzahl** *f* binary number; **Dezimalzahl** *f* decimal number; **Dualzahl** *f* binary number; **einstellige Zahl** one-digit number; single-digit number; **endliche Zahl** finite number; **fortlaufende Zahl** consecutive number; **ganze Zahl** whole number; integer; **gerade Zahl** even number; **glatte Zahl**

round figure; **Grundzahl** *f* cardinal number; base number; **Gutzahl** *f* acceptance number; **Hochzahl** *f* exponent; **imaginäre Zahl** imaginary number; **irrationale Zahl** irrational number; **Kardinalzahl** *f* cardinal number; cardinal numeral; **komplexe Zahl** complex number; **laufende Zahl** running number; **mehrstellige Zahl** multiple-digit number; **Messzahl** *f* index number; relative; **Messzahl mit fester Basis** fixed base relative; **Messzahl mit wechselnder Basis** chain relative; **natürliche Zahl** natural number; **negative Zahl** negative number; **Ordinalzahl** *f* ordinal number; **positive ganze Zahl** positive integer; **Postleitzahl** *f* postal district code number; **Prüfzahl** *f* check figure; **Quadratzahl** *f* square number; **rationale Zahl** rational number; **reine imaginäre Zahl** pure imaginary number; **römische Zahl** Roman numeral; **Schlechtzahl** *f* rejection number; **selbstprüfende Zahl** self-checking number; **Stichzahl** *f* test number; **transfinite Zahl** transfinite number; **transzendente Zahl** transcendent number; **unendliche Zahl** infinite number; **ungerade Zahl** odd number; **Vergleichszahl** *f* benchmark figure; **zulässige Zahl** admissable number; **Zurückweisungszahl** *f* rejection number; **zusammengesetzte**

Zahl composite number; **zweistellige Zahl** two-digit number

207.   Zähne - teeth;

Augenzahn *m* eye-tooth; **Äußerer Schneidezahn** lateral incisor; **Backenzahn** *m* molar; **bleibender Zahn** permanent tooth; **Eckzahn** *m* canine; **einhöckriger Zahn** unicuspid tooth; unicuspidate; **erster Mahlzahn** first molar; **fehlstehender Zahn** malposed tooth; **Frontzahn** *m* front tooth; **gesunder Zahn** sound tooth; **Giftzahn** *m* poison fang; **Hinterer Backenzahn** molar; **kariöser Zahn** carious tooth; decayed tooth; **Kronenzahn** *m* crown tooth; **künstlicher Zahn** artificial tooth; dummy tooth; **lebensfähiger Zahn** vital tooth; **lockerer Zahn** loose tooth; **Mahlzahn** *m* molar; **Milchzahn** *m* milk tooth; **Mittlerer Schneidezahn** central incisor; **Molar** *m* molar; **oberer Eckzahn** eye-tooth; **plombierter Zahn** filled tooth; **Porzellanzahn** *m* porcelain tooth; **Schneidezahn** *m* incisor; **Spitzzahn** *m* tusk; canine; **Stiftzahn** *m* pivot tooth; peg tooth; post-crown; **Vorderer Backenzahn** premolar; **Weisheitszahn** *m* wisdom tooth; **zweiter Mahlzahn** second molar; **zweihöckriger Zahn** bicuspid tooth; bicuspidate

Suchverzeichnis - Searching Directory

A

Aalsuppe→Suppen
Abänderungsklausel→Klauseln
Abandonklausel→Klauseln
Abblendlicht→Lichter
Abbrennlampe→Lampen
Abdachungswinkel→Winkel
Abdominalatmung→Atmung
Abdominalchirurgie→Chirurgie
Abdominalreflex→Reflexe
Abdominalschere→Scheren
Abduktor→Muskeln
Abend→Tageszeiten
Abenddämmerung→Tageszeiten
Abendessen→Mahlzeiten
Abendfalke→Falken
Abenteuergeschichte→[1]Geschichten
abenteuerlustig→Charaktereigenschaften
Abenteuerroman→Romane
abergläubisch→Charaktereigenschaften
Aberrationswinkel→Winkel
abfallender Blutdruck→Blutdruck
Abgabepreis→Preise
Abflussloch→Löcher
abgebrochen-gefiedertes Blatt→Blätter
abgekürzte Versicherung→Versicherungen
abgelaufene Police→Versicherungspolicen
abgelaufenes Patent→Patente
abgestorbener Finger→Finger
Abgrenzungssammelkonto→Konten
abhängiges Patent→Patente
abhängige Stichprobe→Stichproben
abhängige Variable→Variablen
Abhäutemesser→Messer

Abladeklausel→Klauseln
Ablassschraube→Schrauben
Ablenkungswinkel→Winkel
Ablösungsfonds→Fonds
Abmagerungsdiät→Diäten
Abmahnschreiben→Briefe
Abmahnung→Briefe
abnehmender Mond→Mondphasen
Abneigung→Gefühle
A-Bombe→Bomben
Abonnentenversicherung→Versicherungen
Abortlöffel→Löffel
Abrechnungskonto→Konten
Absahnpreis→Preise
Absatzpreis→Preise
Abschiedsbrief→Briefe
Abschlagsdividende→Dividenden
Abschlussdividende→Dividenden
Abschlusskonto→Konten
Abschlusspreis→Preise
Abschreibepolice→Versicherungspolicen
Abschreibungsfonds→Fonds
Abschreibungskonto→Konten
Abschreibungswagniskonto→Konten
Abseihlöffel→Löffel
absolute Zahl→Zahlen
Absorptionslinse→Linsen
Abstammungskoeffizient→Koeffizienten
absteigendes Bad→Bäder
Abszessmesser→Messer
Abtastmatrix→Matrizen
Abtrennklausel→Klauseln
Abtretungsverbotklausel→Klauseln
abwärts→Richtungen
Abwasserabgabe→Steuern
Abwehrklausel→Klauseln
Abwehrpreis→Preise

Abwehrreflex→Reflexe
Abweichungsklausel→Klauseln
Abweichungskoeffizient→Koeffizienten
Abwicklungsbank→Banken
Abzahlungspreis→Preise
Abzahlungswechsel→Wechsel
Abzugsteuer→Steuern
Acetylsalicylsäure→Säuren
Achat→Halbedelsteine
Achillessehnenreflex→Reflexe
Achillessehnenschmerz→Schmerzen
Achluophobie→Phobien
Achselabszess→Abszesse
Achselhöhle→Körperteile
Achselnerv→Nerven
Achtknoten→Knoten
Actinium→Grundstoffe
Adamsapfel→Körperteile
Adaptationsbrille→Brillen
Adduktor→Muskeln
Adduktorenreflex→Reflexe
Adenoidmesser→Messer
Adenosindiphosphatsäure→Säuren
Adenosinmonophosphatsäure→Säuren
Adenosintriphosphatsäure→Säuren
Adjazenzmatrix→Matrizen
Adlerfarn→Farne
Adrenaldrüse→Drüsen
adstringierendes Bad→Bäder
aerobe Atmung→Atmung
aerobe Fermentation→Gärungen
aerobe Gärung→Gärungen
Affektreflex→Reflexe
Affektstörung→Störungen
afferenter Nerv→Nerven
Afghanistan→Länder
Afrika→Erdteile

Afrikanische Ölpalme→Palmen
After→Körperteile
Afterflosse→Flossen
Afterfurche→Körperteile
Afterreflex→Reflexe
Afterschließmuskel→Muskeln
Afterschmerz→Schmerzen
aggressiv→Charaktereigenschaften
agil→Charaktereigenschaften
agitierte Depression→Depressionen
Agni→Götter
Agrarfonds→Fonds
Ägypten→Länder
Ähnlichkeitskoeffizient→Koeffizienten
Ahornwald→Wälder
Ährenbrot→Brote
Akkommodationsmuskel→Muskeln
Akkommodationsreflex→Reflexe
Akkreditivabrechnungskonto→Konten
Akkreditivbank→Banken
Akkreditivklausel→Klauseln
akkurat→Charaktereigenschaften
Akonitvergiftung→Vergiftungen
Akromialreflex→Reflexe
Aktenschrank→Schränke
Aktienbuch→Bücher
Aktieninvestmentfonds→Fonds
Aktionärsbrief→Briefe
Aktionärsbuch→Bücher
aktiv→Charaktereigenschaften
Aktivkonto→Konten
Aktivwechsel→Wechsel
akustische Gitarre→Saiteninstrumente
akute Bronchitis→Bronchitis
Akute-Phase-Protein→Proteine
Akzelerationskoeffizient→Koeffizienten
Akzeptantenwechsel→Wechsel

Akzeptebuch→Bücher
akzessorische Drüse→Drüsen
Alant→Heilpflanzen
Albanien→Länder
Albanisch→^{1}Sprachen
Albanisch→indoeuropäische Sprachen
albern→Charaktereigenschaften
algebraische Zahl→Zahlen
Algerien→Länder
Algophobie→Phobien
alkoholische Gärung→Gärungen
Alkoholschmerz→Schmerzen
Alkoholvergiftung→Vergiftungen
Allbranchenversicherung→Versicherungen
Alleinsteuer→Steuern
Alles-oder-Nichts-Klausel→Klauseln
Allgemeinchirurgie→Chirurgie
allgemeine Steuer→Steuern
Allgemeinvergiftung→Vergiftungen
Allometriekoeffizient→Koeffizienten
Allphasen-Brutto-Umsatzsteuer→Steuern
Allphasen-Netto-Umsatzsteuer→Steuern
Allphasensteuer→Steuern
Alpenbirke→Birken
Alpha-Koeffizient→Koeffizienten
alte Geschichte→^{1}Geschichten
alte Geschichte→^{2}Geschichten
Altenheim→Wohnhäuser
älteres Patent→Patente
Alternativklausel→Klauseln
Alterschirurgie→Chirurgie
Altes Testament→heilige Bücher
Altweiberknoten→Knoten
Aluminium→Grundstoffe
Alurad→^{1}Räder
Alveolardrüse→Drüsen
alveoläre Drüse→Drüsen

Alveolarepithel→Epithele
Alveolarknochen→Knochen
Alveolarwinkel→Winkel
Amalgam→Legierungen
Ameisenkolonie→Tiergruppen
Ameisensäure→Säuren
Americium→Grundstoffe
Amerika→Erdteile
Amerikanische Buche→Buchen
amerikanische Geschichte→²Geschichten
amerikanische Klausel→Klauseln
Amerikanische Ölpalme→Palmen
amerikanisches Maisbrot→Brote
amerikanisches Weißbrot→Brote
Amethyst→Halbedelsteine
Aminobuttersäure→Säuren
Aminoessigsäure→Säuren
Aminoisobuttersäure→Säuren
Aminokapronsäure→Säuren
Aminosalizylsäure→Säuren
Aminosäure→Säuren
ammoniakalische Gärung→Gärungen
Amnionepithel→Epithele
Amöbenabszess→Abszesse
Amöbenleberabszess→Abszesse
Amphitrite→Götter
Amputationsmesser→Messer
Amputationsstumpfschmerz→Schmerzen
Amsel→Singvögel
Amtssprache→²Sprachen
amusante Geschichte→¹Geschichten
anaerobe Atmung→Atmung
anaerobe Gärung→Gärungen
anakrine Drüse→Drüsen
Analdreieck→Dreiecke
Analdrüse→Drüsen
Analoguhr→Uhren

Analreflex→Reflexe
Ananas→Obst
anankastische Depression→Depressionen
Anden-Gans→Gänse
Anderkonto→Konten
Andorra→Länder
Andreas→Apostel
Androphobie→Phobien
Anerkennungsstreik→Streiks
Anfangsdividende→Dividenden
Anfechtungsklausel→Klauseln
angeborene Allergie→Allergien
angeborener Reflex→Reflexe
Angebotspreis→Preise
Angelika→Kräuter
angemessene Diät→Diäten
angepasste Stichprobe→Stichproben
angeschlossene Bank→Banken
Angestelltenversicherung→Versicherungen
angestrebter Preis→Preise
angestrengte Atmung→Atmung
Anginaschmerz→Schmerzen
Angola→Länder
Angst→Gefühle
Angstdepression→Depressionen
Angstklausel→Klauseln
ängstlich-agitierte Depression→Depressionen
ängstliche Depression→Depressionen
anhaltender Schmerz→Schmerzen
Anis[1]→Heilpflanzen
Anis[2]→Gewürze
Ankerprotein→Proteine
Ankündigungsschreiben→Briefe
Anlagekonto→Konten
Anlagenkonto→Konten
Anlagenwagniskonto→Konten
Anlegeleiter→Leitern

Anleihetilgungsfonds→Fonds
Anmeldekartell→Kartelle
annehmbarer Preis→Preise
anonymes Konto→Konten
Anordnungspatent→Patente
Anorektalabszess→Abszesse
Anorektalchirurgie→Chirurgie
Anpassungsstörung→Störungen
anrechenbare Steuer→Steuern
Anregungsbad→Bäder
Anschreibekonto→Konten
Anspannungskoeffizient→Koeffizienten
antagonistischer Muskel→Muskeln
Antarktika→Erdteile
Antigeneiweiß→Proteine
Antigua und Barbuda→Länder
Antimon→Grundstoffe
Antimonvergiftung→Vergiftungen
Antischwerkraftreflex→Reflexe
Antrumschmerz→Schmerzen
Anubis→Götter
Anus→Verdauungsorgane
Anuschirurgie→Chirurgie
Aortenchirurgie→Chirurgie
Aortendreieck→Dreiecke
Aortenfenster→Fenster
Aortenschmerz→Schmerzen
Apfel→Obst
Apfelbaum→Obstbäume
Apfelsaft→Säfte
Apfelsäure→Säuren
Apfelsäure-Milchsäure-Gärung→Gärungen
Apfelsine→Obst
Apfelsinensaft→Säfte
Apfelwein→Weine
Aphrodite→Götter
Apikalabszess→Abszesse

apikales Blatt→Blätter
apokrine Drüse→Drüsen
Apolipoprotein→Proteine
Apollo→Götter
Apostelbrief→Briefe
Apostelgeschichte→²Geschichten
Apothekenschrank→Schränke
Appartmenthaus→Wohnhäuser
approbierter Arzt→Ärzte
Aprikose→Obst
Aprikosenbaum→Obstbäume
April→Monate
Aquamarin→Halbedelsteine
Aquarium→Glasgefäße
Äquatorialguinea→Länder
Arabisch→¹Sprachen
Arabische Akazie→Akazie
arabische Zahl→Zahlen
Arachnoideamesser→Messer
Arachnophobie→Phobien
Arbeiterrentenversicherung→Versicherungen
Arbeitsablaufbuch→Bücher
Arbeitshandschuh→Handschuhe
Arbeitskoeffizient→Koeffizienten
Arbeitslosenpflichtversicherung→Versicherungen
Arbeitslosenversicherung→Versicherungen
Arbeitstisch→Tische
Arbitrageklausel→Klauseln
Ares→Götter
Argentinien→Länder
Argon→Grundstoffe
Arm→Körperteile
Armbanduhr→Uhren
Armbeuger→Muskeln
Armenien→Länder
Armenisch→indoeuropäische Sprachen
Armmuskel→Muskeln

Armnerv→Nerven
Armschmerz→Schmerzen
Arnika→Heilpflanzen
Arschloch→Löcher
Arsen→Grundstoffe
Arsenvergiftung→Vergiftungen
Arsenwasservergiftung→Vergiftungen
Artemis→Götter
arterieller Blutdruck→Blutdruck
Arterienmesser→Messer
artfremdes Antigen→Antigene
Arthrotom→Messer
Artischocke→Gemüse
Aryknorpel→Knorpel
Arzneibuch→Bücher
Arzneiglas→Glasgefäße
Arzneimittelallergie→Allergien
Arzneimittelflasche→Glasgefäße
Arzneimittelgeschmack→Geschmacksempfindungen
Arzneimittelvergiftung→Vergiftungen
Ärztin→Ärzte
aseptische Chirurgie→Chirurgie
Aserbeischanisch→[1]Sprachen
Asien→Erdteile
Askorbinsäure→Säuren
Asparaginsäure→Säuren
Assimilationsstörung→Störungen
Assimilationswirbel→Wirbel
Assistenzarzt→Ärzte
assistierte Atmung→Atmung
Assoziationskoeffizient→Koeffizienten
Astat→Grundstoffe
asthmaartige Atmung→Atmung
asthmoide Bronchitis→Bronchitis
Astrophobie→Phobien
Astschere→Scheren
Asylantenwohnheim→Wohnhäuser

asymptotische Streuungs-Kovarianz-Matrix→Matrizen
Atemkoeffizient→Koeffizienten
Atemmuskel→Muskeln
Atemschmerz→Schmerzen
Atemstörung→Störungen
Äthanolgärung→Gärungen
Atheromaabszess→Abszesse
Äthervergiftung→Vergiftungen
Äthiopien→Länder
Atlas→Bücher
Atlas→Wirbel
Atmungsepithel→Epithele
Atmungsstörung→Störungen
Atombombe→Bomben
Atomenergie→Energien
Atomrisiko-Versicherung→Versicherungen
Atropinvergiftung→Vergiftungen
Attributenvariable→Variablen
Ätzstift→Schreibgeräte
Aubergine→Gemüse
Audiookularreflex→Reflexe
auf die Seite→Richtungen
auffallendes Licht→Lichter
aufgabenorientierte Variable→Variablen
aufgelaufene Dividende→Dividenden
aufgeschobene Versicherung→Versicherungen
Aufmerksamkeitsreflex→Reflexe
Aufpreis→Preise
Aufrichtungsreflex→Reflexe
Aufschubkonto→Konten
Aufsichtsratsteuer→Steuern
Aufstockungskoeffizient→Koeffizienten
Auftragsbuch→Bücher
Auftragsloch→Löcher
Aufwandausgleichskonto→Konten
Aufwandskonto→Konten

aufwärts→Richtungen
Augapfelmuskel→Muskeln
Auge[1]→Sinnesorgane
Auge[2]→Körperteile
Augenarzt→Ärzte
Augenbinnenmuskel→Muskeln
Augenchirurgie→Chirurgie
Augendruckreflex→Reflexe
Augenhöhlendach→Dächer
Augenhöhlenmuskel→Muskeln
Augeninnenmuskel→Muskeln
Augenkammerwinkel→Winkel
Augenlidreflex→Reflexe
Augenmuskel→Muskeln
Augennerv→Nerven
augenreizender Kampfstoff→Kampfstoffe
Augenringe→Ringe
Augenringmuskel→Muskeln
Augenringmuskelreflex→Reflexe
Augenrollmuskel→Muskeln
Augenschmerz→Schmerzen
Augenspülglas→Glasgefäße
Augenwinkel→Winkel
Augenzahn→Zähne
August→Monate
Aulos→Blasinstrumente
Aurikulopalpebralreflex→Reflexe
Aurikulotemporalnerv→Nerven
Aurikulozervikalreflex→Reflexe
Auropalpebralreflex→Reflexe
Aurora→Götter
Ausbaupatent→Patente
Ausbeinmesser→Messer
Ausbildungsversicherung→Versicherungen
Ausfuhrkreditversicherung→Versicherungen
Ausgabebuch→Bücher
Ausgangsmatrix→Matrizen

Ausgangstür→Türen
ausgebuchtetes Blatt→Blätter
ausgefallene Dividende→Dividenden
ausgeglichene Diät→Diäten
ausgeglichenes Konto→Konten
ausgerandetes Blatt→Blätter
ausgeschüttete Dividende→Dividenden
ausgewogene Stichprobe→Stichproben
Ausgleichsdividende→Dividenden
Ausgleichsteuer→Steuern
Auslagenklausel→Klauseln
Auslagetisch→Tische
Ausländersonderkonto→Konten
Auslandsbank→Banken
Auslandsbrief→Briefe
Auslandskonto→Konten
Auslandspatent→Patente
Auslandsreiseversicherung→Versicherungen
Auslandswechsel→Wechsel
auslaufender Brief→Briefe
Auslegebrücke→Brücken
Aussagenvariable→Variablen
Ausscheidungsdrüse→Drüsen
Ausschließlichkeitsklausel→Klauseln
Ausschließlichkeitspatent→Patente
Ausschüttungssteuer→Steuern
Außenmeniskus→Knorpel
Außentür→Türen
Außenversicherung→Versicherungen
Außenwinkel→Winkel
Äußerer Gelenkknorren→Knochen
Äußerer Schenkelmuskel→Muskeln
Äußerer Schneidezahn→Zähne
äußerer schräger Bauchmuskel→Muskeln
äußere Vergiftung→Vergiftungen
Aussprachestörung→Störungen
Ausstellungsraum→Räume

Ausstellungs-Versicherung→Versicherungen
Aussteuerversicherung→Versicherungen
Ausstiegsklausel→Klauseln
Austerngabel→Gabeln
Austernmesser→Messer
Australfalke→Falken
Australien[1]→Erdteile
Australien[2]→Länder
Australischer Schieferfalke→Falken
Austreibungsschmerz→Schmerzen
austretende Variable→Variablen
Auszahlungsmatrix→Matrizen
Ausziehleiter→Leitern
Ausziehtisch→Tische
Autoallergie→Allergien
Autobombe→Bomben
Autointoxikation→Vergiftungen
Autokorrelations-Koeffizient→Koeffizienten
automatische Tür→Türen
autonomer Nerv→Nerven
autonome Variable→Variablen
Autophobie→Phobien
Autopsiemesser→Messer
Autotür→Türen
Autoversicherung→Versicherungen
Aversion→Gefühle
Avocado→Obst
Avocadobaum→Obstbäume
Axonreflex→Reflexe
Azeteruksäure→Säuren
Azetoessigsäure→Säuren
Azetomilchsäure→Säuren
Azeton-Äthanol-Gärung→Gärungen
Azeton-Butanol-Gärung→Gärungen
Azetylmuraminsäure→Säuren
Azetylsalizylsäure→Säuren
azinöse Drüse→Drüsen

azino-tubuläre Drüse→Drüsen
Azinusdrüse→Drüsen
Azur→Farben

B

Babusche→Fußbekleidung
Bacchus→Götter
Backenknochen→Knochen
Backenmuskel→Muskeln
Backennerv→Nerven
Backenzahn→Zähne
Backobst→Früchte
Badekappe→Kopfbedeckungen
Bademütze→Kopfbedeckungen
Baden-Württemberg→Bundesländer
Badeschuh→Fußbekleidung
Badezimmer→Räume
Badezimmertür→Türen
Badminton→Ballspiele
Bagatellkartell→Kartelle
Bagatellklausel→Klauseln
Bagatellmarktklausel→Klauseln
Baguette→Brote
Bahamas→Länder
Bahrain→Länder
Bailey-Brücke→Brücken
Bajonetttierknochen→Knochen
bakterielle Allergie→Allergien
bakterielle Gärung→Gärungen
Bakterienallergie→Allergien
Balalaika→Saiteninstrumente
Baldrian[1]→Heilpflanzen
Baldrian[2]→Kräuter
Baldriansäure→Säuren
Balgabszess→Abszesse
Balgdrüse→Drüsen
Balgfrucht→Früchte

Balkenbrücke→Brücken
Balkenspiralgalaxie→Galaxien
Balkontür→Türen
Baltisch→indoeuropäische Sprachen
Bambussprossen→Gemüse
Bambuswald→Wälder
Banane→Obst
Bänderhabicht→Habichte
Banderolensteuer→Steuern
Bänderschmerz→Schmerzen
Bandring→Ringe
Bandwurmei→Eier
Bangladesh→Länder
Banjo→Saiteninstrumente
Bankeinbruchversicherung→Versicherungen
Bankeinlagenversicherung→Versicherungen
bankfähiger Wechsel→Wechsel
Bankgarantiefonds→Fonds
Bankkonto→Konten
Banknotensteuer→Steuern
Barbados→Länder
Barbituratvergiftung→Vergiftungen
Barbitursäure→Säuren
Bardividende→Dividenden
Bärenhöhle→Tierbehausungen
Bärentraube→Beeren
Barium→Grundstoffe
Baron→Adelstitel
Baroness→Adelstitel
Baronet→Adelstitel
Barpreis→Preise
Barren→Turngeräte
Bartholomäus→Apostel
Bartkauz→Eulen
Base→Verwandte
Baseball[1]→Bälle
Baseball[2]→Ballspiele

Basilikum[1]→Heilpflanzen
Basilikum[2]→Kräuter
Basilikum[3]→Gewürze
Basispatent→Patente
Basispreis→Preise
Basisvariable→Variablen
Basiswinkel→Winkel
Baskenmütze→Kopfbedeckungen
Basketball[1]→Bälle
Basketball[2]→Ballspiele
Bassethorn→Blasinstrumente
Bassgitarre→Saiteninstrumente
Basshorn→Blasinstrumente
Bassklarinette→Blasinstrumente
Bassposaune→Blasinstrumente
Basstrommel→Schlaginstrumente
Batch-Fermentation→Gärungen
Bauch→Körperteile
Bauchchirurgie→Chirurgie
Bauchdeckenreflex→Reflexe
Bauchdeckenschere→Scheren
Bauchflosse→Flossen
Bauchhautreflex→Reflexe
Bauchmuskel→Muskeln
Bauchreflex→Reflexe
Bauchschmerzen→Schmerzen
Bauchspeicheldrüse[1]→Drüsen
Bauchspeicheldrüse[2]→Verdauungsorgane
Bauer→Schachfiguren
Bauernbrot→Brote
Bauernhaus→Wohnhäuser
Baulandsteuer→Steuern
Bauleistungsversicherung→Versicherungen
Baumartiger Becherfarn→Farne
Baumfalke→Falken
Baumläufer→Singvögel
Baumschere→Scheren

Baurisikoversicherung→Versicherungen
Bauschädenversicherung→Versicherungen
Bauschmuskel→Muskeln
Bauschmuskel des Halses→Muskeln
Bauschmuskel des Kopfes→Muskeln
Bauwesenversicherung→Versicherungen
Bayern→Bundesländer
Bearbeitungsschädenklausel→Klauseln
beauftragte Bank→Banken
Becher→Trinkgefäße
Becken[1]→Körperteile
Becken[2]→Schlaginstrumente
Beckenabszess→Abszesse
Beckenbodenmuskel→Muskeln
Beckenchirurgie→Chirurgie
Beckenkamm→Knochen
Beckenknochen→Knochen
Beckenneigungswinkel→Winkel
Beckenschmerz→Schmerzen
bedeckte Säule→Schneekristalle
Bedienungshandbuch→Handbücher
Bedienungstisch→Tische
bedingte Klausel→Klauseln
bedingter Reflex→Reflexe
bedingtes Indossament→Indossamente
bedingte Versicherung→Versicherungen
Bedingungsvariable→Variablen
beeinflussbare Variable→Variablen
Beerenfrucht→Früchte
Beförderungssteuer→Steuern
Befreiungsklausel→Klauseln
befristete Police→Versicherungspolicen
Befruchtungskoeffizient→Koeffizienten
Begleitmuskel→Muskeln
Begleitnerv→Nerven
Behindertenolympiade→Olympiade
Beifuß[1]→Heilpflanzen

Beifuß[2]→Kräuter
Begleitschreiben→Briefe
behandelnder Arzt→Ärzte
Beige→Farben
Beigeschmack→Geschmacksempfindungen
Bein→Körperteile
Beinknochen→Knochen
Beinschmerz→Schmerzen
Beinwell→Kräuter
Beischilddrüse→Drüsen
Bestelltisch→Tische
beitragsfreie Police→Versicherungspolicen
beitragsfreie Versicherung→Versicherungen
Beitrittsklausel→Klauseln
Belegschaftsversicherung→Versicherungen
belesen→Charaktereigenschaften
Belgien→Länder
Belize→Länder
Belladonnavergiftung→Vergiftungen
bellen→Tierlaute
bellender Husten→Husten
bemaltes Ei→Eier
Bence-Jones-Eiweißkörper→Proteine
Bengali→[1]Sprachen
Benin→Länder
Benutzerhandbuch→Handbücher
Benzinuhr→Uhren
Benzoesäure→Säuren
beobachtbare Variable→Variablen
beratender Arzt→Ärzte
Berberfalke→Falken
Bereichsmatrix→Matrizen
Bereichsvariable→Variablen
Bereitstellungsfonds→Fonds
Bereitstellungskonto→Konten
Bergamotte→Kräuter

Bergbrombeere→Brombeeren
Bergschuh→Fußbekleidung
Berguhu→Eulen
Bergwald→Wälder
Berichtigungskonto→Konten
Berkelium→Grundstoffe
Berlin→Bundesländer
Bermudadreieck→Dreiecke
Bernsteinsäure→Säuren
Berufsunfallversicherung→Versicherungen
Beruhigungsbad→Bäder
Berührungsreflex→Reflexe
Berührungsschmerz→Schmerzen
Beryllium→Grundstoffe
Beschaffungshandbuch→Handbücher
Beschaffungskartell→Kartelle
bescheiden→Charaktereigenschaften
Beschlagnahmeversicherung→Versicherungen
beschleunigte Atmung→Atmung
Beschleunigungsnerv→Nerven
Beschmutzungsfurcht→Phobien
beschränkte Variable→Variablen
Beschwerdebrief→Briefe
Beschwerdebuch→Bücher
Besenbirke→Birken
Besenkorn→Getreide
besonderes Ausgleichskonto→Konten
Besprechungszimmer→Räume
bestätigende Bank→Banken
Bestätigungsschreiben→Briefe
Bestellbuch→Bücher
Bestrahlungslampe→Lampen
Beta-Koeffizient→Koeffizienten
Beteiligungsfonds→Fonds
Betelnusspalme→Palmen
Betelpalme→Palmen

betrieblicher Sozialfonds→Fonds
Betriebsarzt→Ärzte
Betriebshaftpflichtversicherung→Versicherungen
Betriebshandbuch→Handbücher
Betriebskoeffizient→Koeffizienten
Betriebskonto→Konten
Betriebssteuer→Steuern
Betriebstreuhandversicherung→Versicherungen
Betriebsversicherung→Versicherungen
Betrübtheit→Gefühle
Bettgeschichte→¹Geschichten
Beugemuskel→Muskeln
Beugemuskelreflex→Reflexe
Beuger→Muskeln
Beugereflex→Reflexe
Beugungsreflex→Reflexe
Beugungswinkel→Winkel
Beurteilungsstichprobe→Stichproben
bewegliche Brücke→Brücken
Bewegungsbad→Bäder
Bewegungsenergie→Energien
Bewegungsgefühl→Gefühle
Bewegungsnerv→Nerven
Bewegungsreflex→Reflexe
Bewegungsschmerz→Schmerzen
Bewerbungsschreiben→Briefe
Bewertungsmatrix→Matrizen
bewusst gewählte Stichprobe→Stichproben
Bewusstseinsstörung→Störungen
bezogene Bank→Banken
Bezold-Abszess→Abszesse
Bezugspreis→Preise
Bhutan→Länder
Bibel→heilige Bücher
Bibliophobie→Phobien
Bienenschwarm→Tiergruppen
Bierglas→Trinkgefäße

Bierkrug→Trinkgefäße
Biersteuer→Steuern
bifaziales Blatt→Blätter
Bifokalbrille→Brillen
Bifokallinse→Linsen
bikonkave Linse→Linsen
bikonvexe Linse→Linsen
Bilanzbuch→Bücher
Bilanzierungshandbuch→Handbücher
Bilanzkonto→Konten
Bilderbuch→Bücher
Bildergeschichte→[1]Geschichten
Bildstörung→Störungen
Bildvariable→Variablen
Billard→Ballspiele
Billardtisch→Tische
Billigungsklausel→Klauseln
Binärzahl→Zahlen
Bindegewebsmatrix→Matrizen
Bindegewebsstörung→Störungen
Bindehautreflex→Reflexe
Binnenmarktpreis→Preise
Binnenschifffahrtversicherung→Versicherungen
Binokularmikroskop→Mikroskope
Binomialkoeffizient→Koeffizienten
Binsenstengel→Schreibgeräte
biologische Halbwertzeit→Halbwertzeiten
biologischer Kampfstoff→Kampfstoffe
Birkenwald→Wälder
Birma→Länder
Birmanisch→[1]Sprachen
Birnbaum→Obstbäume
Birne→Obst
birnenförmiger Muskel→Muskeln
bitterer Geschmack→Geschmacksempfindungen
Bitterkeit→Gefühle
blande Diät→Diäten

Blankopolice→Versicherungspolicen
Blankowechsel→Wechsel
Blaschendrüse→Drüsen
blasenbildender Kampfstoff→Kampfstoffe
Blasendreieck→Dreiecke
Blasenentleerungsmuskel→Muskeln
Blasenfarn→Farne
Blasenfunktionsstörung→Störungen
Blasenschließmuskel→Muskeln
Blasenschmerz→Schmerzen
Bläßgans→Gänse
Blau→Farben
Blaubeere→Beeren
Blaue Hainbuche→Buchen
Blauelster→Elstern
blaues Auge→Augen
Blauflügelgans→Gänse
Blaulicht→Lichter
Blausäure→Säuren
Blausäurevergiftung→Vergiftungen
Blauspat→Halbedelsteine
Blechdach→Dächer
Blechschere→Scheren
Blei→Grundstoffe
bleibender Zahn→Zähne
bleibendes Blatt→Blätter
Bleigummihandschuh→Handschuhe
Bleistift→Schreibgeräte
Bleivergiftung→Vergiftungen
Blickwinkel→Winkel
Blinddarm→Verdauungsorgane
Blinzelreflex→Reflexe
Blitzangst→Phobien
blitzartiger Schmerz→Schmerzen
Blitzlicht→Lichter
Blitzschlagklausel→Klauseln
Blitzschlagversicherung→Versicherungen

Blitzstreik→Streiks
Blizzard→Stürme
Blockflöte→Blasinstrumente
Blockhaus→Wohnhäuser
Blockierpatent→Patente
Blockwirbel→Wirbel
blöken→Tierlaute
bloßes Auge→Augen
Blumenkohl→Gemüse
Blutabscheu→Phobien
Blutbad→Bäder
Blutbank→Banken
Blutbuche→Buchen
Blutdruckreflex→Reflexe
Blutdruckstörung→Störungen
Bluteiweiß→Proteine
Bluthochdruck→Blutdruck
Bluthochdruckkopfschmerz→Kopfschmerzen
blutiger Husten→Husten
Blutorange→Obst
Blutsverwandter→Verwandte
Blutungsabszess→Abszesse
Blutunterdruck→Blutdruck
Blutvergiftung→Vergiftungen
Blutverteilungsstörung→Störungen
Boccia→Ballspiele
Bochdalek-Dreieck→Dreiecke
Bodengärung→Gärungen
Bogenbrücke→Brücken
Bogenstaudamm→Staudämme
Bohne→Gemüse
Bohnenkraut[1]→Heilpflanzen
Bohnenkraut[2]→Kräuter
bohrender Schmerz→Schmerzen
Bohrloch→Löcher
Bolivien→Länder
Bona-Fide-Klausel→Klauseln

Bootfarn→Farne
Boots→Fußbekleidung
Bor→Grundstoffe
Bordeauxglas→Trinkgefäße
Bordkonnossement→Konnossemente
Boretsch[1]→Heilpflanzen
Boretsch[2]→Kräuter
Börsenpreis→Preise
Börsenunsatzsteuer→Steuern
Borstige Robinie→Akazie
Boten-Ribonukleinsäure→Säuren
Botswana→Länder
Bottichgärung→Gärungen
Boxhandschuh→Handschuhe
Brahmanen-Kauz→Eulen
Brandbombe→Bomben
Brandenburg→Bundesländer
Branntweinabgabe→Steuern
Branntweinsteuer→Steuern
Brasilianische Wachspalme→Palmen
Brasilien→Länder
Bratsche→Saiteninstrumente
Braun→Farben
Braune Scheinbuche→Buchen
Brausebad→Bäder
brausendes Bad→Bäder
Brechreflex→Reflexe
Brechungswinkel→Winkel
Breiter Rückenmuskel→Muskeln
Breitlauch→Gemüse
breitrandiger Hut→Kopfbedeckungen
Bremen→Bundesländer
Bremslicht→Lichter
brennender Schmerz→Schmerzen
Brennnessel→Kräuter
Brennpalme→Palmen
Brenztraubensäure→Säuren

Briefbombe→Bomben
Briefroman→Romane
Brillenglas→Linsen
Brilliantring→Ringe
Britanniametall→Legierungen
Brom→Grundstoffe
Brombeere[1]→Beeren
Brombeere[2]→Heilpflanzen
Bromvergiftung→Vergiftungen
Bronchialatmung→Atmung
Bronchialdrüse→Drüsen
Bronchialknorpel→Knorpel
Bronchiolarepithel→Epithele
Bronze→Legierungen
Brotfrucht→Obst
Brotfruchtbaum→Obstbäume
Brotmesser→Messer
brüchiger Knochen→Knochen
Bruchmesser→Messer
Bruchschadenversicherung→Versicherungen
Bruchteilversicherung→Versicherungen
Bruder→Verwandte
brüllen→Tierlaute
brummen→Tierlaute
Brunch→Mahlzeiten
Brunei→Länder
Brunnenkresse[1]→Kräuter
Brunnenkresse[2]→Blattgemüse
Brunnenkresse[3]→Gemüse
Brunnersche Drüse→Drüsen
Brust→Körperteile
Brustabszess→Abszesse
Brustbein→Knochen
Brustbeinmesser→Messer
Brustbeinmuskel→Muskeln
Brustbeinwinkel→Winkel
Brustdornmuskel→Muskeln

Brustdrüse→Drüsen
Brustdrüsenabszess→Abszesse
Brustdrüsenschmerz→Schmerzen
Brustfellschmerz→Schmerzen
Brustflosse→Flossen
Brustkorb→Körperteile
Brustkorbatmung→Atmung
Brustkorbschmerz→Schmerzen
Brustmuskel→Muskeln
Brustmuskelreflex→Reflexe
Brustmuskelschmerz→Schmerzen
Brustsnerv→Nerven
Brustschmerz→Schmerzen
Brustwarze→Körperteile
Brustwarzenschmerz→Schmerzen
Brustwirbel[1]→Knochen
Brustwirbel[2]→Wirbel
Brutei→Eier
Brutto-Allphasen-Umsatzsteuer→Steuern
Bruttomehrwertsteuer→Steuern
Bruttopreis→Preise
Bruttoumsatzsteuer→Steuern
Buchenfarn→Farne
Buchenwald→Wälder
Bücherschrank→Schränke
buchtiges Blatt→Blätter
Buchweizen→Getreide
Buddhismus→Religionen
Budgetausgleichsfonds→Fonds
Bügelhorn→Blasinstrumente
Bulbokavernosus→Muskeln
Bulbospongiosus→Muskeln
Bulbospongiosusreflex→Reflexe
Bulbourethraldrüse→Drüsen
Bulbusdruckreflex→Reflexe
Bulbusreflex→Reflexe
Bulgarien→Länder

Bulgarisch→[1]Sprachen
Bullauge→Augen
Bummelstreik→Streiks
Bundesbank→Banken
Bundessteuer→Steuern
bundesweiter Streik→Streiks
Bungalow→Wohnhäuser
buntes Blatt→Blätter
Buntstift→Schreibgeräte
Burgfrau→Adelstitel
Burgherr→Adelstitel
Bürgschaftsversicherung→Versicherungen
Burgunderglas→Trinkgefäße
Burkina Faso→Länder
Burundi→Länder
Bürzeldrüse→Drüsen
Buschbohne→Bohnen
Buttermesser→Messer
Buttersäure→Säuren
Buttersäuregärung→Gärungen

C

Cadmium→Grundstoffe
Californium→Grundstoffe
Carrier-Protein→Proteine
Cashewbaum→Obstbäume
Cäsium→Grundstoffe
Cayennepfeffer→Gewürze
Cello→Saiteninstrumente
Cer→Grundstoffe
Ceres→Götter
Champignoncremesuppe→Suppen
Champignonsuppe→Suppen
characteristische Matrix→Matrizen
Charakterstörung→Störungen
charmant→Charaktereigenschaften
chemischer Kampfstoff→Kampfstoffe

Chemoreflex→Reflexe
Chenodesoxycholsäure→Säuren
Chicorée[1]→Blattgemüse
Chicorée[2]→Gemüse
Chile→Länder
China→Länder
Chinakohl→Blattgemüse
Chinesisch→[1]Sprachen
Chininsäure→Säuren
Chininvergiftung→Vergiftungen
Chinolinsäure→Säuren
Chirurg→Ärzte
chirurgische Schere→Scheren
chirurgisches Messer→Messer
Chlorwasserstoffsäure→Säuren
Cholesteatommatrix→Matrizen
Chondroprotein→Proteine
Christentum→Religionen
Christusakazie→Akazie
Chrom→Grundstoffe
Chromoprotein→Proteine
Chromosomenbrücke→Brücken
chronische Bronchitis→Bronchitis
Chronometer→Uhren
Clarino→Blasinstrumente
Clementine→Obst
Clog→Fußbekleidung
Cocktailglas→Trinkgefäße
Codiermatrix→Matrizen
Collegering→Ringe
Computertisch→Tische
Costa Rica→Länder
Cottage→Wohnhäuser
Cousin→Verwandte
Cousine→Verwandte
Cowboyhut→Kopfbedeckungen
c-reaktives Protein→Proteine

Cricketball→Bälle
Croissant→Brote
C-terminale Aminosäure→Säuren
Curium→Grundstoffe
Curry→Gewürze
Cyansäure→Säuren
Cyanwasserstoff→Säuren

D

Dachbodenklappleiter→Leitern
Dachfenster→Fenster
Dachfonds→Fonds
Dachkammer→Räume
Dach mit Firstlaterne→Dächer
Dachpolice→Versicherungspolicen
Dachschädenversicherung→Versicherungen
Dahurische Birke→Birken
Dame→Schachfiguren
Dämmerung→Tageszeiten
Dammmuskel→Muskeln
Dammschmerz→Schmerzen
Dampfbad→Bäder
Dänemark→Länder
Dänisch→[1]Sprachen
dänisches Roggenbrot→Brote
Dankbarkeit→Gefühle
Dankschreiben→Briefe
Darlehenskasse→Banken
Darm→Verdauungsorgane
Darmbein→Knochen
Darmbeinabszess→Abszesse
Darmbeinmuskel→Muskeln
Darmbeinrippenmuskel→Muskeln
Darmbein-Steißbein-Muskel→Muskeln
Darmepithel→Epithele
Darmmesser→Messer
Darmsaft→Säfte

Darmschere→Scheren
Darmschmerz→Schmerzen
Datenbank→Banken
Datenhandschuh→Handschuhe
Datowechsel→Wechsel
Datscha→Wohnhäuser
Datsche→Wohnhäuser
Dattel→Obst
Dattelpalme→Obstbäume→Palmen
Datumswechsel→Wechsel
Dauerknorpel→Knorpel
Dauerschmerz→Schmerzen
Daumen[1]→Finger
Daumen[2]→Körperteile
Daumenabzieher→Muskeln
Daumenanzieher→Muskeln
Daumenballenmuskel→Muskeln
Daumenbeuger→Muskeln
Daumenendglied→Knochen
Daumengegensteller→Muskeln
Daumenglied→Knochen
Daumengrundglied→Knochen
Daumenreflex→Reflexe
Daumenstrecker→Muskeln
Debitorenkonto→Konten
Debitorenversicherung→Versicherungen
Deckbrücke→Brücken
Deckenlampe→Lampen
Deckenleuchte→Lampen
Deckepithel→Epithele
Deckladungsversicherung→Versicherungen
Deckungsfonds→Fonds
Deckungsklausel→Klauseln
Deckungskonto→Konten
Deckzellenepithel→Epithele
Decodiermatrix→Matrizen
Defäkationsreflex→Reflexe

Defäkationsstörung→Störungen
degressive Steuer→Steuern
Dehnmuskel→Muskeln
Dehnungsreflex→Reflexe
Dehnungsschmerz→Schmerzen
Delkrederekonto→Konten
Delkredere-Versicherung→Versicherungen
Deltamuskel→Muskeln
Deltamuskelreflex→Reflexe
Demeter→Götter
Dentalepithel→Epithele
Depositenkonto→Konten
Depositenversicherung→Versicherungen
Depotbank→Banken
Depotkonto→Konten
Depotversicherung→Versicherungen
Depotwechsel→Wechsel
Depressor→Muskeln
Depressorreflex→Reflexe
dermoplastische Chirurgie→Chirurgie
Desoxyribonukleinsäure→Säuren
Dessertgabel→Gabeln
Dessertlöffel→Löffel
Dessertmesser→Messer
Destruktionskoeffizient→Koeffizienten
Deutsch→¹Sprachen
deutsche Geschichte→²Geschichten
deutsches Roggenbrot→Brote
Deutschland→Länder
Devisenkonto→Konten
Devisenwechsel→Wechsel
Dezember→Monate
Dezimalzahl→Zahlen
diabetische Diät→Diäten
Diagonalmatrix→Matrizen
Dialysefermentation→Gärungen
Diamantring→Ringe

diastolischer Blutdruck→Blutdruck
Diathermiemesser→Messer
dichtblumige Akazie→Akazie
Dickdarm→Verdauungsorgane
Dickdarmchirurgie→Chirurgie
Dickdarmschmerz→Schmerzen
dickköpfig→Charaktereigenschaften
Diele→Räume
Dienstag→Wochentage
diensttuender Arzt→Ärzte
diffuses Licht→Lichter
Digitalisvergiftung→Vergiftungen
Digitalreflex→Reflexe
Digitaluhr→Uhren
Dill[1]→Kräuter
Dill[2]→Gewürze
Dille→Gewürze
Dienstmütze→Kopfbedeckungen
Dionysos→Götter
Diphtherie→Kinderkrankheiten
diploider Chromosomensatz→Chromosomensätze
Direktbedarfsmatrix→Matrizen
direkte Steuer→Steuern
Direktkonnossement→Konnossemente
Diskontbank→Banken
diskontfähiger Wechsel→Wechsel
diskontierter Wechsel→Wechsel
Diskontwechsel→Wechsel
diskrete Variable→Variablen
Dispersionswinkel→Winkel
Dispositionsfonds→Fonds
Distanzwechsel→Wechsel
Divehi→[1]Sprachen
Divergenzwinkel→Winkel
Dividendenkonto→Konten
Dividendensteuer→Steuern
Djibouti→Länder

Doktor der Medizin→Ärzte
Dokumentenwechsel→Wechsel
Dolchstichschmerz→Schmerzen
Dollarklausel→Klauseln
Dominica→Länder
Dominikanische Republik→Länder
domizilierter Wechsel→Wechsel
Domizilwechsel→Wechsel
Donnerstag→Wochentage
doppelbäuchiger Muskel→Muskeln
Doppelbrief→Briefe
Doppelflöte→Blasinstrumente
Doppelfokusglas→Linsen
Doppelknoten→Knoten
doppeltgefiederter Muskel→Muskeln
doppelgefiedertes Blatt→Blätter
doppelgefiedert zusammengesetztes Blatt→Blätter
Doppelgelenkmuskel→Muskeln
Doppelhaus→Wohnhäuser
Doppelklappbrücke→Brücken
Doppelversicherung→Versicherungen
Doppelversicherungsklausel→Klauseln
dorische Säulenordnung→Säulenordnungen
Dornmuskel→Muskeln
Dornwald→Wälder
Dorsalflexionsmuskel→Muskeln
Dost[1]→Heilpflanzen
Dost[2]→Kräuter
Dotterepithel→Epithele
Dotterstockdrüse→Drüsen
Drahtbürste→Bürsten
Drehbrücke→Brücken
Drehflügeltür→Türen
Drehmuskel→Muskeln
Drehstuhl→Stühle
Drehtür→Türen
Drehwirbel→Wirbel

Dreieck→geometrische Formen
Dreieckbein→Knochen
Dreiecksmatrix→Matrizen
dreifach-adriges Blatt→Blätter
dreifach-genervtes Blatt→Blätter
Dreiköpfiger Armstrecker→Muskeln
dreiköpfiger Muskel→Muskeln
Dreikopfmuskel→Muskeln
Dreimonatswechsel→Wechsel
Dreirad→^{2}Räder
Dreispitz→Kopfbedeckungen
Dreistärkenbrille→Brillen
Dreistärkenglas→Linsen
Drohbrief→Briefe
Drossel→Singvögel
Druckanpassungsstörung→Störungen
Druckbleistift→Schreibgeräte
Druckkammer→Räume
Druckluftbremse→Bremse
Drucknerv→Nerven
Druckschmerz→Schmerzen
drucksenkender Nerv→Nerven
Drüsenabszess→Abszesse
Drüsenepithel→Epithele
Drüsenschmerz→Schmerzen
Drüsenstörung→Störungen
Dualzahl→Zahlen
Dudelsack→Blasinstrumente
Duftdrüse→Drüsen
Dumpalme→Palmen
dumpfer Schmerz→Schmerzen
Dumpingpreis→Preise
Dunkelkammer→Räume
dunkles Roggenbrot→Brote
Dünndarm→Verdauungsorgane
Duodenaldrüse→Drüse

Duodenalsaft→Säfte
Duramesser→Messer
Duraschere→Scheren
Durchblutungsstörung→Störungen
durchfallendes Licht→Lichter
Durchfrachtkonnossement→Konnossemente
Durchgangskonnossement→Konnossemente
Durchgangskonto→Konten
durchlaufendes Konto→Konten
Durchlaufkonto→Konten
durchlöchertes Blatt→Blätter
Durchschnittseinstandspreis→Preise
Durchschnittspreis→Preise
durchwachsenes Blatt→Blätter
Dysprosium→Grundstoffe
Dzongkha→^{1}Sprachen

E

Ebbe→Gezeiten
Eberraute→Kräuter
Eckschrank→Schränke
Eckzahn→Zähne
Eckzahnmuskel→Muskeln
Ecuador→Länder
Effektenbank→Banken
Effektengirobank→Banken
Effektenkonto→Konten
Effektivgarantieklausel→Klauseln
Effektivklausel→Klauseln
Effektornerv→Nerven
efferenter Nerv→Nerven
Effiliermesser→Messer
E-Gitarre→Saiteninstrumente
EG-Patent→Patente
Ehefrau→Verwandte
Ehegatte→Verwandte
Ehegattin→Verwandte

Ehemann→Verwandte
Ehering→Ringe
ehrgeizig→Charaktereigenschaften
Eichenwald→Wälder
Eierstockabszess→Abszesse
Eierstockfunktionsstörung→Störungen
Eierstockschmerz→Schmerzen
Eieruhr→Uhren
Eifersucht→Gefühle
eiförmiges Blatt→Blätter
eigener Wechsel→Wechsel
eigengenutztes Haus→Wohnhäuser
Eigenheim→Wohnhäuser
Eigenkapitalkonto→Konten
Eigenreflex→Reflexe
eigentrassierter Wechsel→Wechsel
Eigentumswohnung→Wohnhäuser
Eigentumsvorbehaltsklausel→Klauseln
Eigenwechsel→Wechsel
Eilbrief→Briefe
Eileiterabszess→Abszesse
Eileiter-Eierstock-Abszess→Abszesse
einbehaltene Steuer→Steuern
Einbruchdiebstahl-Versicherung→Versicherungen
eine alte Geschichte→[1]Geschichten
eine deutsche Geschichte→[1]Geschichten
eine lange Geschichte→[1]Geschichten
einfach gefiederter Muskel→Muskeln
einfach gefiedertes Blatt→Blätter
einfacher Knoten→Knoten
einfaches Blatt→Blätter
einfaches Mikroskop→Mikroskope
einfaches Protein→Proteine
einfache Stichprobe→Stichproben
Einfamilienhaus→Wohnhäuser
einfarbiges Licht→Lichter
Einfeldbrücke→Brücken

Einfuhrpreis→Preise
Einfuhrsteuer→Steuern
Einfuhrumsatzsteuer→Steuern
Einführungsklausel→Klauseln
Einfuhrwechsel→Wechsel
Eingangsbuch→Bücher
Eingangstür→Türen
eingeschaltete Bank→Banken
eingeschnittenes Satteldach→Dächer
eingeschränktes Indossament→Indossamente
Eingeweidemesser→Messer
Eingeweidemuskel→Muskeln
Eingeweidenerv→Nerven
Eingeweidereflex→Reflexe
Eingeweideschmerz→Schmerzen
Einglas→Brillen
Einhängeleiter→Leitern
Einheitsmatrix→Matrizen
Einheitspreis→Preise
Einheitssteuer→Steuern
Einheitsversicherung→Versicherungen
Einheitswechsel→Wechsel
einhöckriger Zahn→Zähne
einjähriges Blatt→Blätter
Einkaufsbruttopreis→Preise
Einkaufsbuch→Bücher
Einkaufshandbuch→Handbücher
Einkaufskartell→Kartelle
Einkaufskonto→Konten
Einkaufspreis→Preise
Einkommensfonds→Fonds
Einkommensteuer→Steuern
Einkreisungspatent→Patente
Einlagensicherungs-Fonds→Fonds
Einlagenversicherung→Versicherungen
Einlagerungswechsel→Wechsel
einlappiges Blatt→Blätter

einlösende Bank→Banken
Einlösungsfonds→Fonds
Einphasen-Umsatzsteuer→Steuern
Einrad→^{2}Räder
einreichende Bank→Banken
einsamige Frucht→Früchte
Einsamkeit→Gefühle
einschichtiges Epithel→Epithele
einschießender Schmerz→Schmerzen
Einschlaffurcht→Phobien
Einschlafstörung→Störungen
Einschleusungspreis→Preise
Einschreibebrief→Briefe
Einschussklausel→Klauseln
Einschussloch→Löcher
Einspeisungsgefäß→Glasgefäße
Einstandspreis→Preise
Einsteinium→Grundstoffe
einstellige Zahl→Zahlen
Einstellungsreflex→Reflexe
Einstiegspreis→Preise
eintretende Variable→Variablen
Eintrittspreis→Preise
Einwanderungskoeffizient→Koeffizienten
Einzelfrucht→Früchte
Einzelhandelspreis→Preise
Einzelhandelsrichtpreis→Preise
Einzellebensversicherung→Versicherungen
Einzelpolice→Versicherungspolicen
Einzelpreis→Preise
Einzelversicherung→Versicherungen
Einzugsbank→Banken
Einzugswechsel→Wechsel
Eisen→Grundstoffe
Eisenbahnbrücke→Brücken
Eisenbahnerstreik→Streiks
Eisentür→Türen

Eishockey→Ballspiele
Eishockeyschlittschuh→Fußbekleidung
Eiskörnchen→Schneekristalle
Eiskraut→Kräuter
Eiskunstlaufstiefel→Fußbekleidung
Eistaucher→Gänse
eitel→Charaktereigenschaften
eitrige Bronchitis→Bronchitis
eiweißarme Diät→Diäten
eiweißreiche Diät→Diäten
Ejakulationsreflex→Reflexe
Ejakulationsschmerz→Schmerzen
Ekel→Gefühle
Ekelgefühl→Gefühle
ekkrine Drüse→Drüsen
elastischer Knorpel→Knorpel
Elastizitätskoeffizient→Koeffizienten
Elektrische Energie→Energien
elektrische Gitarre→Saiteninstrumente
elektrischer Kontrabass→Saiteninstrumente
elektrische Zahnbürste→Bürsten
Elektrochirurgie→Chirurgie
Elektrogitarre→Saiteninstrumente
Elektrolytstörung→Störungen
Elektronenabtastmikroskop→Mikroskope
Elektronenmikroskop→Mikroskope
Elektronische Orgel→Tasteninstrumente
Elektronisches Piano→Tasteninstrumente
Elementarschadenversicherung→Versicherungen
Elephantenherde→Tiergruppen
Elfenbeinpalme→Palmen
Elfenbeinküste→Länder
Ellbogen→Körperteile
Elle→Knochen
Ellenbogenreflex→Reflexe
Ellenbogenstrecker→Muskeln
Ellennerv→Nerven

elliptische Galaxie→Galaxien
El Salvator→Länder
Elsassglas→Trinkgefäße
Elsterhabicht→Habichte
Eltern→Verwandte
Elternschlafzimmer→Räume
embolischer Abszess→Abszesse
Embryomesser→Messer
Embryonalknorpel→Knorpel
Emersfermentation→Gärungen
Emissionsbank→Banken
Emissionsklima→Klimate
Emissionsnotenbank→Banken
Emissionsteuer→Steuern
emittierende Bank→Banken
emotional→Charaktereigenschaften
Empfehlungsschreiben→Briefe
Empörung→Gefühle
endgültiges Patent→Patente
Endivie[1]→Blattgemüse
Endivie[2]→Gemüse
endliche Zahl→Zahlen
endogene Depression→Depressionen
endogene Variable→Variablen
Endokrindrüse→Drüsen
endokrine Drüse→Drüsen
Endometriumdrüse→Drüsen
Endotoxikose→Vergiftungen
Endotoxinvergiftung→Vergiftungen
Endpreis→Preise
endständige Aminosäure→Säuren
Endverbraucherpreis→Preise
Endverkaufspreis→Preise
Energiepreis→Preise
Energiesteuer→Steuern
Engelkraut→Kräuter
Engelsüß→Farne

Engelwurz[1]→Heilpflanzen
Engelwurz[2]→Kräuter
Englisch→[1]Sprachen
englisches Weißbrot→Brote
Englischhorn→Blasinstrumente
Enkel→Verwandte
Enkelin→Verwandte
Enkelkind→Verwandte
Enkelsohn→Verwandte
Enkeltochter→Verwandte
Entbindungsraum→Räume
Entfernungsmatrix→Matrizen
entgegengehaltenes Patent→Patente
Entlassungsschreiben→Briefe
Entleerungsmuskel→Muskeln
entsalztes Protein→Proteine
Entschädigungsfonds→Fonds
Entscheidungsmatrix→Matrizen
Entscheidungsvariable→Variablen
Entschlackungsdiät→Diäten
Entschlüsselungsmatrix→Matrizen
Entwicklungsbad→Bäder
Entwicklungsbank→Banken
Entwicklungsfonds→Fonds
Entzücken→Gefühle
Eos→Götter
Epiduralabszess→Abszesse
Epiglottisknorpel→Knorpel
Epikondylenschmerz→Schmerzen
Epiphysenknorpel→Knorpel
Episiotomieschere→Scheren
Erbanfallsteuer→Steuern
Erbium→Grundstoffe
Erbschaftsteuer→Steuern
Erbse→Gemüse
Erbsenbein→Knochen
Erdbebenversicherung→Versicherungen

Erdbeerbaum→Obstbäume
Erdbeerbaumfrucht→Obst
Erdbeere[1]→Beeren
Erdbeere[2]→Obst
Erde→Planeten
Erdgeschichte→[2]Geschichten
Erdrosselungsteuer→Steuern
Erektionsstörung→Störungen
Erfindungspatent→Patente
Erfolgskonto→Konten
Ergänzungsabgabe→Steuern
Ergänzungspatent→Patente
Ergänzungswinkel→Winkel
Ergebnismatrize→Matrizen
Ergometerfahrrad→[2]Räder
Erhabene Scheinbuche→Buchen
erhöhter Blutdruck→Blutdruck
Erinnerungsschreiben→Briefe
Eris→Götter
Erkerfenster→Fenster
erklärende Variable→Variablen
Erklärungsvariable→Variablen
Erlaubniskartell→Kartelle
Erlebensfallversicherung→Versicherungen
Erlebens-Rentenversicherung→Versicherungen
Erlenbirke→Birken
Erlenwald→Wälder
erloschenes Patent→Patente
Ermächtigungsindossament→Indossamente
Ermächtigungsschreiben→Briefe
Ernährungsstörung→Störungen
Erneuerungsfonds→Fonds
Erneuerungskonto→Konten
Erneuerungspolice→Versicherungspolicen
erniedrigter Blutdruck→Blutdruck
Ernteversicherung→Versicherungen
eröffnende Bank→Banken

Eröffnungsbank→Banken
Eros→Götter
Erreichbarkeitsmatrix→Matrizen
Ersatzkonto→Konten
Ersatzvariable→Variablen
erschwerte Atmung→Atmung
erstaunliche Geschichte→¹Geschichten
Erstausgabepreis→Preise
erster Halswirbel→Wirbel
erster Mahlzahn→Zähne
erstklassige Bank→Banken
erstklassiger Wechsel→Wechsel
Erstrisikoversicherung→Versicherungen
Erstversicherung→Versicherungen
Ertragskonto→Konten
Eruptivgesteine→Gesteine
Erwärmungsschmerz→Schmerzen
erweiterte Matrix→Matrizen
Erwerbsunfähigkeitsklausel→Klauseln
erworbener Reflex→Reflexe
Erythea→Palmen
Erythrozytenmembraneiweiß→Proteine
Erzeugerpreis→Preise
Erzeugerrichtpreis→Preise
Erzeugnispatent→Patente
Eskariol→Blattgemüse
Espadrille→Fußbekleidung
essentielle Aminosäure→Säuren
Essiggurke→Gemüse
Essigsäure→Säuren
Essigsäuregärung→Gärungen
Esskastanie→Obst
Esslöffel→Löffel
Esstisch→Tische
Esszimmer→Räume
Estland→Länder
Estnisch→¹Sprachen

Estragon→Kräuter
EU-Patent→Patente
euploider Chromosomensatz→Chromosomensätze
Euroasien→Erdteile
Eurofer-Kartell→Kartelle
Europa→Erdteile
Europäische Ausfuhrbank→Banken
Europäische Investitionsbank→Banken
Europäischer Entwicklungsfonds→Fonds
Europäischer Sozialfonds→Fonds
Europäische Zentralbank→Banken
Europium→Grundstoffe
Eventualfonds→Fonds
exkretorische Drüse→Drüsen
exogene Depression→Depressionen
exogene Variable→Variablen
Exokrindrüse→Drüsen
Exportsteuer→Steuern
Extase→Gefühle
Extensor→Muskeln
Extensormuskel→Muskeln
extraduraler Abszess→Abszesse
Extremitätenknochenschmerz→Schmerzen
Extremkostenversicherung→Versicherungen
extrovertiert→Charaktereigenschaften
Exzedentenrückversicherung→Versicherungen

F

Fabrikabgabepreis→Preise
Fabrikatekonto→Konten
Fabrikationskonto→Konten
Fabrikationsteuer→Steuern
Fabrikatsteuer→Steuern
Fabrikklausel→Klauseln
Fabrikpreis→Preise
Facharzt→Ärzte
Fachbuch→Bücher

Facettenauge→Augen
Fächerpinsel→Pinsel
Fachsprache→²Sprachen
Fadengabel→Gabeln
Fagott→Blasinstrumente
Fahrnisversicherung→Versicherungen
Fahrrad→²Räder
Fahrradversicherung→Versicherungen
Fahrtenbuch→Bücher
Fahrzeugversicherung→Versicherungen
fair→Charaktereigenschaften
Fäkalabszess→Abszesse
Faktorkoeffizient→Koeffizienten
Faktormatrize→Matrizen
Faktorpreis→Preise
Fakultativklausel→Klauseln
Fallbrücke→Brücken
fällige Dividende→Dividenden
fälliger Wechsel→Wechsel
Fälligkeitsklausel→Klauseln
Falltür→Türen
Falsche Sagopalme→Palmen
Faltdach→Dächer
Faltensamenpalme→Palmen
Faltfenster→Fenster
Faltkegeldach→Dächer
Falttür→Türen
Fanfare→Blasinstrumente
Farbenbezeichnungsstörung→Störungen
Farberkennungsstörung→Störungen
Farbsehstörung→Störungen
Farbsinnstörung→Störungen
Farnpalme→Palmen
Faserring→Ringe
Faszienmesser→Messer
Faszienreflex→Reflexe
faszinierende Geschichte→¹Geschichten

fauchen→Tierlaute
faules Ei→Eier
Fäulnisgärung→Gärungen
Faunus→Götter
Faustball→Ballspiele
Fausthandschuh→Handschuhe
Fäustling→Handschuhe
Februar→Monate
Fechtschuh→Fußbekleidung
Fed-batch-Fermentation→Gärungen
Federball[1]→Bälle
Federball[2]→Ballspiele
Federkiel→Schreibgeräte
federspaltiges Blatt→Blätter
fedrig-gelapptes Blatt→Blätter
Fehlervariable→Variablen
fehlsichtiges Auge→Augen
fehlstehender Zahn→Zähne
Feige→Obst
Feigenbaum→Obstbäume
Feingesägter Rippenfarn→Farne
Feldbohne→Bohnen
Feldchirurgie→Chirurgie
Feldeggsfalke→Falken
Feldsalat[1]→Blattgemüse
Feldsalat[2]→Gemüse
Felsenbein→Knochen
Felsenbeinnerv→Nerven
Femoraldreieck→Dreiecke
Femoralreflex→Reflexe
Femoralring→Ringe
Fenchel[1]→Heilpflanzen
Fenchel[2]→Kräuter
Ferkel→Jungtiere
Fermium→Grundstoffe
Fernbrille→Brillen
Fernlicht→Lichter

Fernsehmikroskop→Mikroskope
Fernsprechbuch→Bücher
Ferse→Körperteile
Fersenbein→Knochen
Fersenbeinschmerz→Schmerzen
Fersenschmerz→Schmerzen
Fertigerzeugniskonto→Konten
Fes→Kopfbedeckungen
fester Schlaf→Schlafarten
feste Stichprobe→Stichproben
Festgehaltsklausel→Klauseln
Festgeldkonto→Konten
Festkonto→Konten
Festpreis→Preise
Feststellbremse→Bremse
Feststofffermentation→Gärungen
Festwertversicherung→Versicherungen
Fetalatmung→Atmung
Fetalknorpel→Knorpel
fetopankreastisches Antigen→Antigene
fettarme Diät→Diäten
Fettdrüse→Drüsen
Fettflosse→Flossen
fettreiche Diät→Diäten
Fettsäure→Säuren
Feuerbohne→Bohnen
Feuerleiter→Leitern
Feuerschutzsteuer→Steuern
Feuertür→Türen
Feuerversicherung→Versicherungen
Feuerversicherungsteuer→Steuern
fibrilläres Protein→Proteine
fibrinöse Bronchitis→Bronchitis
fibröser Knorpel→Knorpel
Fichtenwald→Wälder
Fidschi→Länder
fiebersenkendes Bad→Bäder

fiedernerviges Blatt→Blätter
fiederschnittiges Blatt→Blätter
fiederteiliges Blatt→Blätter
fiepen→Tierlaute
fiktive Dividende→Dividenden
Filialwechsel→Wechsel
Filiermesser→Messer
Filtrationswinkel→Winkel
Filzhut→Kopfbedeckungen
Filzstift→Schreibgeräte
Finanzbrief→Briefe
Finanzsteuer→Steuern
Finanzwechsel→Wechsel
Finger→Körperteile
Fingerendglied→Knochen
Fingerbeuger→Muskeln
Fingerbeugerreflex→Reflexe
Fingerglied→Knochen
Fingergrundglied→Knochen
Fingerhutvergiftung→Vergiftungen
Fingerknöchel→Knochen
Fingerknochen→Knochen
Fingermittelglied→Knochen
Fingernerv→Nerven
Fingerreflex→Reflexe
Fingerschmerz→Schmerzen
Fingerstrecker→Muskeln
Finnisch→[1]Sprachen
Finnland→Länder
Fischaugenobjektiv→Objektive
Fische→Sternzeichen
Fischerknoten→Knoten
Fischgabel→Gabeln
Fischmesser→Messer
Fischschwarm→Tiergruppen
Fistelmesser→Messer
Fixationsreflex→Reflexe

Fixklausel→Klauseln
Fixkostenkoeffizient→Koeffizienten
Flachdach→Dächer
flache Atmung→Atmung
Flächenstichprobe→Stichproben
Flachkopfschraube→Schrauben
Flachpinsel→Pinsel
Flämisch→[1]Sprachen
Flankenschmerz→Schmerzen
Fleischfrucht→Früchte
fleißig→Charaktereigenschaften
Flexor→Muskeln
Flexorreflex→Reflexe
Fluor→Grundstoffe
Fleckenkauz→Eulen
Fleckenuhu→Eulen
Fledermausfalke→Falken
Fliegerbombe→Bomben
Flimmerepithel→Epithele
Flora→Götter
Florentiner→Kopfbedeckungen
Florentinerhut→Kopfbedeckungen
Floßbrücke→Brücken
Flöte→Blasinstrumente
Fluchtreflex→Reflexe
Fluchtsteuer→Steuern
Flügel→Tasteninstrumente
Flügelfrucht→Früchte
Flügelknorpel→Knorpel
Flügelschraube→Schrauben
Flügelschraube mit Schlitz→Schrauben
Flugzeugkaskoversicherung→Versicherungen
Fluoreszenz-Mikroskop→Mikroskope
Flur→Räume
flüssigkeitsbeschränkte Diät→Diäten
Flusskonnossement→Konnossemente
Flut→Gezeiten

fob-Preis→Preise
Fohlen→Jungtiere
Folgeschadenversicherung→Versicherungen
Folinsäure→Säuren
Fonduegabel→Gabeln
Football^1→Bälle
Football^2→Ballspiele
Formbrief→Briefe
Formyltetrahydrofolsäure→Säuren
fortgeleiteter Schmerz→Schmerzen
fortlaufende Zahl→Zahlen
Frachtbrief→Briefe
Frachtführer-Klausel→Klauseln
Frachtversicherung→Versicherungen
Frachtversicherungspolice→Versicherungspolicen
Franchiseklausel→Klauseln
Francium→Grundstoffe
frankierter Brief→Briefe
Frankreich→Länder
Französisch→^{1}Sprachen
französisches Weißbrot→Brote
Frauenarzt→Ärzte
Frauenhaarfarn→Farne
Frauenmantel→Heilpflanzen
freie Fettsäure→Säuren
Freifrau→Adelstitel
Freiherr→Adelstitel
Freistellungsklausel→Klauseln
Freitag→Wochentage
Freiteil-Klausel→Klauseln
freiwillige Versicherung→Versicherungen
Fremdeiweiß→Proteine
Fremdenverkehrabgabe→Steuern
Fremdgeschmack→Geschmacksempfindungen
Fremdkörpergefühl→Gefühle
Fremdversicherung→Versicherungen
Fremdwährungsklausel→Klauseln

Fremdwährungskonto→Konten
Fremdwährungsversicherung→Versicherungen
Fremdwährungswechsel→Wechsel
Freude→Gefühle
freundlich→Charaktereigenschaften
Freundschaft→Gefühle
Friedensdividende→Dividenden
frische Brise→Windstärken
frisches Ei→Eier
Frontzahn→Zähne
Frostgraupel→Schneekristalle
Frostschadenversicherung→Versicherungen
Fruchtbarkeitskoeffizient→Koeffizienten
Fruchtsaft→Säfte
Frühantigen→Antigene
Frühling→Jahreszeiten
Frühlingssuppe→Suppen
Frühprotein→Proteine
Frühstück→Mahlzeiten
Frühstückskartell→Kartelle
Fuchsbau→Tierbehausungen
führendes Auge→Augen
Führungsbank→Banken
Führungsklausel→Klauseln
Füllfederhalter→Schreibgeräte
Fulminsäure→Säuren
Fumarsäure→Säuren
Fundusdrüse→Drüsen
Fundusreflex→Reflexe
Fünfeck→geometrische Formen
Funktionsstörung→Störungen
Funktionsvariable→Variablen
Fürst→Adelstitel
Fürstin→Adelstitel
Fusionprotein→Proteine
Fuß→Körperteile
Fußbad→Bäder

Fußball[1]→Bälle
Fußball[2]→Ballspiele
Fußbremse→Bremse
Fußknöchel→Knochen
Fußnagelschere→Scheren
Fußrückenreflex→Reflexe
Fußschmerz→Schmerzen
Fußsohlenreflex→Reflexe
Fußsohlenschmerz→Schmerzen
Fußwurzelknochen→Knochen
Fußwurzelschmerz→Schmerzen

G

Gabun→Länder
gackern→Tierlaute
Gadolinium→Grundstoffe
Gagelstrauch→Farne
Gallenblase→Verdauungsorgane
Gallenblasendreieck→Dreiecke
Gallenblasenreflex→Reflexe
Gallenblasenschmerz→Schmerzen
Gallengangsabszess→Abszesse
Gallengangschirurgie→Chirurgie
Gallensäure→Säuren
Gallensteinlöffel→Löffel
Gallium→Grundstoffe
Galsharfe→Schlaginstrumente
Galvanochirurgie→Chirurgie
Gamasche→Fußbekleidung
Gambia→Länder
Gangauskleidungsepithel→Epithele
Gänsehautreflex→Reflexe
Gänsekiel→Schreibgeräte
ganze Zahl→Zahlen
ganzzahlige Variable→Variablen
Garantiedeckungskonto→Konten
Garantiedividende→Dividenden

Garantiefonds→Fonds
Garantieklausel→Klauseln
Garantiepreis→Preise
Garantieschreiben→Briefe
Garantieversicherung→Versicherungen
Gartenbohne→Bohnen
Gartenkerbel→Gewürze
Gartenkresse→Kräuter
Gartenkürbis→Gemüse
Gartenmajoran→Kräuter
Gartenmesser→Messer
Garten-Ringelblume→Kräuter
Garten-Sauerampfer→Blattgemüse
Gartenschere→Scheren
Gartenstuhl→Stühle
Gartentisch→Tische
Gartenzwiebel→Gemüse
Gartenzypresse→Kräuter
Gasabszess→Abszesse
Gasbombe→Bomben
Gaslampe→Lampen
gastrointestinale Störung→Störungen
Gastwirtversicherung→Versicherungen
Gasuhr→Uhren
Gatte→Verwandte
Gattin→Verwandte
Gaumenbein→Knochen
Gaumendrüse→Drüsen
Gaumenreflex→Reflexe
Gaumenspaltenchirurgie→Chirurgie
Gaumenzäpfchenmesser→Messer
Gaumenzäpfchenmuskel→Muskeln
Gaumen-Zungen-Muskel→Muskeln
Gebärmutterdrüse→Drüsen
Gebärmutterhalsepithel→Epithele
Gebärmuttermesser→Messer
Gebärmutterschmerz→Schmerzen

Gebärmutterstörung→Störungen
Gebäudeversicherung→Versicherungen
Gebetsbuch→Bücher
Gebietskartell→Kartelle
Gebirgs-Tüpfelfarn→Farne
Gebirgswald→Wälder
Gebirgs-Wimperfarn→Farne
gebotener Preis→Preise
gebrochenes Licht→Lichter
gebührenfreies Konto→Konten
gebundener Preis→Preise
gebundene Variable→Variablen
Geburtslöffel→Löffel
Geburtsschmerz→Schmerzen
Gefahrenklausel→Klauseln
Gefälligkeitsindossament→Indossamente
Gefälligkeitskonnossement→Konnossemente
Gefälligkeitswechsel→Wechsel
Gefäßchirurgie→Chirurgie
Gefäßmesser→Messer
Gefäßmikroskop→Mikroskope
Gefäßnerv→Nerven
Gefäßnervenreflex→Reflexe
Gefäßnervenschmerz→Schmerzen
Gefäßreflex→Reflexe
Gefäßring→Ringe
Gefäßschere→Scheren
Gefäßschmerz→Schmerzen
Gefäßstörung→Störungen
gefiederter Muskel→Muskeln
gefiedertes Blatt→Blätter
gefingertes Blatt→Blätter
Geflügelschere→Scheren
Gefrierschutzprotein→Proteine
gegen den Uhrzeigersinn→Richtungen
Gegenkaperbrief→Briefe
Gegenkonto→Konten

Gegenreflex→Reflexe
Gegenseitigkeitsklausel→Klauseln
Gegenspielermuskel→Muskeln
gegenständiges Blatt→Blätter
Gegenversicherung→Versicherungen
gegenwärtiger Preis→Preise
Gegenwechsel→Wechsel
Gegenwertfonds→Fonds
Gehaltskonto→Konten
Gehaltsverrechnungskonto→Konten
Geheimpatent→Patente
Gehörgangsknorpel→Knorpel
Gehörknöchelchen→Knochen
Gehörnerv→Nerven
Gehörsinn→Sinne
Gehstörung→Störungen
Geistesstörung→Störungen
gekochtes Ei→Eier
gekoppelte Stichprobe→Stichproben
gelapptes Blatt→Blätter
Gelb→Farben
Gelbbirke→Birken
Gelber Enzian→Heilpflanzen
Gelbkörperabszess→Abszesse
Gelbnasenalbatros→Albatrosse
Gelbschnabelelster→Elstern
Geldmarktfonds→Fonds
Geldmarktwechsel→Wechsel
Geldschöpfungskoeffizient→Koeffizienten
Gelegenheitspreis→Preise
Gelegenheitsstichprobe→Stichproben
Gelenkknorpel→Knorpel
Gelenkknorren→Knochen
Gelenkmesser→Messer
Gelenkmuskel→Muskeln
Gelenknerv→Nerven
Gelenkschmerz→Schmerzen

Gelenkzwischenknorpel→Knorpel
geltender Preis→Preise
gemäßigtes Klima→Klimate
Gemeindesteuer→Steuern
Gemeine Elster→Elstern
Gemeiner Tüpfelfarn→Farne
gemeinsam abhängige Variable→Variablen
gemeinsamer Fingerstrecker→Muskeln
gemeinsamer Fonds→Fonds
gemeinsamer Wadenbeinnerv→Nerven
gemeinsames Patent→Patente
Gemeinschaftsabgabe→Steuern
Gemeinschaftskonto→Konten
Gemeinschaftspatent→Patente
Gemeinschaftssteuer→Steuern
Gemeinschaftsversicherung→Versicherungen
gemischte Hypothekenbank→Banken
gemischte Lebensversicherung→Versicherungen
gemischter Fonds→Fonds
gemischter Nerv→Nerven
gemischter Wald→Wälder
gemischtes Gefühl→Gefühle
gemischtes Konto→Konten
gemischte Versicherung→Versicherungen
Gemüsebürste→Bürsten
Gemüsesuppe→Suppen
Generalklausel→Klauseln
Generalkonto→Konten
Generalpolice→Versicherungspolicen
Generalstreik→Streiks
Genitalnerv→Nerven
Genitalreflex→Reflexe
Genitalschmerz→Schmerzen
Genossenschaftsbank→Banken
Gentianeviolett→Farben
Georgien→Länder
Georgisch→[1]Sprachen

Gepäckversicherung→Versicherungen
geradeaus→Richtungen
Gerader Bauchmuskel→Muskeln
gerader Muskel→Muskeln
Gerader Schenkelmuskel→Muskeln
gerade Zahl→Zahlen
Gerbsäure→Säuren
Gerfalke→Falken
Gerichtsarzt→Ärzte
Gerichtskonto→Konten
Gerinnungsstörung→Störungen
Germanium→Grundstoffe
Germanisch→indoeuropäische Sprachen
Germinalepithel→Epithele
Gerste→Getreide
Geruchsdysfunktion→Störungen
Geruchsnerv→Nerven
Geruchsorgan→Sinnesorgane
Geruchssinn→Sinne
Geruchssinndysfunktion→Störungen
Geruchssinnepithel→Epithéle
Geruchsstörung→Störungen
Gerüsteiweiß→Proteine
Gesamtbedarfsmatrix→Matrizen
Gesamtdividende→Dividenden
Gesamteiweiß→Proteine
Gesamtkaufpreis→Preise
Gesamtpreis→Preise
Gesamtversicherung→Versicherungen
Gesäß→Körperteile
Gesäßbacke→Körperteile
Gesäßbein→Knochen
Gesäßmuskel→Muskeln
Gesäßmuskelreflex→Reflexe
Gesäßnerv→Nerven
Gesäßreflex→Reflexe
Gesäßschmerz→Schmerzen

Geschäftsbrief→Briefe
Geschäftsklima→Klimate
Geschäftskonto→Konten
Geschäftstagebuch→Bücher
Geschichte der Neuzeit→²Geschichten
Geschichte meines Lebens→¹Geschichten
Geschichtenbuch→Bücher
geschichtete Stichprobe→Stichproben
Geschichtsbuch→Bücher
Geschlechtsdrüse→Drüsen
Geschlechtsnerv→Nerven
geschlossener Fonds→Fonds
Geschmacksdrüse→Drüsen
Geschmacksnerv→Nerven
Geschmacksorgan→Sinnesorgane
Geschmackssinn→Sinne
Geschmackssinnstörung→Störungen
Gesellschaftssteuer→Steuern
Gesetzbuch→Bücher
gesetzliche Haftpflichtversicherung→Versicherungen
gesetzliche Krankenversicherung→Versicherungen
gesetzliche Unfallversicherung→Versicherungen
Gesicht→Körperteile
Gesichtsfarbe→Farben
Gesichtsknochen→Knochen
Gesichtskopfschmerz→Schmerzen
Gesichtsmuskel→Muskeln
Gesichtsnerv→Nerven
Gesichtsschmerz→Schmerzen
Gesichtswinkel→Winkel
gespaltener Preis→Preise
gespeicherte Energie→Energien
gesteigerte Atmung→Atmung
gesteuerter Preis→Preise
gesteuerte Variable→Variablen
gestieltes Blatt→Blätter

gestreckter Winkel→Winkel
Gestreckte Scheinbeere→Beeren
gestützter Preis→Preise
gesunder Zahn→Zähne
Gesundheitsstörung→Störungen
Gesundheitsversicherung→Versicherungen
geteiltes Blatt→Blätter
Getränkesteuer→Steuern
Getreidepreis→Preise
Gewebeantigen→Antigene
Gewebebank→Banken
Gewebsatmung→Atmung
Gewebsbrücke→Brücken
Gewebseiweiß→Proteine
Gewebsschnittmesser→Messer
Geweihfarn→Farne
Gewerbekapitalsteuer→Steuern
Gewerbesteuer→Steuern
Gewerbeunfallversicherung→Versicherungen
Gewerkschaftskartell→Kartelle
gewichtete Stichprobe→Stichproben
Gewichtskoeffizient→Koeffizienten
Gewichtsstaudamm→Staudämme
Gewinnausfallversicherung→Versicherungen
Gewinnmatrix→Matrizen
Gewinnverteilungskartell→Kartelle
gewissenhaft→Charaktereigenschaften
Gewitter→Stürme
Gewürzkorn→Gewürze
Gewürznelke→Gewürze
gezielte Stichprobe→Stichproben
gezogener Wechsel→Wechsel
Ghana→Länder
Gichtdiät→Diäten
Gichtschmerz→Schmerzen
Gießbeckenknorpel→Knorpel
Giftdrüse→Drüsen

Giftschrank→Schränke
Giftzahn→Zähne
Gini-Koeffizient→Koeffizienten
Gipfelblatt→Blätter
Gipsmesser→Messer
Gipsschere→Scheren
girierter Wechsel→Wechsel
Girokonto→Konten
Gitarre→Saiteninstrumente
glänzendes Auge→Augen
glänzendes Blatt→Blätter
Glanzente→Gänse
glanzloses Blatt→Blätter
Glasauge→Augen
Glasdach→Dächer
Glasschrank→Schränke
Glastisch→Tische
Glasvase→Glasgefäße
Glasversicherung→Versicherungen
glatte Endivie→Blattgemüse
glatter Muskel→Muskeln
glatte Zahl→Zahlen
Glättungskoeffizient→Koeffizienten
Gleichbesicherungsklausel→Klauseln
Gleichgewichtsorgan→Sinnesorgane
Gleichgewichtspreis→Preise
Gleichgewichtssinn→Sinne
Gleichgewichtsstörung→Störungen
Gleichgültigkeit→Gefühle
gleichschenkliges Dreieck→Dreiecke
gleichseitiges Dreieck→Dreiecke
Gleitpreisklausel→Klauseln
Gliadinalallergie→Allergien
Gliedendenschmerz→Schmerzen
Gliederschmerz→Schmerzen
Gliedmaßenschmerz→Schmerzen
Gliedreflex→Reflexe

Gliedschmerz→Schmerzen
Globalpolice→Versicherungspolicen
Globalversicherung→Versicherungen
globuläres Protein→Proteine
Glockendach→Dächer
Glossalgie→Schmerzen
glucken→Tierlaute
Glücksgefühl→Gefühle
Glühlampe→Lampen
Glukoronsäure→Säuren
Glutaminsäure→Säuren
Glutenallergie→Allergien
Glykocholsäure→Säuren
Glyzeringärung→Gärungen
Glyzerinphosphorsäure→Säuren
Gnadenklausel→Klauseln
Gnathalgie→Schmerzen
Gold→Grundstoffe
Goldblatt→Blätter
Goldfinger→Finger
Goldfruchtpalme→Palmen
Goldpreis→Preise
Goldring→Ringe
Goldwertklausel→Klauseln
Golf→Ballspiele
Golfball→Bälle
Golfhandschuh→Handschuhe
Golfschuh→Fußbekleidung
Gonade→Drüsen
Gong→Schlaginstrumente
Goniotomiemesser→Messer
gordischer Knoten→Knoten
Graf→Adelstitel
Gräfin→Adelstitel
Grahambrot→Brote
Gram→Gefühle
Granat→Halbedelsteine

Granatapfel→Obst
Granatapfelbaum→Obstbäume
Grapefruit→Obst
Grapefruitbaum→Obstbäume
Grapefruitmesser→Messer
Graphitstift→Schreibgeräte
Graseule→Eulen
Graslauch→Kräuter
Grasmücke→Singvögel
Grau→Farben
Graubauchhabicht→Habichte
Graubirke→Birken
Graugans→Gänse
Graukopfalbatros→Albatrosse
Graukopfgans→Gänse
Graukopfhabicht→Habichte
Greifreflex→Reflexe
Grenada→Länder
Grenadille→Obst
Grenzausgleichsteuer→Steuern
Griechenland→Länder
Griechisch→¹Sprachen
Griechisch→indoeuropäische Sprachen
griechisches Brot→Brote
Griffkamm→Kämme
Grönländisch→¹Sprachen
Groschenroman→Romane
Großbank→Banken
Großbritannien→Länder
Großeltern→Verwandte
Großenkel→Verwandte
Großenkelin→Verwandte
Großer Brustmuskel→Muskeln
großer Flügelknorpel→Knorpel
Großer Gesäßmuskel→Muskeln
Großer Oberschenkelanzieher→Muskeln
Großer Rollhügel→Knochen

Großer Rosennerv→Nerven
Großer Rundmuskel→Muskeln
Großhandelspreis→Preise
Großmama→Verwandte
Großmutter→Verwandte
Großneffe→Verwandte
Großnichte→Verwandte
Großonkel→Verwandte
Großpapa→Verwandte
Großtante→Verwandte
Großvater→Verwandte
Großzehenabzieher→Muskeln
Großzehenanzieher→Muskeln
Großzehenreflex→Reflexe
Großzehenstrecker→Muskeln
Grün→Farben
Grundblatt→Blätter
Grunderwerbssteuer→Steuern
Grundkapital-Dividende→Dividenden
Grundpatent→Patente
Grundpreis→Preise
Grundrichtpreis→Preise
Grundsteuer→Steuern
Grundstichprobe→Stichproben
Grundstücksfonds→Fonds
Grundstücksversicherung→Versicherungen
Grundungsfonds→Fonds
Grundzahl→Zahlen
Grüne Bohne→Gemüse
Grüne Zwergglanzgans→Gänse
Grünkohl→Blattgemüse
grunzen→Tierlaute
Gruppenlebensversicherung→Versicherungen
Gruppenversicherung→Versicherungen
Gruselgeschichte→[1]Geschichten
gruselige Geschichte→[1]Geschichten
Guajave→Obst

Guajavenbaum→Obstbäume
Guatemala→Länder
Guckloch→Löcher
Guinea→Länder
Guinea-Bissau→Länder
Guinea-Habicht→Habichte
Gummihandschuh→Handschuhe
Gummiring→Ringe
Gummischuh→Fußbekleidung
Gummiüberschuh→Fußbekleidung
Gurke→Gemüse
Gurkenbaum→Obstbäume
Gurkenkraut→Kräuter
gurren→Tierlaute
Gürtelschmerz→Schmerzen
Güteaufpreis→Preise
Gutenachtgeschichte→[1]Geschichten
guter Geschmack→Geschmacksempfindungen
Gütertransportversicherung→Versicherungen
Güterversicherung→Versicherungen
Guthabenklausel→Klauseln
Gutzahl→Zahlen
Guyana→Länder
Gynäkologe→Ärzte
Gynäkophobie→Phobien

H

Haar→Körperteile
Haaraufrichter→Muskeln
Haaraufrichternerv→Nerven
Haarbalgmuskel→Muskeln
Haarberührungsschmerz→Schmerzen
Haarbürste→Bürsten
Haarfarn→Farne
Haarliftkamm→Kämme
Haarschneidekamm→Kämme
Haarschneideschere→Scheren

Haarstörung→Störungen
haarsträubende Geschichte→[1]Geschichten
Haartalgdrüse→Drüsen
Haarwurzelschmerz→Schmerzen
Habichtfalke→Falken
Habichtskauz→Eulen
Hades→Götter
Hafenarzt→Ärzte
Hafenkonnossement→Konnossemente
Hafer→Getreide
Haferwurzel→Gemüse
Hafnium→Grundstoffe
Haftglas→Linsen
Haftpflichtversicherung→Versicherungen
Haftschale→Linsen
Haftungsausschlussklausel→Klauseln
Haftungsbegrenzungsklausel→Klauseln
Haftungsfonds→Fonds
Haftungsfreizeichnungsklausel→Klauseln
Haftungsverzichtklausel→Klauseln
Hagel[1]→Stürme
Hagel[2]→Schneekristalle
Hagelschauer→Stürme
Hagelversicherung→Versicherungen
Hainbirke→Birken
Haiti→Länder
Hakenarmmuskel→Muskeln
Hakenbein→Knochen
Halbbrille→Brillen
Halbbruder→Verwandte
Halbdornmuskel→Muskeln
Halbfrucht→Früchte
Halbjahresdividende→Dividenden
Halbmond→Mondphasen
Halbschwester→Verwandte
Halbsehnenmuskel→Muskeln
Halbseitenkopfschmerz→Kopfschmerzen

Halbstiefel→Fußbekleidung
Halbwirbel→Wirbel
Hallenhandball→Ballspiele
Hallentennis→Ballspiele
Halmahera-Habicht→Habichte
Halogenlampe→Lampen
Hals→Körperteile
Halsband-Zwergfalke→Falken
Halsdreieck→Dreiecke
Halsdrüse→Drüsen
Halsmuskel→Muskeln
Halsmuskelschmerz→Schmerzen
Hals-Nasen-Ohren-Arzt→Ärzte
Halsnerv→Nerven
Halsreflex→Reflexe
Halsschlagaderchirurgie→Chirurgie
Halsschmerzen→Schmerzen
Halswirbel[1]→Knochen
Halswirbel[2]→Wirbel
Haltungsreflex→Reflexe
Hamburg→Bundesländer
Hammerfinger→Finger
Hammermuskel→Muskeln
Hämophobie→Phobien
hämorrhagischer Abszess→Abszesse
Hamster→Haustiere
Hand→Körperteile
Handbad→Bäder
Handball[1]→Bälle
Handball[2]→Ballspiele
Handballen→Körperteile
Handbeuger→Muskeln
Handbeuger der Ellenseite→Muskeln
Handbeugerreflex→Reflexe
Handbremse→Bremse
Handbuch→Bücher
Handchirurgie→Chirurgie

Handelskreditbrief→Briefe
Handelswechsel→Wechsel
Handflächenabszess→Abszesse
Handflächenreflex→Reflexe
handförmiges Blatt→Blätter
handförmig-gelapptes Blatt→Blätter
handförmig-zusammengesetztes Blatt→Blätter
Handgelenk→Körperteile
Handgelenkknochen→Knochen
Handharmonika→Blasinstrumente
Handharmonika→Tasteninstrumente
Händlerpreis→Preise
Handrückenreflex→Reflexe
Handschmerz→Schmerzen
Handstrecker→Muskeln
Handstrecker der Ellenseite→Muskeln
Handwurzel-Finger-Reflex→Reflexe
Handwurzelknochen→Knochen
Handwurzel-Mittelhand-Reflex→Reflexe
Hanfpalme→Palmen
Hängebrücke→Brücken
Hängelampe→Lampen
Hängesprengwerkbrücke→Brücken
haploider Chromosomensatz→Chromosomensätze
Harfe→Saiteninstrumente
Harmonikatür→Türen
Harmonium→Tasteninstrumente
Harnabflussstörung→Störungen
Harnangst→Phobien
Harnblasenreflex→Reflexe
Harnglas→Glasgefäße
Harnleiterabszess→Abszesse
Harnleiternerv→Nerven
Harnleiterschmerz→Schmerzen
Harnröhrenmesser→Messer
Harnröhrenschleimdrüse→Drüsen
Harnröhrenschmerz→Schmerzen

Harnsäure→Säuren
Harnvergiftung→Vergiftungen
Harnwegepithel→Epithele
Hartlaubwald→Wälder
Haschischvergiftung→Vergiftungen
Hass→Gefühle
Haube→Kopfbedeckungen
Hauptbuch→Bücher
Hauptbuchkonto→Konten
Hauptkonto→Konten
Hauptpatent→Patente
Hauptpolice→Versicherungspolicen
Hauptversicherung→Versicherungen
Hausarzt→Ärzte
Hausbank→Banken
Hausfrauenknoten→Knoten
Haushaltsstichprobe→Stichproben
Hausratversicherung→Versicherungen
Hausschuh→Fußbekleidung
Haustür→Türen
Hauswurz→Kräuter
Haut→Sinnesorgane
Hautallergie→Allergien
Hautarzt→Ärzte
Hautatmung→Atmung
Hautdrüse→Drüsen
Hautfarbe→Farben
Hautgefühl→Gefühle
Hautmesser→Messer
Hautmuskel→Muskeln
Hautnerv→Nerven
Hautnervenschmerz→Schmerzen
Haut-Pupillen-Reflex→Reflexe
Hautreflex→Reflexe
Hautschmerz→Schmerzen
Hauttestantigen→Antigene
Hauttransplantationsmesser→Messer

Havarie-große-Klausel→Klauseln
Hawaii-Gans→Gänse
Hawai-Gitarre→Saiteninstrumente
H-Bombe→Bomben
Hebe→Götter
Hebemuskel→Muskeln
Hebräisch→^{1}Sprachen
Heckenschere→Scheren
heftiger Schmerz→Schmerzen
Heftpflasterallergie→Allergien
Heidekraut→Heilpflanzen
Heidelbeere→Beeren
Heidewald→Wälder
Heilbad→Bäder
Heimweh→Schmerzen
Heiratsangt→Phobien
Heißluftbad→Bäder
Heiterkeit→Gefühle
Heizölsteuer→Steuern
Hekate→Götter
Helios→Götter
Helium→Grundstoffe
Helm→Kopfbedeckungen
Helmbohne→Bohnen
Helmdach→Dächer
Helminthenabszess→Abszesse
Hemialgie→Kopfschmerzen
Hemmnerv→Nerven
Hemmreflex→Reflexe
Hemmungsreflex→Reflexe
Hepatalgie→Schmerzen
Hepatitis-B-Antigen→Antigene
Hepatologe→Ärzte
Hera→Götter
herabgesetzter Preis→Preise
herabgesetzter Reflex→Reflexe
Herabzieher→Muskeln

Herbst→Jahreszeiten
Herde→Tiergruppen
hermitische Matrix→Matrizen
Herrenring→Ringe
herrliche Geschichte→[1]Geschichten
herrschender Preis→Preise
Herstellkonto→Konten
Herzass→Spielkarten
Herzbube→Spielkarten
Herzchirurg→Ärzte
Herzchirurgie→Chirurgie
Herzdame→Spielkarten
Herzfunktionsstörung→Störungen
Herzklappenmesser→Messer
Herzklappenring→Ringe
Herzkönig→Spielkarten
Herz-Leber-Winkel→Winkel
Herzmuskel→Muskeln
Herznerv→Nerven
Herzog→Adelstitel
Herzogin→Adelstitel
Herzrhythmusstörung→Störungen
Herzschmerz→Schmerzen
Herz-Zwergfell-Winkel→Winkel
Hessen→Bundesländer
Hestia→Götter
heterogenetisches Antigen→Antigene
Hethitisch→indoeuropäische Sprachen
heulen→Tierlaute
Hexagon→geometrische Formen
Hilfskonto→Konten
Hilfsmatrix→Matrizen
Hilfsvariable→Variablen
Hilusdrüse→Drüsen
Himbeere→Beeren
Himmelblau→Farben
Hindi→[1]Sprachen

Hinduismus→Religionen
hinfälliges Blatt→Blätter
Hinterbacke→Körperteile
Hinterbliebenenversicherung→Versicherungen
Hinterer Backenzahn→Zähne
Hinterhauptbein→Knochen
Hinterhauptloch→Löcher
Hinterhauptmuskel→Muskeln
Hinterlegungsklausel→Klauseln
Hippursäure→Säuren
Hirnabszess→Abszesse
Hirnanhangdrüse→Drüsen
Hirnchirurgie→Chirurgie
Hirndysfunktion→Störungen
Hirnmesser→Messer
Hirnnerv→Nerven
Hirnreflex→Reflexe
Hirnrindenreflex→Reflexe
Hirschzunge→Farne
Hirse→Getreide
Histokompatibilitätsantigen→Antigene
Histologe→Ärzte
historischer Roman→Romane
Hitzeangst→Phobien
HNO-Arzt→Ärzte
Hochgefühl→Gefühle
hochkalorische Diät→Diäten
Hochlandklima→Klimate
Hochrad→^{2}Räder
Höchstpreis→Preise
Hochwald→Wälder
Hochzahl→Zahlen
Hochzeitsring→Ringe
Höcker-Glanzgans→Gänse
Hockey→Ballspiele
Hockeyball→Bälle
Hodenfunktionsstörung→Störungen

Hodenheberreflex→Reflexe
Hodenkompressionsreflex→Reflexe
Hodensack→Körperteile
Hodensackreflex→Reflexe
Hodenschmerz→Schmerzen
Höhenangst→Phobien
hoher Blutdruck→Blutdruck
hoher Preis→Preise
Höhle des Löwen→Tierbehausungen
Hohlhandreflex→Reflexe
Holmium→Grundstoffe
holokrine Drüse→Drüsen
Holunder→Kräuter
Holunderbeere→Beeren
Holunderwein→Weine
Holzhaus→Wohnhäuser
Holzhütte→Wohnhäuser
Holzschraube→Schrauben
Holzschuh→Fußbekleidung
Holzspeichenrad→[1]Räder
Holztür→Türen
Homogentisinsäure→Säuren
Honduras→Länder
Honigmelone→Gemüse
Honigpalme→Palmen
Hopfen→Kräuter
Hören→Sinne
Hörgleichgewichtsnerv→Nerven
Hormondrüse→Drüsen
Hormonhaushaltsstörung→Störungen
Hormonstörung→Störungen
Horn→Blasinstrumente
Hornbrille→Brillen
Hörnchenknorpel→Knorpel
Hörnerv→Nerven
Hornhautepithel→Epithele
Hornhautmesser→Messer

Hornhautmikroskop→Mikroskope
Hornhautring→Ringe
Hornhautschmerz→Schmerzen
Hornhaut-Unterkiefer-Reflex→Reflexe
Hörorgan→Sinnesorgane
Horos→Götter
Hörreflex→Reflexe
Horrorgeschichte→¹Geschichten
Hottentottisch→¹Sprachen
Hubbrücke→Brücken
Hüft-Becken-Nerv→Nerven
Hüftbein→Knochen
Hüfte→Körperteile
Hüftgelenkschmerz→Schmerzen
Hüftkopf→Knochen
Hüftlendenmuskel→Muskeln
Hüftlochnerv→Nerven
Hüftmuskel→Muskeln
Hüftnerv→Nerven
Hüftschmerz→Schmerzen
Hühnerbrühe→Suppen
Hühnerei→Eier
Hühnergans→Gänse
Hühnerhabicht→Habichte
Hühnerleiter→Leitern
Hühnerstall→Tierbehausungen
Hühnersuppe→Suppen
Hüllprotein→Proteine
humorvoll→Charaktereigenschaften
Hund→Haustiere
Hundehütte→Tierbehausungen
Hundesteuer→Steuern
Hungergefühl→Gefühle
Hungerstreik→Streiks
Hustenreflex→Reflexe
Hustensaft→Säfte
Hut→Kopfbedeckungen

Hütte→Wohnhäuser
Hyalinknorpel→Knorpel
hydroelektrisches Bad→Bäder
Hydroxybrenztraubensäure→Säuren
Hygienearzt→Ärzte
Hymen→Götter
Hypothekenbrief→Briefe
Hyophorbe→Palmen
Hypertonuskopfschmerz→Kopfschmerzen
Hypnos→Götter
hypochondrische Depression→Depressionen
hypogastrischer Reflex→Reflexe
Hypophyse→Drüsen
hypostatischer Abszess→Abszesse
Hypothekenbank→Banken
Hypothekengewinnabgabe→Steuern
Hypothekenlebensversicherung→Versicherungen
Hypothekentilgungsversicherung→Versicherungen
Hypothekenversicherung→Versicherungen

I

identische Matrix→Matrizen
Iglu→Wohnhäuser
Iliakalabszess→Abszesse
illegaler Streik→Streiks
imaginäre Zahl→Zahlen
Imbergans→Gänse
Imbiss→Mahlzeiten
Imbusschraube→Schrauben
Imitatorhabicht→Habichte
Immergrünbrombeere→Brombeeren
immergrüner Wald→Wälder
immergrünes Blatt→Blätter
Immersionsmikroskop→Mikroskope
Immersionsobjektiv→Objektive
Immigrationskoeffizient→Koeffizienten
Immobiliarversicherung→Versicherungen

Immobilienfonds→Fonds
Immobilien-Mischfonds→Fonds
Immobilienversicherung→Versicherungen
Immunglobinstörung→Störungen
Immunitätsstörung→Störungen
Implantationsgabel→Gabeln
implantierte Linse→Linsen
Importabgabe→Steuern
im Uhrzeigersinn→Richtungen
Indemnitätsbrief→Briefe
Indexfonds→Fonds
Indexklausel→Klauseln
Indexpreis→Preise
Indexversicherung→Versicherungen
Indien→Länder
Indigoblau→Farben
indirekte Steuer→Steuern
Indische Glanzgans→Gänse
indisches Fladenbrot→Brote
indisches Naanbrot→Brote
Indium→Grundstoffe
Individualversicherung→Versicherungen
indizierte Variable→Variablen
Indo-Iranisch→indoeuropäische Sprachen
Indolbuttersäure→Säuren
Indolessigsäure→Säuren
Indonesien→Länder
Indonesisch→[1]Sprachen
indossierter Wechsel→Wechsel
Industriekartell→Kartelle
Industriekreditbank→Banken
induzierte Variable→Variablen
ineinandergreifende Stichprobe→Stichproben
Infektionsallergie→Allergien
Inflationsklima→Klimate
Informationsbank→Banken
Informationsbrief→Briefe

Informationskartell→Kartelle
Informationssteuer→Steuern
infrarotes Licht→Lichter
Infraspinatusreflex→Reflexe
Infusionsflasche→Glasgefäße
Inguinaldreieck→Dreiecke
Ingwer→Gewürze
Inhaberindossament→Indossamente
Inhaberklausel→Klauseln
Inhaberpolice→Versicherungspolicen
Inhaberwechsel→Wechsel
Initialblatt→Blätter
initiale Depression→Depressionen
Inkassobank→Banken
Inkassoindossament→Indossamente
Inkassowechsel→Wechsel
inkomplettes Antigen→Antigene
inkretorische Drüse→Drüsen
Inlandspatent→Patente
Inlandswechsel→Wechsel
Innenmeniskus→Knorpel
Innentür→Türen
innere Atmung→Atmung
innerer Augenwinkel→Winkel
Innerer Gelenkknorren→Knochen
Innerer Schenkelmuskel→Muskeln
innere Vergiftung→Vergiftungen
inniges Gefühl→Gefühle
Inputkoeffizient→Koeffizienten
Input-Output-Koeffizient→Koeffizienten
Insassen-Unfallversicherung→Versicherungen
Insassenversicherung→Versicherungen
Insektenangst→Phobien
Insektizidvergiftung→Vergiftungen
Insolvenzversicherung→Versicherungen
Inspirationsmuskel→Muskeln
inspiratorischer Muskel→Muskeln

Instrumentenschrank→Schränke
Instrumententisch→Tische
Instrumentvariable→Variablen
Insulinallergie→Allergien
intelligent→Charaktereigenschaften
Intelligenzstörung→Störungen
Interaktionsmatrix→Matrizen
interessante Geschichte→[1]Geschichten
Interferenz-Mikroskop→Mikroskope
Interimsdividende→Dividenden
Interimskonto→Konten
Interkostalnerv→Nerven
Intermaxillarknochen→Knochen
Intermediärknorpel→Knorpel
intermittierendes Licht→Lichter
Internationale Bank für Wiederaufbau und Entwicklung→Banken
Internationaler Währungsfonds→Fonds
internationales Patent→Patente
interner Verrechnungspreis→Preise
Internist→Ärzte
interradikulärer Knochen→Knochen
Intersegmentalreflex→Reflexe
Interskapularreflex→Reflexe
intervenierende Variable→Variablen
Interventionspreis→Preise
Interzellularbrücke→Brücken
Intestinalreflex→Reflexe
intraokulärer Muskel→Muskeln
intrasellärer Abszess→Abszesse
Intravital-Mikroskop→Mikroskope
Intrusivgesteine→Gesteine
Invalidenversicherung→Versicherungen
Inventurbuch→Bücher
inverse Matrix→Matrizen
Investitionsbank→Banken
Investitionsklima→Klimate

Investitionskoeffizient→Koeffizienten
Investitionskreditversicherung→Versicherungen
Investitionssteuer→Steuern
Investmentfonds→Fonds
Inzidenzmatrix→Matrizen
Inzisionsschere→Scheren
Inzuchtkoeffizient→Koeffizienten
ionische Säulenordnung→Säulenordnungen
Irak→Länder
Iran→Länder
Iridalgie→Schmerzen
Iridektomieschere→Scheren
Iridium→Grundstoffe
Irisch→[1]Sprachen
irisches Brot→Brote
Iriskontraktionsreflex→Reflexe
Irisschmerz→Schmerzen
Irland→Länder
irrationale Zahl→Zahlen
irreguläres Aggregat→Schneekristalle
Ischialgie→Schmerzen
Ischias→Schmerzen
Ischiasnerv→Nerven
Ischiorektalabszess→Abszesse
Islam→Religionen
Island→Länder
Isländisch→[1]Sprachen
Isoantigen→Antigene
Isotoniekoeffizient→Koeffizienten
Israel→Länder
Italien→Länder
Italienisch→[1]Sprachen
Italisch→indoeuropäische Sprachen

J
Jacobsonscher Knorpel→Knorpel
Jagdkappe→Kopfbedeckungen

Jagdmesser→Messer
Jagdsteuer→Steuern
Jahresring→Ringe
Jakobus→Apostel
Jalousiefenster→Fenster
Jamaika→Länder
Jamaikapfeffer→Gewürze
Jambusenbaum→Obstbäume
Januar→Monate
Janus→Götter
Japan→Länder
Japanisch→[1]Sprachen
Japanische Birke→Birken
Japanische Sagopalme→Palmen
Japanpinsel→Pinsel
jaulen→Tierlaute
Jazztrompete→Blasinstrumente
Jejunumepithel→Epithele
Jemen→Länder
Jochbein→Knochen
Jochbeinmuskel→Muskeln
Jod→Grundstoffe
Johannes[1]→Apostel
Johannes[2]→Evangelisten
Johannisbeere→Beeren
Johannesbeersaft→Säfte
Johanniskraut→Kräuter
Jordanien→Länder
Judas→Apostel
Judentum→Religionen
judisches Weißbrot→Brote
Jugoslawien→Länder
Juli→Monate
jüngeres Patent→Patente
Jungfrau→Sternzeichen
Juni→Monate
Junktimklausel→Klauseln

Juno→Götter
Jupiter[1]→Götter
Jupiter[2]→Planeten
Jurte→Wohnhäuser
Juventas→Götter

K

Kabelbuch→Bücher
Kaffeelöffel→Löffel
Kaffeesteuer→Steuern
Kaffeetasse→Trinkgefäße
Kahnbein→Knochen
Kaiser→Adelstitel
Kaisergans→Gänse
Kaiserin→Adelstitel
Kaiserdach→Dächer
Kakodilsäure→Säuren
Kalb→Jungtiere
Kalium→Grundstoffe
Kaliumvergiftung→Vergiftungen
Kalkdrüse→Drüsen
Kalkulationskartell→Kartelle
Kallusbrücke→Brücken
Kalottenschmerz→Kopfschmerzen
Kalpak→Kopfbedeckungen
Kälteallergie→Allergien
Kältechirurgie→Chirurgie
Kältefurcht→Phobien
kalte Gärung→Gärungen
Kältegefühl→Gefühle
Kälteschmerz→Schmerzen
Kalzium→Grundstoffe
Kambodscha→Länder
Kambodschanisch→[1]Sprachen
Kameradschaft→Gefühle
Kamerun→Länder
Kamille→Heilpflanzen

Kamillenbad→Bäder
Kammerwinkel→Winkel
Kammmuskel→Muskeln
Kampfervergiftung→Vergiftungen
Kampfmesser→Messer
Kampfpreis→Preise
Kanada→Länder
Kanada-Gans→Gänse
Kanadische Brombeere→Brombeeren
Kanalgasvergiftung→Vergiftungen
Kaninchenbau→Tierbehausungen
Kanincheneule→Eulen
Kanonenstiefel→Fußbekleidung
Kantonesisch→[1]Sprachen
Kaper→Gewürze
Kaperbrief→Briefe
Kapitaldividende→Dividenden
Kapitalertragssteuer→Steuern
Kapitalfonds→Fonds
Kapitalkoeffizient→Koeffizienten
Kapitalkonto→Konten
Kapitallebensversicherung→Versicherungen
Kapitalmarktklima→Klimate
Kapitalverkehrssteuer→Steuern
Kapitalversicherung→Versicherungen
Kap-Ohreule→Eulen
Kapotte→Kopfbedeckungen
Kapotthut→Kopfbedeckungen
Käppchen→Kopfbedeckungen
Kappe→Kopfbedeckungen
Kappenmuskel→Muskeln
Kaprilsäure→Säuren
Kapronsäure→Säuren
Kap-Schleiereule→Eulen
Kapselantigen→Antigene
Kapselfrucht→Früchte
Kapselmesser→Messer

Kapsikum→Gemüse
Kapuzenmuskel→Muskeln
Kapuzenmütze→Kopfbedeckungen
Kapuzinerkresse→Kräuter
Kap Verde→Länder
Karambolabaum→Obstbäume
Karambole→Obst
Karbolsäure→Säuren
Kardamon→Gewürze
Kardiadrüse→Drüsen
Kardiareflex→Reflexe
Kardinalzahl→Zahlen
Kardiochirurgie→Chirurgie
kardiovaskuläre Chirurgie→Chirurgie
Karenzklausel→Klauseln
Kargoversicherung→Versicherungen
kariöser Zahn→Zähne
Karminrot→Farben
Karnaubapalme→Palmen
Karoass→Spielkarten
Karobube→Spielkarten
Karodame→Spielkarten
Karokönig→Spielkarten
Karotisdreieck→Dreiecke
Karotiskörperreflex→Reflexe
Karotisnerv→Nerven
Karotissinusnerv→Nerven
Karotissinusreflex→Reflexe
Karotte→Gemüse
Karpometakarpalreflex→Reflexe
Karpophalangealreflex→Reflexe
Kartoffel→Gemüse
Kartoffelsuppe→Suppen
karzinoembryonales Antigen→Antigene
Karzinomchirurgie→Chirurgie
Karzinomschmerz→Schmerzen
Karzinophobie→Phobien

Kasakisch→[1]Sprachen
Käsemesser→Messer
Käsevergiftung→Vergiftungen
käsiger Abszess→Abszesse
Kaskadensteuer→Steuern
Kaskoversicherung→Versicherungen
Kassabuch→Bücher
Kassakonto→Konten
Kassenarzt→Ärzte
Kassenbuch→Bücher
Kassenbuchkonto→Konten
Kastagnetten→Schlaginstrumente
Kastanienbaum→Obstbäume
Kastanienbraun→Farben
Katalanisch→[1]Sprachen
Katalogpreis→Preise
Kataphyll→Blätter
Katar→Länder
Kataraktchirurgie→Chirurgie
Kataraktlöffel→Löffel
Kataraktmesser→Messer
Katastrophenversicherung→Versicherungen
Katholizismus→Religionen
Kätzchen→Jungtiere
Katze→Haustiere
käuflich→Charaktereigenschaften
Kaumuskel→Muskeln
Kaumuskelreflex→Reflexe
Kaustörung→Störungen
Kauterchirurgie→Chirurgie
Kautionsversicherung→Versicherungen
Kautionswechsel→Wechsel
Kaviarmesser→Messer
Kegel→geometrische Figuren
Kegeldach→Dächer
Kegeln→Ballspiele
Kehldeckelknorpel→Knorpel

Kehldeckelmuskel→Muskeln
Kehlkopfknorpel→Knorpel
Kehlkopfmesser→Messer
Kehlkopfreflex→Reflexe
Kehlkopfringknorpel→Knorpel
Kehlkopfschmerz→Schmerzen
Kehrmatrix→Matrizen
Keilbein→Knochen
Keilbeinflügelknochen→Knochen
Keimblatt→Blätter
Keimdrüse→Drüsen
Keimepithel→Epithele
Kellerfenster→Fenster
Kellertür→Türen
Kellerwechsel→Wechsel
Kelpgans→Gänse
Keltisch→indoeuropäische Sprachen
Kenia→Länder
Kerbel[1]→Kräuter
Kerbel[2]→Gewürze
Kerbelkraut→Gewürze
Kernenergie→Energien
Kernfrucht→Früchte
Kernsaft→Säfte
Kernspur-Mikroskop→Mikroskope
Kerzenlicht→Lichter
Kesselpauke→Schlaginstrumente
ketogene Diät→Diäten
Kettenbrief→Briefe
Kettenreflex→Reflexe
keuchende Atmung→Atmung
Keuchhusten[1]→Kinderkrankheiten
Keuchhusten[2]→Husten
Keulenbaum→Palmen
Keulenfinger→Finger
Kfz-Haftpflichtversicherung→Versicherungen
Kfz-Versicherung→Versicherungen

Kibitka→Wohnhäuser
Kiefer→Körperteile
Kieferchirurgie→Chirurgie
Kiefergelenkwinkel→Winkel
Kieferknochen→Knochen
Kiefermuskel→Muskeln
Kieferreflex→Reflexe
Kieferschmerz→Schmerzen
Kieferwinkel→Winkel
Kieferzungenbeinmuskel→Muskeln
Kiel→Schreibgeräte
Kieldach→Dächer
Kind→Verwandte
Kinder→Verwandte
Kinderarzt→Ärzte
Kinderchirurg→Ärzte
Kinderchirurgie→Chirurgie
Kinderlähmung→Kinderkrankheiten
Kindersprache→²Sprachen
Kinderzahnarzt→Ärzte
kinetische Energie→Energien
Kinn→Körperteile
Kinnloch→Löcher
Kinnmuskel→Muskeln
Kinnnerv→Nerven
Kinnreflex→Reflexe
Kinn-Zungenbein-Muskel→Muskeln
Kinn-Zungen-Muskel→Muskeln
Kippfenster→Fenster
Kirchengeschichte→²Geschichten
Kirchensteuer→Steuern
Kiribati→Länder
Kirschbaum→Obstbäume
Kirsche→Obst
Kirundi→¹Sprachen
Kitz→Jungtiere
Kiwi→Obst

kläffen→Tierlaute
Klappbrücke→Brücken
Klappenchirurgie→Chirurgie
Klappendysfunktion→Störungen
klappern→Tierlaute
Klappfenster→Fenster
Klapphut→Kopfbedeckungen
Klappmesser→Messer
Klappstuhl→Stühle
Klapptisch→Tische
Klarinette→Blasinstrumente
Klaustrophobie→Phobien
Klavier→Tasteninstrumente
Klavikula→Knochen
Klebereiweiß→Proteine
Kleeblatt→Blätter
Kleiderbürste→Bürsten
Kleiderschrank→Schränke
Kleindorniger Wurmfarn→Farne
kleiner Abszess→Abszesse
kleiner Finger→Finger
kleiner Flügelknorpel→Knorpel
Kleiner Hüftnerv→Nerven
Kleiner Rundmuskel→Muskeln
kleine Trommel→Schlaginstrumente
Kleinfingerabzieher→Muskeln
Kleinfingerstrecker→Muskeln
Kleinhirnabszess→Abszesse
Kleinhirnbrückenwinkel→Winkel
Kleinlebensversicherung→Versicherungen
Kleinzehenabzieher→Muskeln
Klementine→Obst
Klemmer→Brillen
Klemmschraube→Schrauben
Kletterfarn→Farne
Klettfrucht→Früchte
klimakterische Depression→Depressionen

Klimasteuer→Steuern
Klitoralgie→Schmerzen
Klitoris→Körperteile
Klitorisaufrichtemuskel→Muskeln
Klitorisschmerz→Schmerzen
klopfender Schmerz→Schmerzen
Klopffinger→Finger
klug→Charaktereigenschaften
Klumpenstichprobe→Stichproben
Knäckebrot→Brote
Knallsäure→Säuren
Knäueldrüse→Drüsen
Kneifer→Brillen
Knie→Körperteile
Kniegelenkmuskel→Muskeln
Kniekehlenmuskel→Muskeln
Kniescheibe→Knochen
Kniescheibenreflex→Reflexe
Knieschmerz→Schmerzen
Kniesehnenreflex→Reflexe
Knoblauch[1]→Kräuter
Knoblauch[2]→Gemüse
Knöchel→Körperteile
Knochenabszess→Abszesse
Knochenbank→Banken
Knochenchirurgie→Chirurgie
Knochenhautabszess→Abszesse
Knochenhautreflex→Reflexe
Knochenknorpel→Knorpel
Knochenmatrix→Matrizen
Knochenmesser→Messer
Knochenperiostreflex→Reflexe
Knochenreflex→Reflexe
Knochenschmerz→Schmerzen
Knochenwachstumsstörung→Störungen
Knollensellerie→Gemüse
Knopfloch→Löcher

Knopflochabszess→Abszesse
Knorpelknochen→Knochen
Knorpelmesser→Messer
Knorpelschere→Scheren
Knorpelschmerz→Schmerzen
Knorrenmuskel→Muskeln
Knospendeckblatt→Blätter
knurren→Tierlaute
Kobalt→Grundstoffe
Kochlearisreflex→Reflexe
Kochmesser→Messer
kochsalzarme Diät→Diäten
kochsalzreiche Diät→Diäten
Koeffizient der Asymmetrie→Koeffizienten
Koeffizient der Kreuzelastizität→Koeffizienten
Koeffizient der Vielfachkorrelation→Koeffizienten
Koeffizient des Sauerstoffverbrauches→Koeffizienten
Koeffizienten-Matrix→Matrizen
Koffeinsäure→Säuren
Kognakschwenker→Trinkgefäße
Kohabitationsschmerz→Schmerzen
kohärentes Licht→Lichter
Kohl^1→Blattgemüse
Kohl^2→Gemüse
Kohlensäure→Säuren
Kohlensäurebad→Bäder
Kohlenstoff→Grundstoffe
Kohlpalme→Palmen
Kohlrabi→Gemüse
Koinzidenzkoeffizient→Koeffizienten
Kokainvergiftung→Vergiftungen
Kokosnuss→Obst
Kokospalme→Palmen
Kolbenfinger→Finger
Kolbenring→Ringe
Kolikschmerz→Schmerzen

Kollektivversicherung→Versicherungen
Kollektorlinse→Linsen
kollern→Tierlaute
kollidierendes Patent→Patente
Kollisionsklausel→Klauseln
Kollisionspatent→Patente
Kolonie→Tiergruppen
Kolpalgie→Schmerzen
Kolumbien→Länder
Kombinationspatent→Patente
kombinierte Versicherung→Versicherungen
kombinierte Währungsklausel→Klauseln
komische Geschichte→[1]Geschichten
komisches Gefühl→Gefühle
Kommissionskonto→Konten
Komoren→Länder
Komplementärfarbe→Farben
Komplementwinkel→Winkel
Komplexauge→Augen
komplexe Düne→Dünen
komplexe Zahl→Zahlen
Kompositkapitell→Säulenordnungen
Kompressionsmuskel→Muskeln
Konditionenkartell→Kartelle
Kondolenzbrief→Briefe
Kondolenzschreiben→Briefe
Konfidenzkoeffizient→Koeffizienten
konfiskatorische Steuer→Steuern
Kongestionsabszess→Abszesse
Kongo→Länder
König[1]→Adelstitel
König[2]→Schachfiguren
Königin[1]→Adelstitel
Königin[2]→Schachfiguren
Königsalbatros→Albatrosse
Königsfarn→Farne

Konjunktivaldrüse→Drüsen
Konjunktivalreflex→Reflexe
Konjunktivalring→Ringe
Konjunkturkartell→Kartelle
Konjunkturklima→Klimate
konjunkturreagible Steuer→Steuern
konkavkonvexe Linse→Linsen
Konkavlinse→Linsen
konkordante Stichprobe→Stichproben
Konkordanzkoeffizient→Koeffizienten
Konkurrenzklausel→Klauseln
Konkurrenzpreis→Preise
Konkursdividende→Dividenden
Konservenglas→Glasgefäße
Konservenvergiftung→Vergiftungen
Konsignationskonto→Konten
Konsistenzkoeffizient→Koeffizienten
Konsortialbank→Banken
konstitutionelle Depression→Depressionen
Konstriktor→Muskeln
konsultierender Arzt→Ärzte
Konsumklima→Klimate
Kontaktallergie→Allergien
Kontaktlinse→Linsen
Kontinentalklima→Klimate
Kontingenzkoeffizient→Koeffizienten
kontoführende Bank→Banken
Kontokorrentbuch→Bücher
Kontokorrentkonto→Konten
Konto ohne Bewegung→Konten
Kontrabass→Saiteninstrumente
Kontrabasstuba→Blasinstrumente
Kontrafagott→Blasinstrumente
Kontraktionsring→Ringe
Kontrastmittelallergie→Allergien
kontrollierte Atmung→Atmung
Kontrollkonto→Konten

Kontrolluhr→Uhren
Konus→geometrische Figuren
Konvergenzfonds→Fonds
Konvergenzlinse→Linsen
Konvergenzreflex→Reflexe
Konvergenzwinkel→Winkel
Konzertgitarre→Saiteninstrumente
Kooperationskartell→Kartelle
Kopf→Körperteile
Kopfbein→Knochen
Kopfdornmuskel→Muskeln
Kopflampe→Lampen
Kopflichtbad→Bäder
Kopfmuskel→Muskeln
Kopfnicker→Muskeln
Kopfsalat[1]→Blattgemüse
Kopfsalat[2]→Gemüse
Kopfschmerz→Schmerzen
Kopfschwartenabszess→Abszesse
Kopplungsklausel→Klauseln
Koptisch→[1]Sprachen
Koran→heilige Bücher
Korbball[1]→Bälle
Korbball[2]→Ballspiele
Kordyline→Palmen
Koreanisch→[1]Sprachen
Korenett→Blasinstrumente
Koriander[1]→Heilpflanzen
Koriander[2]→Kräuter
Koriander[3]→Gewürze
korinthische Säulenordnung→Säulenordnungen
Kornealreflex→Reflexe
Kornett→Blasinstrumente
Koronarreflex→Reflexe
Körperaufrichtungsreflex→Reflexe
Körpereiweiß→Proteine
Körpersaft→Säfte

Körperschaftssteuer→Steuern
Körperschmerz→Schmerzen
Körperstellreflex→Reflexe
Korrektionslinse→Linsen
Korrelationskoeffizient→Koeffizienten
Korrelationsmatrix→Matrizen
Korrespondenzbank→Banken
Korrespondenzversicherung→Versicherungen
Kosakenmütze→Kopfbedeckungen
kosmetische Chirurgie→Chirurgie
kostendeckender Preis→Preise
Kostenkoeffizient→Koeffizienten
Kostenmatrix→Matrizen
Kostenpreis→Preise
Kosten-Preis-Schere→Scheren
Kotabszess→Abszesse
Kovarianzmatrix→Matrizen
krächzen→Tierlaute
Kraftfahrzeugversicherung→Versicherungen
Kraftfahrzeugsteuer→Steuern
krähen→Tierlaute
krampfartiger Husten→Husten
krampfartiger Schmerz→Schmerzen
Krampfschmerz→Schmerzen
Kranialnerv→Nerven
Kranialreflex→Reflexe
Kraniotomieschere→Scheren
Krankenhausversicherung→Versicherungen
Krankentagegeldversicherung→Versicherungen
Krankenversicherung→Versicherungen
Krankenzimmer→Räume
krankhafter Reflex→Reflexe
Kratzreflex→Reflexe
krause Endivie→Blattgemüse
Kreatininkoeffizient→Koeffizienten
Kreatinphosphorsäure→Säuren
kreativ→Charaktereigenschaften

Krebs→Sternzeichen
Kreditabwicklungsfonds→Fonds
Kreditbank→Banken
Kreditbrief→Briefe
krediteröffnende Bank→Banken
kreditgebende Bank→Banken
Kreditkonto→Konten
Kreditorenbuch→Bücher
Kreditorenkonto→Konten
Kreditrisikoversicherung→Versicherungen
Kreditsonderkonto→Konten
Kreditversicherung→Versicherungen
Kreis→geometrische Formen
kreischen→Tierlaute
Kreischeule→Eulen
Kreislaufstörung→Störungen
Kremastermuskel→Muskeln
Kremasterreflex→Reflexe
Kresse→Kräuter
Kresylblau→Farben
Kreuzallergie→Allergien
Kreuzass→Spielkarten
Kreuzbein→Knochen
Kreuzbeinschmerz→Schmerzen
Kreuzbein-Steißbein-Muskel→Muskeln
Kreuzbeinwirbel→Wirbel
Kreuzbube→Spielkarten
Kreuzdame→Spielkarten
Kreuzknoten→Knoten
Kreuzkönig→Spielkarten
Kreuzschlitzschraube→Schrauben
Kreuzschmerzen→Schmerzen
Kreuz-Steißbein→Knochen
Kricket→Ballspiele
Kricketball→Bälle
Kriegsrisikoklausel→Klauseln
Kriminalgeschichte→[1]Geschichten

Kriminalroman→Romane
Krischna→Götter
Krisenkartell→Kartelle
Kristalllinse→Linsen
Kristallophobie→Phobien
Kroatien→Länder
Kronenzahn→Zähne
Kronleuchter→Lampen
Kronprinz→Adelstitel
Krummdarm→Verdauungsorgane
Krummhorn→Blasinstrumente
kruppöse Bronchitis→Bronchitis
Kryochirurgie→Chirurgie
Krypton→Grundstoffe
Kuba→Länder
kubisches Epithel→Epithele
Küche→Räume
Küchenmesser→Messer
Kuchenpinsel→Pinsel
Küchenschrank→Schränke
Küchentür→Türen
Küchenuhr→Uhren
Küchenzwiebel→Gemüse
Kuckuckskauz→Eulen
Kuckucksuhr→Uhren
Kugel→geometrische Figuren
Kugellinse→Linsen
Kugelschreiber→Schreibgeräte
Kühlgüterversicherung→Versicherungen
Kuhmilchallergie→Allergien
Kuhstall→Tierbehausungen
Küken→Jungtiere
Kümmel[1]→Heilpflanzen
Kümmel[2]→Kräuter
Kümmel[3]→Gewürze
Kummer→Gefühle
kumulative Allphasensteuer→Steuern

kumulative Dividende→Dividenden
kumulative Mehrphasensteuer→Steuern
kumulative Umsatzsteuer→Steuern
Kumulrückversicherung→Versicherungen
Kundenkreditbank→Banken
Kundenpreis→Preise
Kundenwechsel→Wechsel
Kündigungsklausel→Klauseln
Kündigungsschreiben→Briefe
Kunstauge→Augen
Kunstgeschichte→^{2}Geschichten
künstliche Atmung→Atmung
künstlicher Zahn→Zähne
künstliches Auge→Augen
künstliches Licht→Lichter
künstliche Variable→Variablen
Kunstsprache→^{2}Sprachen
Kunstvariable→Variablen
Kupfer→Grundstoffe
Kupfergold→Legierungen
Kupfervergiftung→Vergiftungen
Kuponsteuer→Steuern
Kuppeldach→Dächer
Kürbis→Gemüse
Kurdisch→^{1}Sprachen
Kursklausel→Klauseln
Kurssicherungsklausel→Klauseln
Kurtschatovium→Grundstoffe
Kurzbrief→Briefe
Kurzer Hohlhandmuskel→Muskeln
kurzer Knochen→Knochen
kurzer Schlaf→Schlafarten
Kurzer Wadenbeinmuskel→Muskeln
kurzer Warnstreik→Streiks
Kurzer Zehenstrecker→Muskeln
kurzfristiger Wechsel→Wechsel
Kurzgeschichte→^{1}Geschichten

Kurzschwanzalbatros→Albatrosse
kurzwelliges Licht→Lichter
Kusine→Verwandte
Kutanreflex→Reflexe
Kuttelsuppe→Suppen
Kuwait→Länder

L

Labdrüse→Drüsen
Lablabbohne→Bohnen
Labyrinthreflex→Reflexe
Labyrinthstellreflex→Reflexe
lachen→Tierlaute
Lachkauz→Eulen
Lacrosse→Ballspiele
Ladenpreis→Preise
Lageenergie→Energien
Lagerbuch→Bücher
Lagerhallenkonnossement→Konnossemente
Lagerhalterkonnossement→Konnossemente
Lagerkonto→Konten
Lagerversicherung→Versicherungen
Lagesinn→Sinne
Laktationsstörung→Störungen
Laktoprotein→Proteine
Lamellenbremse→Bremse
Lamellenknochen→Knochen
Lamm→Jungtiere
Landeszentralbank→Banken
Landhaus→Wohnhäuser
Landtransportversicherung→Versicherungen
Langblättrige Akazie→Akazie
Langer Hohlhandmuskel→Muskeln
langer Knochen→Knochen
langer Muskel→Muskeln
Langer Oberschenkelanzieher→Muskeln
Langer Wadenbeinmuskel→Muskeln

Langer Zehenstrecker→Muskeln
langfristiger Wechsel→Wechsel
Langlaufschuh→Fußbekleidung
Langmuskel→Muskeln
langsame Atmung→Atmung
Längseit-Konnossement→Konnossemente
Längstdüne→Dünen
langweilige Geschichte→[1]Geschichten
Langzeiturlaubskonto→Konten
Lannerfalke→Falken
Lanthan→Grundstoffe
Lanzenmesser→Messer
Lanzenschildfarn→Farne
Lanzette→Messer
lanzinierender Schmerz→Schmerzen
Laos→Länder
Laotisch→[1]Sprachen
Lapislazuli→Halbedelsteine
Lappisch→[1]Sprachen
Lärchenwald→Wälder
Laryngotom→Messer
Larynxmesser→Messer
Laserchirurgie→Chirurgie
Lasurit→Halbedelsteine
Lasurstein→Halbedelsteine
Latein→[1]Sprachen
Lateinisch→[1]Sprachen
latente Allergie→Allergien
latente Variable→Variablen
Lateralwurzelabszess→Abszesse
Laubwald→Wälder
Lauch[1]→Kräuter
Lauch[2]→Gemüse
laufende Dividende→Dividenden
laufende Police→Versicherungspolicen
laufende Versicherung→Versicherungen
laufende Zahl→Zahlen

laufender Palstek→Knoten
laufendes Konto→Konten
laufendes Patent→Patente
Läufer→Schachfiguren
Lautbildungsstörung→Störungen
lauwarmes Bad→Bäder
Lavendel[1]→Heilpflanzen
Lavendel[2]→Kräuter
Lävulinsäure→Säuren
Lawinensteuer→Steuern
Lawrencium→Grundstoffe
Leadgitarre→Saiteninstrumente
Lebensenergie→Energien
lebensfähiger Zahn→Zähne
Lebensgeschichte→[1]Geschichten
Lebensmittelvergiftung→Vergiftungen
Lebensversicherung→Versicherungen
Leber→Verdauungsorgane
Leberabszess→Abszesse
Leberfunktionsstörung→Störungen
Leberschmerz→Schmerzen
Leberstörung→Störungen
Leckage-Klausel→Klauseln
Lecksaft→Säfte
Lederhautmesser→Messer
Leerdarm→Verdauungsorgane
Leerlaufvariable→Variablen
Lehmhütte→Wohnhäuser
Leibrentenversicherung→Versicherungen
Leibschmerzen→Schmerzen
leichte Brise→Windstärken
Leichterklausel→Klauseln
leichter Schlaf→Schlafarten
Leid→Gefühle
leiser Zug→Windstärken
Leiste→Körperteile
Leistendrüse→Drüsen

Leistenreflex→Reflexe
Leistenschmerz→Schmerzen
Leitvariable→Variablen
Lende→Körperteile
Lendenmuskel→Muskeln
Lendenschmerz→Schmerzen
Lendenwirbel[1]→Knochen
Lendenwirbel[2]→Wirbel
Lerche→Singvögel
Lernstörung→Störungen
Lesebrille→Brillen
Lesebuch→Bücher
Leselampe→Lampen
Lesestörung→Störungen
Lesotho→Länder
Lettisch→[1]Sprachen
Lettland→Länder
Leuchtmittelsteuer→Steuern
Leuchtröhrenversicherung→Versicherungen
Lexikonbuch→Bücher
Lezithoprotein→Proteine
Libanon→Länder
Liber→Götter
Liberia→Länder
Libyen→Länder
Lichtallergie→Allergien
Lichtbad→Bäder
Lichtblatt→Blätter
Lichtreflex→Reflexe
Lichtschmerz→Schmerzen
Lichtstrahlenbad→Bäder
Lidabszess→Abszesse
Lidaußenwinkel→Winkel
Lidknorpel→Knorpel
Lidschlagreflex→Reflexe
Lidschlussreflex→Reflexe
Lidwinkel→Winkel

Liebe→Gefühle
Liebesbrief→Briefe
Liebesfurcht→Phobien
Liebesgeschichte→¹Geschichten
Liebesroman→Romane
Liebstöckel→Kräuter
Liechtenstein→Länder
Lieferantenbuch→Bücher
Lieferantenkonto→Konten
Lieferantenwechsel→Wechsel
Lieschblatt→Blätter
Ligaturschere→Scheren
Likörglas→Trinkgefäße
Lila→Farben
Limonadenlöffel→Löffel
Lindenwald→Wälder
linealisches Blatt→Blätter
linear-polarisiertes Licht→Lichter
linkes Auge→Augen
linsenförmige Galaxie→Galaxien
Linsenkapselmesser→Messer
Linsensenk-Holzschraube→Schrauben
Lipoinsäure→Säuren
Lipoprotein→Proteine
Lippenfarn→Farne
Lippenkapillarmikroskop→Mikroskope
Lippenmuskel→Muskeln
Lippenmuskelreflex→Reflexe
Lippenpinsel→Pinsel
Lippenreflex→Reflexe
Lippenschmerz→Schmerzen
Liquidationsdividende→Dividenden
Liquiditätskoeffizient→Koeffizienten
Liquormangelkopfschmerz→Kopfschmerzen
Liquorprotein→Proteine
Liquorpunktionskopfschmerz→Kopfschmerzen
Listenpreis→Preise

Litauen→Länder
Litauisch→[1]Sprachen
Lithium→Grundstoffe
Lithocholsäure→Säuren
Litschi→Obst
Litschibaum→Obstbäume
Litschipflaume→Obst
Livisch→[1]Sprachen
Livistone→Palmen
Lockenbürste→Bürsten
lockerer Zahn→Zähne
Löffelkraut→Kräuter
logische Matrix→Matrizen
Lohnfonds→Fonds
Lohnkonto→Konten
Lohnsteuer→Steuern
Lohnsummensteuer→Steuern
Lohnverrechnungskonto→Konten
Lokalschmerz→Schmerzen
Loko-Preis→Preise
Lombardwechsel→Wechsel
Longdrinkglas→Trinkgefäße
Lontaropalme→Palmen
Lorbeer→Kräuter
Lorbeerblatt→Gewürze
Lorgnette→Brillen
Lorokonto→Konten
Lotteriesteuer→Steuern
Lotteriestichprobe→Stichproben
Lötzinn→Legierungen
Löwe→Sternzeichen
Löwenrudel→Tiergruppen
Löwenzahn[1]→Kräuter
Löwenzahn[2]→Blattgemüse
Löwenzahn[3]→Gemüse
loyal→Charaktereigenschaften
Luftbad→Bäder

Luftbremse→Bremse
Luftfahrtversicherung→Versicherungen
Luftgüterversicherung→Versicherungen
lufthaltiger Knochen→Knochen
Luftkaskoversicherung→Versicherungen
Luftloch→Löcher
Luftpostbrief→Briefe
Luftpostleichtbrief→Briefe
Luftunfallversicherung→Versicherungen
Luftversicherung→Versicherungen
Lug→Götter
Lukas→Evangelisten
Lumbago→Schmerzen
Lumbalabszess→Abszesse
Lumbaldreieck→Dreiecke
Lumbalnerv→Nerven
Lumbalreflex→Reflexe
Lumbalschmerz→Schmerzen
Lumbokostaldreieck→Dreiecke
Lumbosakralschmerz→Schmerzen
Lumbosakralwinkel→Winkel
Lungenabszess→Abszesse
Lungenatmung→Atmung
Lungenchirurgie→Chirurgie
Lungenmikroabszess→Abszesse
Lungenreflex→Reflexe
Lungenreizstoff→Kampfstoffe
Lungenstörung→Störungen
Lupe→Linsen
Lüster→Lampen
Lustgefühl→Gefühle
lustige Geschichte→[1]Geschichten
Lutetium→Grundstoffe
Luxemburg→Länder
Luxussteuer→Steuern
lymphatischer Abszess→Abszesse
Lymphdrüse→Drüsen

Lyra→Saiteninstrumente
M
Madagaskar→Länder
Magellan-Gans→Gänse
Magen→Verdauungsorgane
Magen-Darm-Schmerz→Schmerzen
Magen-Darm-Störung→Störungen
Magen-Dickdarm-Reflex→Reflexe
Magendrüse→Drüsen
Magenmunddrüse→Drüsen
Magennerv→Nerven
Magensaft→Säfte
Magensäure→Säuren
Magenschmerz→Schmerzen
Maggikraut→Kräuter
magisches Dreieck→Dreiecke
Magnesium→Grundstoffe
Magnetreflex→Reflexe
mähen→Tierlaute
Mahlzahn→Zähne
Mähnengans→Gänse
Mahnschreiben→Briefe
Mai→Monate
Mais→Getreide
Maisbrot→Brote
Majoran→Kräuter
Makrovariable→Variablen
Malagasy→[1]Sprachen
Malaiisch→[1]Sprachen
Malariaantigen→Antigene
Malawi→Länder
Malaysia→Länder
Malediven→Länder
Maledivisch→[1]Sprachen
Mali→Länder
Malta→Länder

Maltesisch→[1]Sprachen
Mamillenmuskel→Muskeln
Mandarine→Obst
Mandarinenbaum→Obstbäume
Mandelabszess→Abszesse
Mandelbaum→Obstbäume
Mandibularreflex→Reflexe
Mandingo→[1]Sprachen
Mandoline→Saiteninstrumente
Mangan→Grundstoffe
Manganvergiftung→Vergiftungen
mangelhaftes Patent→Patente
Mango→Obst
Mangobaum→Obstbäume
Mangold→Gemüse
Mangopflaume→Obst
Mansarddach→Dächer
Manschettenabszess→Abszesse
Mantelhabicht→Habichte
Mantelpolice→Versicherungspolicen
Maracuja→Obst
Märchen→[1]Geschichten
Marchesa→Adelstitel
Marchese→Adelstitel
Marduk→Götter
Mariennessel→Kräuter
Marineblau→Farben
Marker→Schreibgeräte
Markgraf→Adelstitel
Markgräfin→Adelstitel
markhaltiger Nerv→Nerven
Markiger Becherfarn→Farne
Markknochen→Knochen
Marklöffel→Löffel
marktgerechter Preis→Preise
Marktklima→Klimate
Marktpreis→Preise

Markus→Evangelisten
Marmeladenglas→Glasgefäße
Marmorknochen→Knochen
Marokko→Länder
Marone→Obst
Marquis→Adelstitel
Marquise→Adelstitel
Mars[1]→Götter
Mars[2]→Planeten
März→Monate
Maschinenbetriebsversicherung→Versicherungen
Maschinenerneuerungskonto→Konten
Maschinen-Garantieversicherung→Versicherungen
Maschinenstörung→Störungen
Maschinenversicherung→Versicherungen
Masern→Kinderkrankheiten
Massensteuer→Steuern
Massenvergiftung→Vergiftungen
Masseter→Muskeln
Masseterreflex→Reflexe
mäßige Brise→Windstärken
Mastdarm→Verdauungsorgane
Mastdarmreflex→Reflexe
Mastdarmschmerz→Schmerzen
Materialflussmatrix→Matrizen
Materialpreis→Preise
Matrix der Schnittmenge→Matrizen
Matrix der Übergangswahrscheinlichkeit→Matrizen
Matrix des geschlossenen Kantenzuges→Matrizen
Matrixvariable→Variablen
mattes Blatt→Blätter
Matthäus[1]→Apostel
Matthäus[2]→Evangelisten
Matthias→Apostel
Mauerrauten-Streifenfarn→Farne
Maulbeerbaum→Obstbäume

Maulbeere→Beeren
Mauretanien→Länder
Mauritius→Länder
Maxillarnerv→Nerven
mechanische Uhr→Uhren
Meckelscher Knorpel→Knorpel
meckern→Tierlaute
Medikamentenintoxikation→Vergiftungen
Medio-Wechsel→Wechsel
Medizinball→Bälle
medizinisches Bad→Bäder
Meerrettich[1]→Kräuter
Meerrettich[2]→Gemüse
Meerschweinchen→Haustiere
Mehrfachallergie→Allergien
Mehrfamilienhaus→Wohnhäuser
Mehrfeldbrücke→Brücken
Mehrmütterklausel→Klauseln
Mehrphasensteuer→Steuern
Mehrphasen-Umsatzsteuer→Steuern
mehrreihiges Epithel→Epithele
mehrschichtiges Epithel→Epithele
mehrstellige Zahl→Zahlen
mehrstufiges Epithel→Epithele
mehrstufige Stichprobe→Stichproben
Mehrwertsteuer→Steuern
Mehrzweckleiter→Leitern
Mehrzweckstichprobe→Stichproben
Meise→Singvögel
Meistbegünstigungsklausel→Klauseln
Mecklenburg-Vorpommern→Bundesländer
Mekonalgie→Schmerzen
Mekonsäure→Säuren
Melisse[1]→Heilpflanzen
Melisse[2]→Kräuter
Melone[1]→Obst
Melone[2]→Kopfbedeckungen

Melone[3]→Gemüse
Melonenbaum→Obstbäume
Membranknochen→Knochen
Membran-Protein-Antigen→Antigene
Menalgie→Schmerzen
Mendelevium→Grundstoffe
Mengenpreis→Preise
Meniskotom→Messer
Meniskus→Knorpel
Meniskusmesser→Messer
Menorrhalgie→Schmerzen
Menstruationsschmerz→Schmerzen
Menstruationsstörung→Störungen
Menügabel→Gabeln
Meralgie→Schmerzen
Merkaptopurinsäure→Säuren
Merkur→Planeten
merkwürdige Geschichte→[1]Geschichten
merkwürdiges Gefühl→Gefühle
merokrine Drüse→Drüsen
Messenger-Ribonukleinsäure→Säuren
Messglas→Glasgefäße
Messing→Legierungen
Messlöffel→Löffel
Mess-Schraube→Schrauben
Messzahl→Zahlen
Messzahl mit fester Basis→Zahlen
Messzahl mit wechselnder Basis→Zahlen
Metakarpalknochen→Knochen
Metakonto→Konten
Metallfeder→Schreibgeräte
metamorphe Gesteine→Gesteine
Metaprotein→Proteine
Methodenbank→Banken
Metralgie→Schmerzen
Methylenblau→Farben
Metzgermesser→Messer

Metrotom→Messer
Meute→Tiergruppen
Mexiko→Länder
miauen→Tierlaute
Mießmuschelvergiftung→Vergiftungen
Migräne→Schmerzen
Mikroabszess→Abszesse
Mikrochirurgie→Chirurgie
Mikrophobie→Phobien
Mikrotom→Messer
Miktionsschmerz→Schmerzen
Milchabszess→Abszesse
Milchbrot→Brote
Milchdiät→Diäten
Milchdrüse→Drüsen
Milcheiweiß→Proteine
Milchsäure→Säuren
Milchsäuregärung→Gärungen
Milchzahn→Zähne
miliäre Drüse→Drüsen
Milienmesser→Messer
Milzabszess→Abszesse
Milzfunktionsstörung→Störungen
Mimikmuskel→Muskeln
Mimikstörung→Störungen
Mindesterzeugerpreis→Preise
Mindestpreis→Preise
Mineralölsteuer→Steuern
Minerva→Götter
Ministerkartell→Kartelle
Minze→Kräuter
Mischpreis→Preise
Mischwald→Wälder
Mispel→Beeren
Mispelbaum→Obstbäume
Misstrauen→Gefühle
Mitleid→Gefühle

Mitochondrienmatrix→Matrizen
Mitralklappenring→Ringe
Mittag→Tageszeiten
Mittagessen→Mahlzeiten
Mittelarmnerv→Nerven
Mittelfinger→Finger
Mittelfußknochen→Knochen
Mittelfußschmerz→Schmerzen
Mittelhandknochen→Knochen
Mittelohrdach→Dächer
Mittelohrschmerz→Schmerzen
Mittelpunktswinkel→Winkel
Mittelschmerz→Schmerzen
Mitternacht→Tageszeiten
mittlerer Blutdruck→Blutdruck
Mittlerer Schneidezahn→Zähne
Mittwoch→Wochentage
Moçambique→Länder
Modellhaus→Wohnhäuser
Mogelpolice→Versicherungspolicen
Mohnsaft→Säfte
Mohnsäure→Säuren
Mohrenhabicht→Habichte
Mohrenhirse→Getreide
Mohrrübe→Gemüse
Mokassin→Fußbekleidung
Molar→Zähne
Molardrüse→Drüsen
Molotowcocktail→Bomben
Molukken-Habicht→Habichte
Molukkische Zuckerpalme→Palmen
Molybdän→Grundstoffe
Molybdänvergiftung→Vergiftungen
Momentenmatrix→Matrizen
Monaco→Länder
Mondbein→Knochen
Mondbohne→Bohnen

Mondfinsternis→Finsternisse
Mondgott→Götter
Mondgöttin→Götter
Mondlicht→Lichter
Mondsichel→Mondphasen
Mongolei→Länder
Mongolisch→^{1}Sprachen
monochromatisches Licht→Lichter
Monokel→Brillen
Monophobie→Phobien
Monopolpreis→Preise
Monsun→Stürme
Montag→Wochentage
Montageversicherung→Versicherungen
Moorbad→Bäder
Morgen→Tageszeiten
Morgendämmerung→Tageszeiten
Morgengrauen→Tageszeiten
Morgenhaube→Kopfbedeckungen
Morpheus→Götter
Mosaikknochen→Knochen
Motilitätsstörung→Störungen
Motorbremse→Bremse
motorischer Nerv→Nerven
Motorrad→^{2}Räder
Mukotinschwefelsäure→Säuren
mulmiges Gefühl→Gefühle
Mumps→Kinderkrankheiten
Mund^1→Körperteile
Mund^2→Verdauungsorgane
Mundatmung→Atmung
Mundharmonika→Blasinstrumente
Mundhöhlendach→Dächer
Mundorgel→Blasinstrumente
Mundringmuskel→Muskeln
Mundschmerz→Schmerzen

Mundspeicheldrüse→Verdauungsorgane
Mundwinkel→Winkel
Mungobohne¹→Bohnen
Mungobohne²→Gemüse
Muraminsäure→Säuren
Muschelknorpel→Knorpel
Muschelvergiftung→Vergiftungen
musikalisches Gefühl→Gefühle
Muskarinvergiftung→Vergiftungen
Muskatblüte→Gewürze
Muskatnuss→Gewürze
Muskelantagonist→Muskeln
Muskeleigenreflex→Reflexe
Muskeleiweiß→Proteine
Muskelkoordinationsstörung→Störungen
Muskelmesser→Messer
Muskelreflex→Reflexe
Muskelschmerz→Schmerzen
Muskel-Skelett-Schmerz→Schmerzen
Muskelverhärtungskopfschmerz→Kopfschmerzen
Mutationskoeffizient→Koeffizienten
Mutationsstörung→Störungen
Mutter→Verwandte
Mutterkraut→Kräuter
Mütze→Kopfbedeckungen
Mykotoxikose→Vergiftungen
Myoepithel→Epithele
Myogen→Proteine
Myokardbrücke→Brücken
Myometriumdrüse→Drüsen
Myommesser→Messer
Myotomiemesser→Messer

N

Nabel→Körperteile
Nabelabszess→Abszesse
Nabelring→Ringe

Nabelschnurschere→Scheren
Nachahmungsreflex→Reflexe
nach allen Seiten→Richtungen
Nachfassbrief→Briefe
Nachfolgebank→Banken
Nachgeschmack→Geschmacksempfindungen
Nachindossament→Indossamente
Nachlasssteuer→Steuern
nach links→Richtungen
Nachmittag→Tageszeiten
Nachmittagsschläfchen→Schlafarten
Nachnahmebrief→Briefe
nach Norden→Richtungen
nach oben→Richtungen
nach Osten→Richtungen
Nachpatent→Patente
nach rechts→Richtungen
Nachschmerz→Schmerzen
Nachsichtwechsel→Wechsel
nach Süden→Richtungen
Nacht→Tageszeiten
Nachtigall→Singvögel
Nachtragspolice→Versicherungspolicen
Nachtschmerz→Schmerzen
Nachttischlampe→Lampen
nach unten→Richtungen
Nachversicherung→Versicherungen
nach Westen→Richtungen
Nacken→Körperteile
Nackenaufrichtungsreflex→Reflexe
Nackenschmerz→Schmerzen
Nadel→Schneekristalle
Nadelangst→Phobien
nadelförmiges Blatt→Blätter
Nadelwald→Wälder
Nagelhautschere→Scheren
Nagelschere→Scheren

Nagelspaltschere→Scheren
Nagelschmerz→Schmerzen
Näherungsvariable→Variablen
Nahrungsmittelvergiftung→Vergiftungen
Nahrungsprotein→Proteine
Nahsehstörung→Störungen
Nahtstichabszess→Abszesse
Nalidixinsäure→Säuren
Namibia→Länder
Napalmbombe→Bomben
Narkosearzt→Ärzte
Narrenkappe→Kopfbedeckungen
Nase[1]→Sinnesorgane
Nase[2]→Körperteile
Nasenaugennerv→Nerven
Nasenbein→Knochen
Nasenfacharzt→Ärzte
Nasenflügelknorpel→Knorpel
Nasenknorpel→Knorpel
Nasenloch→Löcher
Nasenmuschelmesser→Messer
Nasenmuskel→Muskeln
Nasenreflex→Reflexe
Nasenring→Ringe
Nasenscheidewandabszess→Abszesse
Nasenscheidewandchirurgie→Chirurgie
Nasenscheidewandknorpel→Knorpel
Nasenscheidewandmesser→Messer
nationales Patent→Patente
Natrium→Grundstoffe
natriumarme Diät→Diäten
natürliches Licht→Lichter
natürliche Zahl→Zahlen
Nauru→Länder
Nauruisch→[1]Sprachen
Nebenbauchspeicheldrüse→Drüsen
Nebendrüse→Drüsen

Nebenklausel→Klauseln
Nebennierendrüse→Drüsen
Nebenohrspeicheldrüse→Drüsen
Nebenschilddrüse→Drüsen
Nebenversicherung→Versicherungen
Nebenwinkel→Winkel
Neffe→Verwandte
negativer Koeffizient→Koeffizienten
negativer Preis→Preise
negative Zahl→Zahlen
Negativklausel→Klauseln
negotiierende Bank→Banken
Neigungswinkel→Winkel
Nelkenpfeffer→Gewürze
Nemesis→Götter
Nene→Gänse
Neodym→Grundstoffe
Neon→Grundstoffe
Neophobie→Phobien
Nepal→Länder
Nepalesisch→[1]Sprachen
Neptun→Planeten
Neptunium→Grundstoffe
Neptunus→Götter
Nervenarzt→Ärzte
Nervengas→Kampfstoffe
Nervenmesser→Messer
Nervenschmerz→Schmerzen
Nervenwurzelneuralgie→Schmerzen
Nest→Tierbehausungen
nett→Charaktereigenschaften
Nettodividende→Dividenden
Nettoeinkaufspreis→Preise
Nettopreis→Preise
Nettoumsatzsteuer→Steuern
Nettoverkaufspreis→Preise
Nettozinsklausel→Klauseln

Netzauge→Augen
Netzball→Bälle
Netzhautpimentepithel→Epithele
Netzhautreflex→Reflexe
Netzhautschmerz→Schmerzen
netznerviges Blatt→Blätter
neue Geschichte→[1]Geschichten
Neugewürz→Gewürze
Neuholland-Habicht→Habichte
Neumond→Mondphasen
Neuralgie→Schmerzen
Neuraminsäure→Säuren
Neues Testament→heilige Bücher
Neurochirurg→Ärzte
Neurochirurgie→Chirurgie
Neuroepithel→Epithele
Neurologe→Ärzte
Neuseeland→Länder
neutrale Steuer→Steuern
Neutronenbombe→Bomben
Nicaragua→Länder
Nichte→Verwandte
nicht eingelöster Wechsel→Wechsel
nicht genehmigter Streik→Streiks
nicht gewinnberechtigte
Police→Versicherungspolicen
nicht zufällige Stichprobe→Stichproben
Nickel→Grundstoffe
Nickerchen→Schlafarten
Niederblatt→Blätter
Niederlande→Länder
Niederländisch→[1]Sprachen
Niedersachsen→Bundesländer
niedriger Blutdruck→Blutdruck
niedriger Preis→Preise
Niedrigpreis→Preise
Nierenabszess→Abszesse

Nierenamöbenabszess→Abszesse
Nierenbeckenepithel→Epithele
Nierenfunktionsstörung→Störungen
Nierenkelchepithel→Epithele
Nierenschmerz→Schmerzen
Niesreflex→Reflexe
Niger→Länder
Nigeria→Länder
Nike→Götter
Nikotinsäure→Säuren
Nikotinvergiftung→Vergiftungen
Nil-Gans→Gänse
Niobium→Grundstoffe
Nischenblatt→Blätter
Nobelium→Grundstoffe
Nordamerika→Erdteile
Norden→Himmelsrichtungen
Nordische Weißbirke→Birken
Nordkorea→Länder
Nördlicher Rußalbatros→Albatrosse
Nordnordosten→Himmelsrichtungen
Nordnordwesten→Himmelsrichtungen
Nordosten→Himmelsrichtungen
Nordrhein-Westfalen→Bundesländer
Nordwesten→Himmelsrichtungen
Nordwind→Winde
Normalbrief→Briefe
Normalpolice→Versicherungspolicen
Norwegen→Länder
Nostrokonto→Konten
Notarzt→Ärzte
Notbremse→Bremse
Notenbank→Banken
notenbankfähiger Wechsel→Wechsel
Notfallchirurgie→Chirurgie
notleidender Wechsel→Wechsel
Notstandskartell→Kartelle

November→Monate
Nox→Götter
N-terminal-Aminosäure→Säuren
Nüchternschmerz→Schmerzen
Nukleinsäure→Säuren
Nullmatrix→Matrizen
Nutzenmatrix→Matrizen
Nyx→Götter

O

O-Antigen→Antigene
Oberarmknochen→Knochen
Oberarmknochenkopf→Knochen
Oberarmknorren→Knochen
Oberarmspeichenmuskel→Muskeln
Oberbauchschmerz→Schmerzen
oberer Eckzahn→Zähne
oberes Becken→Schlaginstrumente
oberes Blatt→Blätter
Oberflächenepithel→Epithele
Oberflächenfermentation→Gärungen
oberflächliche Atmung→Atmung
oberflächlicher Wadenbeinnerv→Nerven
Obergärung→Gärungen
Obergrätenmuskel→Muskeln
Oberkiefer→Knochen
Oberkieferknochen→Knochen
Oberlidheber→Muskeln
Oberlippenheber→Muskeln
Oberschenkel→Körperteile
Oberschenkeladduktor→Muskeln
Oberschenkelknochen→Knochen
Oberschenkelnerv→Nerven
Oberschenkelschmerz→Schmerzen
Objektsteuer→Steuern
obligatorische Versicherung→Versicherungen
Obliquusreflex→Reflexe

Oboe→Blasinstrumente
Obstmesser→Messer
Obstsaft→Säfte
Obturatormuskel→Muskeln
Occipitalknochen→Knochen
Ochsenschwanzsuppe→Suppen
Odermenning→Heilpflanzen
Odin→Götter
Odynophobie→Phobien
offene Police→Versicherungspolicen
offener Fonds→Fonds
offener Immobilienfonds→Fonds
offenes Konto→Konten
öffentliche Sparkasse→Banken
Officemesser→Messer
Ohr[1]→Sinnesorgane
Ohr[2]→Körperteile
Ohrenschmerz→Schmerzen
Ohrknorpel→Knorpel
Ohrmikrochirurgie→Chirurgie
Ohrmikroskop→Mikroskope
Ohrmuskel→Muskeln
Ohrring→Ringe
Ohrschmalzdrüse→Drüsen
Ohrspeicheldrüse→Drüsen
Ohrtrompetenknorpel→Knorpel
Okarina→Blasinstrumente
Okklusionsstörung→Störungen
ökonomische Variable→Variablen
Oktober→Monate
Okuliermesser→Messer
Okzipitaldreieck→Dreiecke
Okzipitalnervenschmerz→Schmerzen
Okzipitalwinkel→Winkel
Oleandervergiftung→Vergiftungen
Olekranonreflex→Reflexe
Olivenbaum→Obstbäume

Ölsäure→Säuren
Oma→Verwandte
Oman→Länder
Onkel→Verwandte
onkofetales Antigen→Antigene
Onkologe→Ärzte
Onychalgie→Schmerzen
Opa→Verwandte
Opal→Halbedelsteine
Operationshandschuh→Handschuhe
Opernglas→Brillen
Operationsmesser→Messer
Operationsmikroskop→Mikroskope
Operationsschere→Scheren
Operationstisch→Tische
Ophikleide→Blasinstrumente
Ophthalmalgie→Schmerzen
Ophthalmochirurgie→Chirurgie
Ophthalmodynie→Schmerzen
Opiumentzugsschmerz→Schmerzen
Opiumsäure→Säuren
Opiumvergiftung→Vergiftungen
Opportunitätskostenmatrix→Matrizen
Optikusstörung→Störungen
optimale Diät→Diäten
Optionsklausel→Klauseln
Optionspreis→Preise
OP-Tisch→Tische
optischer Winkel→Winkel
Orange[1]→Farben
Orange[2]→Obst
Orangensaft→Säfte
Orbitalabszess→Abszesse
ordentlich→Charaktereigenschaften
Orderkonnossement→Konnossemente
Orderpolice→Versicherungspolicen
Ordinalzahl→Zahlen

Oregano[1]→Kräuter
Oregano[2]→Gewürze
Organisationsklausel→Klauseln
organischer Kopfschmerz→Kopfschmerzen
organisierter Streik→Streiks
Orgel→Tasteninstrumente
Orientalbuche→Buchen
Orientierungsreflex→Reflexe
Originalpolice→Versicherungspolicen
Originalwechsel→Wechsel
Orkan[1]→Stürme
Orkan[2]→Windstärken
orkanartiger Sturm→Windstärken
Orkus→Götter
orthogonale Matrix→Matrizen
orthopädische Chirurgie→Chirurgie
örtlich begrenzter Streik→Streiks
Ortsbrief→Briefe
Osmium→Grundstoffe
Ösophagusmesser→Messer
Osten→Himmelsrichtungen
Osterei→Eier
Österreich→Länder
Ostwind→Winde
Otalgie→Schmerzen
Otochirurgie→Chirurgie
ovales Blatt→Blätter
Ovulationsschmerz→Schmerzen
oxalatarme Diät→Diäten
Oxalatvergiftung→Vergiftungen
Oxalessigsäure→Säuren
Oxalsäurevergiftung→Vergiftungen
Ozeanien→Erdteile
Ozonloch→Löcher

P
paarig gefiedertes Blatt→Blätter

Pagenkäppi→Kopfbedeckungen
Paketpolice→Versicherungspolicen
Pakistan→Länder
Palladium→Grundstoffe
Palmarreflex→Reflexe
Palmenwald→Wälder
Palmirapalme→Palmen
Pampelmuse→Obst
Pampelmusenbaum→Obstbäume
Pan→Götter
Panama→Länder
Panamahut→Kopfbedeckungen
Panamapalme→Palmen
Panflöte→Blasinstrumente
Pankrealgie→Schmerzen
Pankreassaft→Säfte
Pantoffel→Fußbekleidung
Pantothensäure→Säuren
Panzerschrank→Schränke
Papaya→Obst
Papayabaum→Obstbäume
Papierbirke→Birken
Papierschere→Scheren
Paprika^1→Gewürze
Paprika^2→Kräuter
Paprika^3→Gemüse
Papua-Neuguinea→Länder
Para-Aminobenzoesäure→Säuren
Para-Aminohippursäure→Säuren
Parabeldüne→Dünen
Paradontalabszess→Abszesse
paradoxe Atmung→Atmung
Paraguay→Länder
Parallelallergie→Allergien
Parallelbarren→Turngeräte
parallel laufendes Patent→Patente
Parallelogramm→geometrische Formen

Parallelstichprobe→Stichproben
Parametermatrix→Matrizen
parametrischer Abszess→Abszesse
Parametriumabszess→Abszesse
Paranuklein→Proteine
Paranukleoprotein→Proteine
Paraprotein→Proteine
parasympathischer Nerv→Nerven
Paraurethraldrüse→Drüsen
Paravertebralabszess→Abszesse
Paravertebraldreieck→Dreiecke
Parazentesemesser→Messer
Pari-Passu-Klausel→Klauseln
Paritätsklausel→Klauseln
Paritätspreis→Preise
Parotis→Drüsen
Partialantigen→Antigene
partielle Finsternis→Finsternisse
Partizipationskonto→Konten
Pascalsches Dreieck→Dreiecke
Paschto→¹Sprachen
Passionsfrucht→Obst
passiv→Charaktereigenschaften
Pastellfarbe→Farben
Pastinak→Gemüse
Patellarsehnenreflex→Reflexe
Patentkartell→Kartelle
Pauke→Schlaginstrumente
Paukenhöhlendach→Dächer
Paulus→Apostel
Pauschalpreis→Preise
Pauschalsteuer→Steuern
Pauschalversicherung→Versicherungen
Pauschenpferd→Turngeräte
Pavillondach→Dächer
Pedialgie→Schmerzen
Pektoralgie→Schmerzen

Pektoralreflex→Reflexe
Pelota→Ballspiele
pelvine Chirurgie→Chirurgie
pelviner Abszess→Abszesse
Pelzfarn→Farne
Pelzhut→Kopfbedeckungen
Pendeluhr→Uhren
penibel→Charaktereigenschaften
Penis→Körperteile
Penisreflex→Reflexe
Penisschmerz→Schmerzen
Penizillinsäure→Säuren
Pensionsfonds→Fonds
Pensionswechsel→Wechsel
Pentagon→geometrische Formen
peptische Drüse→Drüsen
Perianalabszess→Abszesse
Periapikalabszess→Abszesse
periodische Atmung→Atmung
periodische Depression→Depressionen
Periorbitalabszess→Abszesse
Periostmesser→Messer
peripherer Nerv→Nerven
Peripheriewinkel→Winkel
Perirektalabszess→Abszesse
Peritonealschmerz→Schmerzen
Peritonsillarabszess→Abszesse
Periurethralabszess→Abszesse
Perjodsäure→Säuren
Perlfarn→Farne
Permeabilitätskoeffizient→Koeffizienten
Permutationsmatrix→Matrizen
Persisch→[1]Sprachen
Peroneusmuskel→Muskeln
Peroneusnerv→Nerven
Peroneusreflex→Reflexe
Personengarantie-Versicherung→Versicherungen

Personen-Kautionsversicherung→Versicherungen
Personenkonto→Konten
Personenversicherung→Versicherungen
Persönlichkeitsstörung→Störungen
Peru→Länder
Perzeptionsstörung→Störungen
Petersilie[1]→Kräuter
Petersilie[2]→Gemüse
Petrus→Apostel
Pfahlbau→Wohnhäuser
Pfandbrief→Briefe
Pfandindossament→Indossamente
Pfeffer→Gewürze
Pfefferminz→Gewürze
Pfefferminze→Kräuter
pfeifende Atmung→Atmung
Pfennigabsatz→Fußbekleidung
Pferdebohne→Bohnen
Pferdestall→Tierbehausungen
Pfirsich→Obst
Pfirsichbaum→Obstbäume
Pfirsichpalme→Palmen
Pflanzenprotein→Proteine
pflanzliches Eiweiß→Proteine
Pflasterepithel→Epithele
Pflaume→Obst
Pflaumenbaum→Obstbäume
Pflegeheim→Wohnhäuser
Pflichtversicherung→Versicherungen
Pfriemblatt→Blätter
pfriemenförmiges Blatt→Blätter
Phalangenmesser→Messer
Phantasiepreis→Preise
phantastische Geschichte→[1]Geschichten
phantastisches Gefühl→Gefühle
Phantomschmerz→Schmerzen
Phantomzahnschmerz→Schmerzen

Pharynxchirurgie→Chirurgie
Phasenkontrastmikroskop→Mikroskope
Phenol→Säuren
Phenolvergiftung→Vergiftungen
Phenyläthylbarbitursäure→Säuren
Philippinen→Länder
Philippus→Apostel
Phonationsstörung→Störungen
Phosphoglukonsäure→Säuren
Phosphoprotein→Proteine
Phosphor→Grundstoffe
Phosphorvergiftung→Vergiftungen
Photoemissionselektronenmikroskop→Mikroskope
Photosynthesekoeffizient→Koeffizienten
Phrenalgie→Schmerzen
Phthalsäure→Säuren
Phytinsäure→Säuren
piepen→Tierlaute
piepsen→Tierlaute
Pigmentepithel→Epithele
Pigmentstörung→Störungen
Pikass→Spielkarten
Pikbube→Spielkarten
Pikdame→Spielkarten
Pikkoloflöte→Blasinstrumente
Pikkönig→Spielkarten
Pikrinsäure→Säuren
pilomotorischer Nerv→Nerven
Pilonidalabszess→Abszesse
Pilzblutvergiftung→Vergiftungen
Pilzvergiftung→Vergiftungen
Piment→Gewürze
Pincenez→Brillen
Pittabrot→Brote
Pittabrot mit Sesam→Brote
plankonkave Linse→Linsen
Plantarreflex→Reflexe

Plasmaprotein→Proteine
Plastikbombe→Bomben
plastische Chirurgie→Chirurgie
Platin→Grundstoffe
Platinring→Ringe
Plättchen→Schneekristalle
Plattenepithel→Epithele
Plattenknochen→Knochen
platter Knochen→Knochen
Plattsehnenmuskel→Muskeln
Platzwechsel→Wechsel
Plazentalöffel→Löffel
Pleuritisschmerz→Schmerzen
plombierter Zahn→Zähne
Pluto→Planeten
Pluton→Götter
Plutonium→Grundstoffe
Plutoniumbombe→Bomben
Plutos→Götter
pochender Kopfschmerz→Kopfschmerzen
Pocken→Kinderkrankheiten
Polarisationsmikroskop→Mikroskope
Polarisationswinkel→Winkel
polarisiertes Licht→Lichter
Polarklima→Klimate
Polarwinkel→Winkel
Polei-Minze→Kräuter
Polen→Länder
Police mit versicherbarem Interesse→Versicherungspolicen
Police mit Wertangabe→Versicherungspolicen
Police ohne Wertangabe→Versicherungspolicen
politischer Streik→Streiks
Polnisch→[1]Sprachen
Polo→Ballspiele
Polonium→Grundstoffe
polyploider Chromosomensatz→Chromosomensätze

polyserieller Korrelationskoeffizient→Koeffizienten
Pomeranzenbaum→Obstbäume
Pomona→Götter
Pontonbrücke→Brücken
Porree[1]→Kräuter
Porree[2]→Gemüse
Portalbrücke→Brücken
Portfeuille-Wechsel→Wechsel
Portfolio-Matrix→Matrizen
Portfolio-Versicherung→Versicherungen
Portugal→Länder
Portugiesisch→[1]Sprachen
Porzellanzahn→Zähne
Posaune→Blasinstrumente
Poseidon→Götter
positive ganze Zahl→Zahlen
Postgirokonto→Konten
postlagernder Brief→Briefe
Postleitzahl→Zahlen
posttraumatischer Kopfschmerz→Kopfschmerzen
potentielle Energie→Energien
Prachthabicht→Habichte
Präkordialschmerz→Schmerzen
praktischer Arzt→Ärzte
Prämienbrief→Briefe
prämienfreie Police→Versicherungspolicen
prämienfreie Versicherung→Versicherungen
Prämienreservefonds→Fonds
Prämienversicherung→Versicherungen
Präpariermikroskop→Mikroskope
Präparierschere→Schere
Präputialdrüse→Drüsen
Präriefalke→Falken
Praseodym→Grundstoffe
Preisdifferenzkonto→Konten
Preiselbeere[1]→Beeren
Preiselbeere[2]→Obst

Preisgleitklausel→Klauseln
Preiskartell→Kartelle
Preisklausel→Klauseln
Preisklima→Klimate
Preis-Kosten-Schere→Scheren
Preisschere→Scheren
pressorischer Nerv→Nerven
Priapos→Götter
primale Variable→Variablen
Primärabszess→Abszesse
Primär-Blatt→Blätter
Primärknochen→Knochen
Primawechsel→Wechsel
Primitivauge→Augen
Primitivwirbel→Wirbel
Primordialei→Eier
primordiales Blatt→Blätter
Primordialknorpel→Knorpel
Privatbank→Banken
Privathaftpflichtversicherung→Versicherungen
Privatkonto→Konten
Privatversicherung→Versicherungen
Probemahlzeit→Mahlzeiten
Probenlinse→Linsen
Probierglas→Linsen
Produktionskartell→Kartelle
Produktionskoeffizient→Koeffizienten
Produktionskonto→Konten
Produktionssteuer→Steuern
produktiver Husten→Husten
Produktivitätsklausel→Klauseln
Prohibitivpreis→Preise
Proktalgie→Schmerzen
Proktodäaldrüse→Drüsen
Prolongationswechsel→Wechsel
prolongierte Police→Versicherungspolicen
Promethium→Grundstoffe

Promptklausel→Klauseln
Proportionalsteuer→Steuern
propriozeptiver Reflex→Reflexe
Prorata-Klausel→Klauseln
Prosopalgie→Schmerzen
Prostataabszess→Abszesse
Prostataepithel→Epithele
Prostataheber→Muskeln
Prostatalgie→Schmerzen
Protactinium→Grundstoffe
Protagonist→Muskeln
Proteinantigen→Antigene
Protestantismus→Religionen
Proteststreik→Streiks
Protestwechsel→Wechsel
Protonenmikroskop→Mikroskope
Provisionsversicherung→Versicherungen
provozierte Allergie→Allergien
prozessiertes Protein→Proteine
Prüflampe→Lampen
Prüfzahl→Zahlen
Pseudonuklein→Proteine
Pseudovertebra→Wirbel
Psoasabszess→Abszesse
Psoasmuskel→Muskeln
Psyche→Götter
psychische Energie→Energien
psychischer Schmerz→Schmerzen
Psychochirurgie→Chirurgie
Psychoenergie→Energien
psycholgalvanischer Reflex→Reflexe
psychogener Kopfschmerz→Kopfschmerzen
psychokardialer Reflex→Reflexe
Publikumsfonds→Fonds
Pudelmütze→Kopfbedeckungen
puerile Atmung→Atmung
Puffbohne→Bohnen

pulmonale Atmung→Atmung
Pulpalgie→Schmerzen
Pulpaschmerz→Schmerzen
Pultdach→Dächer
Pumpernickel→Brote
Pumps→Fußbekleidung
Punktionskopfschmerz→Kopfschmerzen
pünktlich→Charaktereigenschaften
Punktmatrix→Matrizen
Pupillenreflex→Reflexe
purinfreie Diät→Diäten
Purpur→Farben
Purpurrot→Farben
pyämischer Abszess→Abszesse
Pyloralgie→Schmerzen
Pylorusschließmuskel→Muskeln
Pylorusschmerz→Schmerzen
Pyramide→geometrische Figuren
Pyramidendach→Dächer

Q

Quader→geometrische Figuren
Quadrat→geometrische Formen
quadratische Matrix→Matrizen
Quadratzahl→Zahlen
Quadrizepsmuskel→Muskeln
Quadrizepsreflex→Reflexe
quaken→Tierlaute
Qualitätshandbuch→Handbücher
Qualitätssicherungs-Handbuch→Handbücher
Quartalsdividende→Dividenden
Quarzuhr→Uhren
Quecksilber→Grundstoffe
Quecksilbervergiftung→Vergiftungen
Quellenbirke→Birken
Quellensteuer→Steuern
Querdüne→Dünen

Querflöte→Blasinstrumente
quergestreifter Muskel→Muskeln
Querpfeife→Blasinstrumente
quieken→Tierlaute
Quitte→Obst
Quittenbaum→Obstbäume
Quotenkartell→Kartelle
Quotenrückversicherung→Versicherungen
Quotenstichprobe→Stichproben
Quotientenring→Ringe

R

Ra→Götter
Rabattkartell→Kartelle
Rachen→Verdauungsorgane
Rachenmuskel→Muskeln
Rachenreflex→Reflexe
Rachenschmerz→Schmerzen
Rachialgie→Schmerzen
Rachitis→Kinderkrankheiten
Racquetball→Bälle
Radball→Ballspiele
Radbremse→Bremse
Radialisnerv→Nerven
radioaktive Halbwertzeit→Halbwertzeiten
Radium→Grundstoffe
Radius-Periost-Reflex→Reflexe
Radon→Grundstoffe
Rahmenpolice→Versicherungspolicen
Rampenlicht→Lichter
randloser Hut→Kopfbedeckungen
Rangkorrelationskoeffizient→Koeffizienten
Rasiermesser→Messer
Rasierpinsel→Pinsel
Rasterelektronenmikroskop→Mikroskope
Rastermatrix→Matrizen
Ratenwechsel→Wechsel

rationale Zahl→Zahlen
Rauchbombe→Bomben
Rauhfußkauz→Eulen
Raumgefühl→Gefühle
räumlicher Dendrit→Schneekristalle
Raumwinkel→Winkel
Rauschbeere→Beeren
Raute→geometrische Formen
Rautenfarn→Farne
Reagenzglas→Glasgefäße
Reaktionskoeffizient→Koeffizienten
reaktive Depression→Depressionen
Realsteuer→Steuern
Realzeituhr→Uhren
Rechnersprache→^{2}Sprachen
Rechteck→geometrische Formen
rechter Winkel→Winkel
rechtes Auge→Augen
Rechtsgeschichte→^{2}Geschichten
Rechtsschutzversicherung→Versicherungen
Rechtssprache→^{2}Sprachen
Rechtswahlklausel→Klauseln
rechtwinkliges Dreieck→Dreiecke
Reck→Turngeräte
rediskontfähiger Wechsel→Wechsel
redistributive Steuer→Steuern
reeller Koeffizient→Koeffizienten
Referanzhandbuch→Handbücher
Referenzpreis→Preise
Referenzschreiben→Briefe
reflektiertes Licht→Lichter
reflektorischer Husten→Husten
reflektorischer Schmerz→Schmerzen
Reflexhusten→Husten
Reflexstörung→Störungen
Refraktionskoeffizient→Koeffizienten
Refraktionswinkel→Winkel

Regenbogenhautmesser→Messer
Regenhut→Kopfbedeckungen
Regenversicherung→Versicherungen
Regenwald→Wälder
Regionalbank→Banken
Regressionskoeffizient→Koeffizienten
Regulationsstörung→Störungen
Rehkalb→Jungtiere
Rehkitz→Jungtiere
reife Frucht→Früchte
Reifgraupel→Schneekristalle
Reihenhaus→Wohnhäuser
Reihenkorrelationskoeffizient→Koeffizienten
Reindividende→Dividenden
reine imaginäre Zahl→Zahlen
reines Bordkonnossement→Konnossemente
reines Konnossement→Konnossemente
Reinigungsbürste→Bürsten
Reis→Getreide
Reiseführer→Bücher
Reisegepäckversicherung→Versicherungen
Reisegewerbesteuer→Steuern
Reiselagerversicherung→Versicherungen
Reisepolice→Versicherungspolicen
Reiseunfallversicherung→Versicherungen
Reiseversicherung→Versicherungen
Reisewetterversicherung→Versicherungen
Reiterknochen→Knochen
Reitermuskel→Muskeln
Reitklausel→Klauseln
Reitstiefel→Fußbekleidung
Reizgas→Kampfstoffe
Reizhusten→Husten
Reizklima→Klimate
rekombinantes Protein→Proteine
Rektaindossament→Indossamente
Rektaklausel→Klauseln

Rektakonnossement→Konnossemente
Rektaldreieck→Dreiecke
Rektawechsel→Wechsel
Rektummesser→Messer
Relationenmatrix→Matrizen
relativer Preis→Preise
Remboursbank→Banken
Rembourswechsel→Wechsel
Rennschuh→Fußbekleidung
Rändelschraube→Schrauben
Rennrad→^{2}Räder
Rennwettsteuer→Steuern
Rentenfonds→Fonds
Rentenversicherung→Versicherungen
repräsentative Stichprobe→Stichproben
Reproduktionskoeffizient→Koeffizienten
Reproduktionsstörung→Störungen
Reptilienfonds→Fonds
Resektionsmesser→Messer
Reservefonds→Fonds
Residualabszess→Abszesse
Resorzinvergiftung→Vergiftungen
Retikularknorpel→Knorpel
Retrobulbärabszess→Abszesse
Retromammärabszess→Abszesse
Retromandibularabszess→Abszesse
Retroorbitalkopfschmerz→Kopfschmerzen
Retropharyngealabszess→Abszesse
Retrosternalschmerz→Schmerzen
Retrotonsillarabszess→Abszesse
Retrovesikalabszess→Abszesse
Rettich→Gemüse
Reue→Gefühle
Revisionsklausel→Klauseln
reziproke Matrix→Matrizen
reziproke Verzugsklausel→Klauseln
Rheinland-Pfalz→Bundesländer

Rhenium→Grundstoffe
Rhesusantigen→Antigene
Rheumaschmerz→Schmerzen
Rheumatalgie→Schmerzen
Rhodium→Grundstoffe
Rhythmusstörung→Störungen
Ribonukleinprotein→Proteine
Ribonukleinsäure→Säuren
Ricambiowechsel→Wechsel
richtiges Gefühl→Gefühle
Richtpreis→Preise
Richtungskoeffizient→Koeffizienten
Riechepithel→Epithele
Riechnerv→Nerven
Riechorgan→Sinnesorgane
Riechsinn→Sinne
Riechstörung→Störungen
Riemenmuskel→Muskeln
Riesenbrombeere→Brombeeren
Riesenauge→Augen
Riesenfinger→Finger
Riesentaucher→Gänse
Rimessenbuch→Bücher
Rindenknochen→Knochen
Rindfleischbrühe→Suppen
Ringbuch→Bücher
Ringe→Turngeräte
Ringelblume→Kräuter
Ringelgans→Gänse
Ringfinger→Finger
ringförmige Finsternis→Finsternisse
Ringknorpel→Knorpel
Ringmesser→Messer
Ringmuskel→Muskeln
Ringschildknorpelmuskel→Muskeln
Ringtennis→Ballspiele
Rippe→Knochen

Rippenknochen→Knochen
Rippenknorpel→Knorpel
Rippenperiostreflex→Reflexe
Rippenschere→Scheren
Rippenschmerz→Schmerzen
Rippenwinkel→Winkel
Rippen-Wirbelsäulen-Winkel→Winkel
Rippen-Zwerchfell-Winkel→Winkel
Risikoausschlussklausel→Klauseln
Risikoklausel→Klauseln
Risikolebensversicherung→Versicherungen
Risikoversicherung→Versicherungen
Ristornoversicherung→Versicherungen
Ritter→Adelstitel
Rizinusvergiftung→Vergiftungen
röchelnde Atmung→Atmung
Roggen→Getreide
Roggenbrot→Brote
Roggenbrot mit Kümmel→Brote
Roggenknäckebrot→Brote
Rohprotein→Proteine
Röhrenbombe→Bomben
Röhrenglocken→Schlaginstrumente
Röhrenknochen→Knochen
Rohrfeder→Schreibgeräte
Rollenleiter→Leitern
Rollhockey→Ballspiele
Rollschuh→Fußbekleidung
Rollstuhl→Stühle
Romagna-Salat→Blattgemüse
Römerpantolette→Fußbekleidung
römische Metallfeder→Schreibgeräte
römische Zahl→Zahlen
Röntgentisch→Tische
Rosa→Farben
Rosenkohl→Blattgemüse
Rosmarin[1]→Heilpflanzen

Rosmarin[2]→Kräuter
Rot→Farben
Rotang→Palmen
Rotangpalme→Palmen
Rotationsmuskel→Muskeln
Rotationswirbel→Wirbel
Rotbraun→Farben
Rotbrustfalke→Falken
Rotbrust-Zwerggans→Gänse
Rotbuche→Buchen
Rote Johannisbeere[1]→Beeren
Rote Johannisbeere[2]→Obst
Röteln→Kinderkrankheiten
roter Johannesbeersaft→Säfte
roter Muskel→Muskeln
roter Reflex→Reflexe
Rote Rübe→Gemüse
Rotfußfalke→Falken
Rothalsgans→Gänse
Rotkohl→Gemüse
Rotkopffalke→Falken
Rotkopfgans→Gänse
Rotte→Tiergruppen
Rotwein→Weine
Roulettetisch→Tische
Ruanda→Länder
Ruanda→[1]Sprachen
Rübe→Gemüse
Rubidium→Grundstoffe
Rückatmung→Atmung
rückdatierte Police→Versicherungspolicen
Rücken→Körperteile
Rückenflosse→Flossen
Rückenmarkmesser→Messer
Rückenmarknerv→Nerven
Rückenmarkreflex→Reflexe
Rückenmarkschmerz→Schmerzen

Rückenmuskel→Muskeln
Rückenmuskelreflex→Reflexe
Rückenreflex→Reflexe
Rückenschmerz→Schmerzen
Rückenschmerzen→Schmerzen
Rückenstreckermuskel→Muskeln
Rückenstreckerreflex→Reflexe
Rückenwirbel→Wirbel
Rückgratreflex→Reflexe
Rückindossament→Indossamente
Rückkaufklausel→Klauseln
Rücklieferungsklausel→Klauseln
Rücklizenzklausel→Klauseln
Rücknahmepreis→Preise
Rückscheckkonto→Konten
rückständige Dividende→Dividenden
Rücktrittbremse→Bremse
Rücktrittsklausel→Klauseln
Rückversicherung→Versicherungen
Rückversicherungspolice→Versicherungspolicen
rückwärts→Richtungen
Rückwärtsbeuger→Muskeln
Rückwechsel→Wechsel
Rudel→Tiergruppen
Rugby→Ballspiele
Rugbyball→Bälle
Ruheblutdruck→Blutdruck
Ruheschmerz→Schmerzen
Ruhestörung→Störungen
Rumänien→Länder
Rumpf→Körperteile
Rundbürste→Bürsten
Runder Einwärtsdreher→Muskeln
Rundi→[1]Sprachen
rundliches Blatt→Blätter
Rußfalke→Falken
Russisch→[1]Sprachen

russischer Pumpernickel→Brote
Russland→Länder
Ruthenium→Grundstoffe
Rythmusgitarre→Saiteninstrumente

S

Saarland→Bundesländer
Saatgans→Gänse
Sachanlagekonto→Konten
Sachbuch→Bücher
Sachdividende→Dividenden
Sachkonto→Konten
Sachpatent→Patente
Sachrückversicherung→Versicherungen
Sachschadenversicherung→Versicherungen
Sachsen→Bundesländer
Sachsen-Anhalt→Bundesländer
Sachsteuer→Steuern
Sachversicherung→Versicherungen
Sachwertdividende→Dividenden
Sachwertklausel→Klauseln
sadistisch→Charaktereigenschaften
Safran→Gewürze
Safrangelb→Farben
Saftfrucht→Früchte
Sägedach→Dächer
Sägemuskel→Muskeln
Sagopalme→Palmen
Saint Lucia→Länder
Saisonkoeffizient→Koeffizienten
Sakralnerv→Nerven
Salatgabel→Gabeln
Salatgurke→Gemüse
Salbei[1]→Heilpflanzen
Salbei[2]→Kräuter
Salizylsäure→Säuren
Salizylvergiftung→Vergiftungen

Salomonen→Länder
salvatorische Klausel→Klauseln
Salz→Gewürze
salzarme Diät→Diäten
Salzdrüse→Drüsen
salzfreie Diät→Diäten
salzfreies Protein→Proteine
salziger Geschmack→Geschmacksempfindungen
Salzmangeldiät→Diäten
Salzsäure→Säuren
Salzsteuer→Steuern
Salzüberschussdiät→Diäten
Samarium→Grundstoffe
Sambia→Länder
Samenbildungsstörung→Störungen
Samendrüse→Drüsen
Samenkanälchenabszess→Abszesse
Samenreifungsstörung→Störungen
Samenstrangneuralgie→Schmerzen
Samenstrangschmerz→Schmerzen
samentragende Frucht→Früchte
Sammeldepotkonto→Konten
Sammelfrucht→Früchte
Sammelkonto→Konten
Sammelladungs-Konnossement→Konnossemente
Sammellinse→Linsen
Sammelpolice→Versicherungspolicen
Sammelversicherung→Versicherungen
Samoa→Länder
Samstag→Wochentage
Sandale→Fußbekleidung
Sandbad→Bäder
Sanduhr→Uhren
Sankt Vincent und die Grenadinen→Länder
San Marino→Länder
São Tomé e Principe→Länder
Sapotilbaum→Obstbäume

Satellitensteuer→Steuern
Satteldach→Dächer
Sättigungsgefühl→Gefühle
Sättigungskoeffizient→Koeffizienten
Saturn→Planeten
Saturnus→Götter
satzungsmäßige Dividende→Dividenden
Saubohne¹→Bohnen
Saubohne²→Gemüse
Saudi-Arabien→Länder
Sauerkirschbaum→Obstbäume
Sauerkirsche→Obst
Sauerstoff→Grundstoffe
Sauerstoffbad→Bäder
Saugreflex→Reflexe
Säule→Schneekristalle
Säulenepithel→Epithele
säurebildende Drüse→Drüsen
saurer Geschmack→Geschmacksempfindungen
Säurevergiftung→Vergiftungen
Saxhorn→Blasinstrumente
Saxophon→Blasinstrumente
Scanningelektronenmikroskop→Mikroskope
Schabmesser→Messer
Schacholympiade→Olympiade
Schachteldividende→Dividenden
Schädeldach→Dächer
Schädelknochen→Knochen
Schadenereignisrückversicherung→Versicherungen
Schadenersatzklausel→Klauseln
Schadenexzedenten-
Rückversicherung→Versicherungen
Schadenversicherung→Versicherungen
Schadloserhaltungsklausel→Klauseln
Schafgarbe¹→Heilpflanzen
Schafgarbe²→Kräuter
Schafstall→Tierbehausungen

Schaftstiefel→Fußbekleidung
Schalenfrucht→Früchte
Schalttisch→Tische
Schaltvariable→Variablen
Scham→Gefühle
Schambein[1]→Knochen
Schambein[2]→Körperteile
Schambeinwinkel→Winkel
Schamgefühl→Gefühle
Schamhaftigkeit→Gefühle
Schankerlaubnissteuer→Steuern
Schar→Tiergruppen
scharf dreikantig zugespitztes Blatt→Blätter
scharfer Schmerz→Schmerzen
Scharlach→Kinderkrankheiten
Schattenblatt→Blätter
Schätzklausel→Klauseln
Schaukelstuhl→Stühle
Schaumbad→Bäder
Schaumdrüse→Drüsen
Schaumweinsteuer→Steuern
Scheckklausel→Klauseln
Scheddach→Dächer
Scheibenbremse→Bremse
Scheide→Körperteile
Scheidenepithel→Epithele
Scheidenmesser→Messer
Scheidenschleimhautdrüse→Drüsen
Scheidenschmerz→Schmerzen
Scheidenvorhofdrüse→Drüsen
Scheinakazie→Akazie
scheinbare Variable→Variablen
Scheinbuche→Buchen
Scheindividende→Dividenden
Scheinfrucht→Früchte
Scheinvariable→Variablen
Scheinwerferlicht→Lichter

Scheinwirbel→Wirbel
Scheitelbein→Knochen
Scheitelwinkel→Winkel
Schemabrief→Briefe
Schenkeldreieck→Dreiecke
Schenkeldrüse→Drüsen
Schenkelhals→Knochen
Schenkelbindenspanner→Muskeln
Schenkelmuskel→Muskeln
Schenkelnerv→Nerven
Schenkungssteuer→Steuern
Scherenbrille→Brillen
Scherenleuchte→Lampen
Schichtepithel→Epithele
Schicksalsgöttin→Götter
Schiebedach→Dächer
Schiebefenster→Fenster
Schiebetür→Türen
Schiedsklausel→Klauseln
Schieferfalke→Falken
Schielauge→Augen
Schielbrille→Brillen
Schielchirurgie→Chirurgie
schielendes Auge→Augen
Schielmesser→Messer
Schielwinkel→Winkel
Schienbein→Knochen
Schienbeinmuskel→Muskeln
Schienbeinnerv→Nerven
Schienbeinschmerz→Schmerzen
Schifferknoten→Knoten
Schiffsarzt→Ärzte
Schiffsbank→Banken
Schiffskaskoversicherung→Versicherungen
Schiffspfandbriefbank→Banken
Schiffsschraube→Schrauben
Schilddrüse→Drüsen

Schilddrüsenabszess→Abszesse
Schilddrüsenchirurgie→Chirurgie
Schilddrüsenprotein→Proteine
Schilddrüsenstörung→Störungen
Schildknorpel→Knorpel
Schildknorpelmesser→Messer
Schinkenmesser→Messer
Schirmblatt→Blätter
Schirmmütze→Kopfbedeckungen
Schirmpalme→Palmen
Schirokko→Winde
Schlachtmesser→Messer
schlackenarme Diät→Diäten
Schlafangst→Phobien
Schläfe→Körperteile
Schläfenbein→Knochen
Schläfenmuskel→Muskeln
Schlafmütze→Kopfbedeckungen
Schlafschmerz→Schmerzen
Schlafstörung→Störungen
Schlafzimmer→Räume
Schlafzimmertür→Türen
Schlagball[1]→Bälle
Schlagball[2]→Ballspiele
Schlagloch→Löcher
Schlagzeug→Schlaginstrumente
Schlammbad→Bäder
Schlangenbissvergiftung→Vergiftungen
Schlangenei→Eier
Schlankmuskel→Muskeln
schlau→Charaktereigenschaften
schlechter Geschmack→Geschmacksempfindungen
Schlechtzahl→Zahlen
Schleiereule→Eulen
Schleimdrüse→Drüsen
Schleimepithel→Epithele
Schlepperprotein→Proteine

Schleswig-Holstein→Bundesländer
Schleuderpreis→Preise
Schließfrucht→Früchte
Schließmuskel→Muskeln
Schließmuskelschmerz→Schmerzen
Schlippstek→Knoten
Schlitzbrille→Brillen
Schlitzmesser→Messer
Schmerzangst→Phobien
Schluckreflex→Reflexe
Schluckschmerz→Schmerzen
Schluckstörung→Störungen
Schlupfloch→Löcher
Schlupfvariable→Variablen
Schlussbilanzkonto→Konten
Schlussdividende→Dividenden
Schlüsselbein→Knochen
Schlüsselloch→Löcher
Schlüsselvariable→Variablen
Schmerz→Gefühle
Schmerzreflex→Reflexe
Schmerzsinn→Sinne
Schnabelbecher→Trinkgefäße
Schnabeltasse→Trinkgefäße
schnappende Atmung→Atmung
Schnappreflex→Reflexe
schnattern→Tierlaute
Schneckenloch→Löcher
Schnee-Eule→Eulen
Schneegans→Gänse
Schneeschuh→Fußbekleidung
Schneesturm→Stürme
schneidender Schmerz→Schmerzen
Schneidermuskel→Muskeln
Schneidezahn→Zähne
schnelle Atmung→Atmung
Schnittlauch[1]→Kräuter

Schnittlauch[2]→Gemüse
Schnürmuskel→Muskeln
schnurren→Tierlaute
Schnürring→Ringe
Schnürschuh→Fußbekleidung
schockierende Geschichte→[1]Geschichten
Schollenmuskel→Muskeln
schönes Gefühl→Gefühle
Schönheitschirurgie→Chirurgie
Schopfhabicht→Habichte
Schöpflöffel→Löffel
Schotstek→Knoten
Schrägmuskel→Muskeln
schräg nach links→Richtungen
schräg nach rechts→Richtungen
Schrägseilbrücke→Brücken
schreckliches Gefühl→Gefühle
Schreibpinsel[1]→Schreibgeräte
Schreibpinsel[2]→Pinsel
Schreibstörung→Störungen
Schreibtisch→Tische
Schreibtischlampe→Lampen
Schreibtischleuchte→Lampen
schreien→Tierlaute
Schriftfarn→Farne
Schubladenpatent→Patente
schüchtern→Charaktereigenschaften
Schuhschrank→Schränke
Schulbuch→Bücher
Schuldbuch→Bücher
Schuldentilgungsfonds→Fonds
Schule→Tiergruppen
Schulter→Körperteile
Schulterblatt→Knochen
Schulterblattgräte→Knochen
Schulterblattmuskel→Muskeln
Schulterblattschmerz→Schmerzen

Schultergelenkschmerz→Schmerzen
Schultergürtelschmerz→Schmerzen
Schulterschmerz→Schmerzen
Schuppenblatt→Blätter
Schuppenepithel→Epithele
Schustermesser→Messer
Schüttelreflex→Reflexe
Schutzbrille→Brillen
Schütze→Sternzeichen
Schutzeiweiß→Proteine
Schutzhandschuh→Handschuhe
Schutzhelm→Kopfbedeckungen
Schutzklausel→Klauseln
Schutzreflex→Reflexe
Schutzwald→Wälder
Schwäbefähre→Brücken
schwache Brise→Windstärken
Schwager→Verwandte
Schwägerin→Verwandte
Schwalbe→Singvögel
Schwanengans→Gänse
Schwanzdrüse→Drüsen
Schwanzflosse→Flossen
Schwarm→Tiergruppen
Schwarz→Farben
Schwarzbirke→Birken
Schwarzbrauen-Albatros→Albatrosse
Schwarze Johannisbeere[1]→Beeren
Schwarze Johannisbeere[2]→Obst
schwarzer Johannesbeersaft→Säfte
schwarzer Pfeffer→Gewürze
Schwarzfußalbatros→Albatrosse
Schwarzwurzel→Gemüse
Schwebebalken→Turngeräte
Schwebegefühl→Gefühle
Schweden→Länder
Schwedisch→[1]Sprachen

Schwefel→Grundstoffe
Schwefelbad→Bäder
Schweinestall→Tierbehausungen
Schweißbrille→Brillen
Schweißdrüse→Drüsen
Schweißdrüsenabszess→Abszesse
Schweiz→Länder
Schweizer Offiziersmesser→Messer
Schwellenenergie→Energien
Schwellenpreis→Preise
schwere Atmung→Atmung
schwerer Sturm→Windstärken
Schwerpunktstreik→Streiks
schwertförmiges Blatt→Blätter
Schwertfortsatzwinkel→Winkel
Schwester→Verwandte
Schwiegereltern→Verwandte
Schwiegermama→Verwandte
Schwiegermutter→Verwandte
Schwiegerpapa→Verwandte
Schwiegersohn→Verwandte
Schwiegertochter→Verwandte
Schwiegervater→Verwandte
Schwimmbad→Bäder
schwimmendes Blatt→Blätter
Schwindel→Gefühle
Schwindelgefühl→Gefühle
Schwingflügel→Fenster
Schwippschwager→Verwandte
Schwippschwägerin→Verwandte
Schwitzbad→Bäder
Schwitzraum→Räume
Sechseck→geometrische Formen
Sedimentgesteine→Gesteine
Seebad→Bäder
Seefrachtversicherung→Versicherungen
Seegüterversicherung→Versicherungen

Seehaftpflichtversicherung→Versicherungen
Seekargoversicherung→Versicherungen
Seekaskoversicherung→Versicherungen
Seeklima→Klimate
Seelenschmerz→Schmerzen
seemännischer Knoten→Knoten
Seeversicherung→Versicherungen
Seeversicherungspolice→Versicherungspolicen
Sehen→Sinne
Sehnenknöchelchen→Knochen
Sehnenmesser→Messer
Sehnenreflex→Reflexe
Sehnenschere→Scheren
Sehnenschmerz→Schmerzen
Sehnerv→Nerven
Sehnervenloch→Löcher
Sehorgan→Sinnesorgane
sehr spannende Geschichte→[1]Geschichten
Sehstörung→Störungen
Sehwinkel→Winkel
Seidenspinndrüse→Drüsen
Seifenkraut→Kräuter
Seitpferd→Turngeräte
Sekretionsnerv→Nerven
Sekretionsstörung→Störungen
Sektkelch→Trinkgefäße
Sektschale→Trinkgefäße
Sekundärabszess→Abszesse
Sekundärknochen→Knochen
Sekundawechsel→Wechsel
Selbstbehaltsklausel→Klauseln
Selbstbeteiligungsklausel→Klauseln
selbstbewusst→Charaktereigenschaften
selbstprüfende Zahl→Zahlen
selbstständig ablaufende Gärung→Gärungen
selbstständiges Patent→Patente
Selbstversicherung→Versicherungen

Selektionskoeffizient→Koeffizienten
Selen→Grundstoffe
Selene→Götter
Sellerie[1]→Kräuter
Sellerie[2]→Gemüse
Senegal→Länder
Senf→Gewürze
Senfgelb→Farben
Senfkorn→Gewürze
Senfsäure→Säuren
Senkungsabszess→Abszesse
Senkungsmuskel→Muskeln
sensibel→Charaktereigenschaften
sensibler Nerv→Nerven
September→Monate
Septumschwingmesser→Messer
sequentielle Stichprobe→Stichproben
Serienbrief→Briefe
Serienkorrelationskoeffizient→Koeffizienten
seröse Drüse→Drüsen
Serumprotein→Proteine
Sesambein→Knochen
Sesuto→[1]Sprachen
seufzende Atmung→Atmung
Sexualstörung→Störungen
Sexualtriebsstörung→Störungen
Seychellen→Länder
sezernierendes Epithel→Epithele
Seziermesser→Messer
Sherlock-Holmes-Mütze→Kopfbedeckungen
Sicheldüne→Dünen
Sicherheitskoeffizient→Koeffizienten
Sicherheitswechsel→Wechsel
Sicherungsklausel→Klauseln
Sicherungskoeffizient→Koeffizienten
Sicherungspatent→Patente
sichtbares Licht→Lichter

Sichteinlagenkonto→Konten
Sichtwechsel→Wechsel
Siebbein→Knochen
Siebbeinloch→Löcher
siebenter Halswirbel→Wirbel
Siegelring→Ringe
Sierra Leone→Länder
Sigmaring→Ringe
Signalerlennungsprotein→Proteine
Silber→Grundstoffe
Silberfalke→Falken
Silberfarn→Farne
Silberring→Ringe
Silizium→Grundstoffe
Simbabwe→Länder
Simmering→Ringe
Simon→Apostel
Singapur→Länder
Singhabicht→Habichte
Singhalesisch→¹Sprachen
singuläre Matrix→Matrizen
Sinnesepithel→Epithele
Sinnesnerv→Nerven
Sinnesstörung→Störungen
Sinus-Dura-Winkel→Winkel
Sitzbad→Bäder
Sitzbein→Knochen
Sitzbeinstachel→Knochen
sitzendes Blatt→Blätter
Sitzstreik→Streiks
skalare Matrix→Matrizen
skalare Variable→Variablen
Skalenusmuskel→Muskeln
Skalpell→Messer
skandinavisches Knäckebrot→Brote
Skandium→Grundstoffe
Skarifikationsmesser→Messer

Skelettmuskel→Muskeln
Skibrille→Brillen
Skistiefel→Fußbekleidung
Skleroprotein→Proteine
Sklerotom→Messer
Sklerotomiemesser→Messer
Skorpion→Sternzeichen
Skrotalreflex→Reflexe
Slavisch→indoeuropäische Sprachen
Slipper→Fußbekleidung
Slowakisch→¹Sprachen
Slowenisch→¹Sprachen
Sohlenreflex→Reflexe
Sohlenspanner→Muskeln
Sohlenviereckmuskel→Muskeln
Sohn→Verwandte
Sojabohne¹→Bohnen
Sojabohne²→Gemüse
Sol→Götter
Solawechsel→Wechsel
Solbad→Bäder
Solei→Eier
Solidaritätsfonds→Fonds
Solidaritätsstreik→Streiks
Solitärring→Ringe
Somalia→Länder
somatischer Nerv→Nerven
Sombrero→Kopfbedeckungen
Sommer→Jahreszeiten
sommergrünes Blatt→Blätter
Sommerolympiade→Olympiade
Sonderdividende→Dividenden
Sonderkonto→Konten
Sonderpreis→Preise
Sonderumsatzsteuer→Steuern
Sonnabend→Wochentage
Sonnenaufgang→Tageszeiten

Sonnenbad→Bäder
Sonnenblatt→Blätter
Sonnenbrille→Brillen
Sonnendach→Dächer
Sonnenenergie→Energien
Sonnenfinsternis→Finsternisse
Sonnengeflechtreflex→Reflexe
Sonnengott→Götter
Sonnenhut→Kopfbedeckungen
Sonnenlicht→Lichter
Sonnenuhr→Uhren
Sonnenuntergang→Tageszeiten
Sonntag→Wochentage
Sorgho→Getreide
Sorghum→Getreide
Sowjetunion→Länder
Sozialfonds→Fonds
Sozialgeschichte→²Geschichten
Sozialversicherung→Versicherungen
Spaltfrucht→Früchte
Spaltfußgans→Gänse
Spaltlampe→Lampen
Spaltlampenmikroskop→Mikroskope
Spaltwirbel→Wirbel
Spanien→Länder
Spanisch→¹Sprachen
spannende Geschichte→¹Geschichten
Spannungsklausel→Klauseln
Spannungspreis→Preise
Sparbrief→Briefe
Sparbuch→Bücher
Spargel→Gemüse
Spargelmesser→Messer
Spargelsuppe→Suppen
Sparkassenbrief→Briefe
Sparkassenbuch→Bücher
Sparkonto→Konten

Spätallergie→Allergien
Spätestens-Klausel→Klauseln
Spätreflex→Reflexe
Spätschmerz→Schmerzen
Spediteurdurchkonnossement→Konnossemente
Speiche→Knochen
Speicheldrüse→Drüsen
Speicheldrüsenfunktionsstörung→Störungen
Speichelreflex→Reflexe
Speichennerv→Nerven
Speichenrad→[1]Räder
Speicherbank→Banken
Speichermatrix→Matrizen
Speicherprotein→Proteine
Speiglas→Glasgefäße
Speiseraum→Räume
Speiseröhre→Verdauungsorgane
Spekulationsteuer→Steuern
Sperbereule→Eulen
Sperlingskauz→Eulen
Sperrklausel→Klauseln
Sperrkonto→Konten
Sperrpatent→Patente
Spesenkonto→Konten
Spezialfonds→Fonds
Spezialrückversicherung→Versicherungen
spezielle Steuer→Steuern
Sphinkterreflex→Reflexe
Spiegelei→Eier
Spielkartensteuer→Steuern
Spieltisch→Tische
spießförmiges Blatt→Blätter
Spinalgie→Schmerzen
Spinalnerv→Nerven
Spinalreflex→Reflexe
Spinat[1]→Blattgemüse
Spinat[2]→Gemüse

Spinndrüse→Drüsen
Spinnenangst→Phobien
Spinnenfurcht→Phobien
Spion→Löcher
Spiralgalaxie→Galaxien
Spirillenabszess→Abszesse
Spitzenpreis→Preise
spitzer **Winkel**→Winkel
Spitzkronblatt→Blätter
spitzwinkliges **Dreieck**→Dreiecke
Spitzzahn→Zähne
Splenalgie→Schmerzen
Splitterbombe→Bomben
Spondylalgie→Schmerzen
spongiöser **Knochen**→Knochen
spontan→Charaktereigenschaften
Spontanallergie→Allergien
Spontanatmung→Atmung
Sporengans→Gänse
Spottdrossel→Singvögel
Spottpreis→Preise
Sprachartikulationsstörung→Störungen
Sprachatlas→Bücher
Sprachstörung→Störungen
Sprechstundenzimmer→Räume
Springer→Schachfiguren
Springerstiefel→Fußbekleidung
Springfrucht→Früchte
Spritzenabszess→Abszesse
Sprungbein→Knochen
Sprungbrett→Turngeräte
Sprungpferd→Turngeräte
Squash→Ballspiele
Squashball→Bälle
Sri Lanka→Länder
staatliche **Bank**→Banken
Stabbogenbrücke→Brücken

Stabilisierungsfonds→Fonds
Stachelbeere→Beeren
Stahlkartell→Kartelle
Stahlrad→¹Räder
Stahlschrank→Schränke
Stahlschreibfeder→Schreibgeräte
Stahltür→Türen
Stammdividende→Dividenden
Stammpatent→Patente
Standardklausel→Klauseln
Standardobjektiv→Objektive
Standardpreis→Preise
Standleuchte→Lampen
Standlicht→Lichter
Standuhr→Uhren
Stangensellerie→Gemüse
Stapedius→Muskeln
Stapediusreflex→Reflexe
Star→Singvögel
starker Wind→Windstärken
Starlinse→Linsen
starre Brücke→Brücken
Stationsarzt→Ärzte
statistisches Konto→Konten
statistische Variable→Variablen
Stauballergie→Allergien
Staubsturm→Stürme
Steakmesser→Messer
Stearinsäure→Säuren
stechender Schmerz→Schmerzen
Stechuhr→Uhren
Steckrübe→Gemüse
Steg→Brücken
Stehlampe→Lampen
Stehleiter→Leitern
Stehreflex→Reflexe
steifer Wind→Windstärken

Steigbügelmuskel→Muskel
steiles Satteldach→Dächer
Steinbock→Sternzeichen
Steineichenwald→Wälder
Steinfrucht→Früchte
Steinkauz→Eulen
Steinnusspalme→Palmen
Steinschnittmesser→Messer
Steißbein→Knochen
Steißbeinmuskel→Muskeln
Steißbeinnerv→Nerven
Steißbeinneuralgie→Schmerzen
Steißbeinschmerz→Schmerzen
Steißwirbel→Wirbel
Stellreflex→Reflexe
Stellschraube→Schrauben
Stelze→Singvögel
Stempelsteuer→Steuern
Stempeluhr→Uhren
Stengelblatt→Blätter
stengelumfassendes Blatt→Blätter
stenopäische Brille→Brillen
Sterbefallversicherung→Versicherungen
Sterbegeldversicherung→Versicherungen
Stern→Schneekristalle
Sternalgie→Schmerzen
Sternum→Knochen
Sternumschere→Scheren
Stichelungsmesser→Messer
Stichprobenvariable→Variablen
Stichzahl→Zahlen
Stickstoff→Grundstoffe
Stiefbruder→Verwandte
Stiefel→Fußbekleidung
Stiefeltern→Verwandte
Stiefgeschwister→Verwandte
Stiefkind→Verwandte

Stiefmutter→Verwandte
Stiefschwester→Verwandte
Stiefsohn→Verwandte
Stieftochter→Verwandte
Stiefvater→Verwandte
Stielbrille→Brillen
Stielkamm→Kämme
Stier→Sternzeichen
Stiftzahn→Zähne
Stille →Windstärken
Stillraum→Räume
Stillstörung→Störungen
Stillstuhl→Stühle
Stilus→Schreibgeräte
Stimmbandmuskel→Muskeln
Stimmbildungsstörung→Störungen
Stinkbombe→Bomben
Stinkdrüse→Drüsen
Stirn→Körperteile
Stirnbein→Knochen
Stirnhirnabszess→Abszesse
Stirnkopfschmerz→Schmerzen
Stirnlampe→Lampen
Stirnnerv→Nerven
stochastische Matrix→Matrizen
stochastische Variable→Variablen
Stockdividende→Dividenden
Stöckelschuh→Fußbekleidung
Stoffwechselstörung→Störungen
Stomachodynie→Schmerzen
Stoppuhr→Uhren
Stornoklausel→Klauseln
Stopppreis→Preise
Störvariable→Variablen
Strabotom→Messer
Strahlenfisole→Bohnen
Strähnenkamm→Kämme

Straußfarn→Farne
Strazze→Bücher
Strecker→Muskeln
Streckmuskel→Muskeln
Streckreflex→Reflexe
Streifengans→Gänse
Streifenkauz→Eulen
Streifensteuer→Steuern
Streikverbotsklausel→Klauseln
Streikversicherung→Versicherungen
Streitpatent→Patente
strenge Diät→Diäten
Streuungskoeffizient→Koeffizienten
Streuungs-Kovarianz-Matrix→Matrizen
Streuungsmatrix→Matrizen
Strickleiter→Leitern
Strickmütze→Kopfbedeckungen
Strohdach→Dächer
Strohhut→Kopfbedeckungen
Strohhütte→Wohnhäuser
Strontium→Grundstoffe
Strukturfonds→Fonds
Strukturkoeffizient→Koeffizienten
Strukturkrisenkartell→Kartelle
Strukturprotein→Proteine
Strukturvariable→Variablen
Strychninvergiftung→Vergiftungen
Stückdividende→Dividenden
Stückpreis→Preise
Stufenbarren→Turngeräte
stumpfer Winkel→Winkel
Stumpfneuralgie→Schmerzen
Stumpfschmerz→Schmerzen
stumpfwinkliges Dreieck→Dreiecke
stur→Charaktereigenschaften
Sturm[1]→Stürme
Sturm[2]→Windstärken

stürmischer Wind→Windstärken
Stützpfeilerstaudamm→Staudämme
Stützpreis→Preise
Stützungspreis→Preise
Suahili→[1]Sprachen
subarktisches Klima→Klimate
Subduralabszess→Abszesse
subgalealer Abszess→Abszesse
Subkostalwinkel→Winkel
Subkutanabszess→Abszesse
Submandibulardrüse→Drüsen
Submersfermentation→Gärungen
Submissionskartell→Kartelle
Submissionspreis→Preise
Subokzipitaldreieck→Dreiecke
Subskriptionspreis→Preise
Substanzsteuer→Steuern
Substitutionskoeffizient→Koeffizienten
Substitutionskonto→Konten
subtropisches Klima→Klimate
Subungualabszess→Abszesse
subventionierter Preis→Preise
Subventionskonto→Konten
Südafrika→Länder
Südamerika→Erdteile
Sudan→Länder
Süden→Himmelsrichtungen
Südkorea→Länder
Südlicher Rußalbatros→Albatrosse
Südosten→Himmelsrichtungen
Südsüdosten→Himmelsrichtungen
Südsüdwesten→Himmelsrichtungen
südwärts→Richtungen
Südwesten→Himmelsrichtungen
Südwester→Kopfbedeckungen
Südwind→Winde
suggestiver Schlaf→Schlafarten

Sulfanilsäure→Säuren
Sulfosalizylsäure→Säuren
Sumerisch→¹Sprachen
summen→Tierlaute
Summenexzedentenrückversicherung→Versicherungen
Summenversicherung→Versicherungen
Sumpfeule→Eulen
Sumpf-Wurmfarn→Farne
Superdividende→Dividenden
Super-Weitwinkelobjektiv→Objektive
Supinationswinkel→Winkel
Suppenlöffel→Löffel
Supplementwinkel→Winkel
Supraklavikulardreieck→Dreiecke
Supraorbitalneuralgie→Schmerzen
Supraorbitalreflex→Reflexe
Suprapatellarreflex→Reflexe
Supratonsillarabszess→Abszesse
Surinam→Länder
Surrogatsteuer→Steuern
Süßbuche→Buchen
süßer Geschmack→Geschmacksempfindungen
Süßkartoffel→Gemüse
Süßkirschbaum→Obstbäume
Süßkirsche→Obst
Süßweinglas→Trinkgefäße
Swasiland→Länder
symmetrische Matrix→Matrizen
Sympathiestreik→Streiks
sympathischer Nerv→Nerven
Symphysenmesser→Messer
symptomatische Depression→Depressionen
Synästhesialgie→Schmerzen
Synechiotom→Messer
synergetischer Muskel→Muskeln
Synthesizer→Tasteninstrumente

Syrien→Länder
Syringotom→Messer
systematische Stichprobe→Stichproben
systolischer Blutdruck→Blutdruck

T

Tabaksteuer→Steuern
Tachirohabicht→Habichte
Tafelknochen→Knochen
Tafelsalz→Gewürze
Tagalisch→¹Sprachen
Tagalog→¹Sprachen
Tagegeldversicherung→Versicherungen
Tagesanbruch→Tageszeiten
Tageslicht→Lichter
Tageswechsel→Wechsel
Tagwechsel→Wechsel
Taifun→Stürme
Taille→Körperteile
Taiwan→Länder
Talalgie→Schmerzen
Talgdrüse→Drüsen
Talipotpalme→Palmen
Talmud→heilige Bücher
Tamburin→Schlaginstrumente
Tamilisch→¹Sprachen
Tandem→²Räder
Tanggans→Gänse
Tannenwald→Wälder
Tansania→Länder
Tantal→Grundstoffe
Tante→Verwandte
Tanzschuh→Fußbekleidung
Taoismus→Religionen
Tarbusch→Kopfbedeckungen
Tarsalgie→Schmerzen
Tarsusdrüse→Drüsen

Taschenbuch→Bücher
Taschenlampe→Lampen
Taschenmesser→Messer
Taschenuhr→Uhren
Taschenwörterbuch→Bücher
Tasse→Trinkgefäße
Tastorgan→Sinnesorgane
Tastsinn→Sinne
Taucherbrille→Brillen
Taurocholsäure→Säuren
Technetium→Grundstoffe
Teeglas→Trinkgefäße
Teelöffel→Löffel
Teesteuer→Steuern
Teetasse→Trinkgefäße
Teigfarbe→Farben
Teilfrucht→Früchte
Teilindossament→Indossamente
Teilkaskoversicherung→Versicherungen
Teilkonnossement→Konnossemente
Teilkorrelationskoeffizient→Koeffizienten
Teilmatrize→Matrizen
Teilstreik→Streiks
Teilversicherung→Versicherungen
Telefonbuch→Bücher
Teleobjektiv→Objektive
Tellur→Grundstoffe
Temperaturkoeffizient→Koeffizienten
temporärer Knorpel→Knorpel
Tennis→Ballspiele
Tennisball→Bälle
Tennisschuh→Fußbekleidung
Tensormuskel→Muskeln
Terbium→Grundstoffe
Termingeldkonto→Konten
Terminwechsel→Wechsel
Thai→[1]Sprachen

Thailand→Länder
Thalamusschmerz→Schmerzen
Thallium→Grundstoffe
Thelalgie→Schmerzen
Themis→Götter
Thermalbad→Bäder
thermische Energie→Energien
thermonukleare Bombe→Bomben
Thesaurierungsfonds→Fonds
Thiobarbitursäure→Säuren
Thomas→Apostel
thorakale Atmung→Atmung
Thorakalgie→Schmerzen
Thorax→Körperteile
Thoraxchirurgie→Chirurgie
Thorium→Grundstoffe
Thriller→[1]Geschichten
Thulium→Grundstoffe
Thüringen→Bundesländer
Thymian[1]→Heilpflanzen
Thymian[2]→Kräuter
Thymian[3]→Gewürze
Thymus→Drüsen
Thymusdrüse→Drüsen
Thymusfunktionsstörung→Störungen
Tibialgie→Schmerzen
tiefe Atmung→Atmung
Tiefenreflex→Reflexe
tiefer Schlaf→Schlafarten
tiefer Wadenbeinnerv→Nerven
tiefes Gefühl→Gefühle
Tiergeschichte→[1]Geschichten
Tilgungsfonds→Fonds
Tipi→Wohnhäuser
Tischlampe→Lampen
Tischtennis→Ballspiele
Tischtennisball→Bälle

Tischtennisplatte→Tische
Titan→Grundstoffe
Tocharisch→indoeuropäische Sprachen
Tochter→Verwandte
Todesfallversicherung→Versicherungen
Togo→Länder
Toilette→Räume
Toleranzklausel→Klauseln
Tomate→Gemüse
Tomatenkremsuppe→Suppen
Tomatensaft→Säfte
Tomatensuppe→Suppen
Tombak→Legierungen
Tonga→Länder
Tonga→¹Sprachen
Tonsillenmesser→Messer
Tonsillenschere→Scheren
Tonsillotom→Messer
Tonstörung→Störungen
Tonusstörung→Störungen
Topas→Halbedelsteine
Topfhut→Kopfbedeckungen
Toque→Kopfbedeckungen
Tornado→Stürme
Totaipalme→Palmen
totale Finsternis→Finsternisse
totes Konto→Konten
Toupierkamm→Kämme
Trachealgie→Schmerzen
Trachealknorpel→Knorpel
Tracheotom→Messer
Tracheotomiemesser→Messer
träge→Charaktereigenschaften
Trägereiweiß→Proteine
Trampolin→Turngeräte
Tranchiermesser→Messer
Tränenbein→Knochen

Tränendrüse→Drüsen
Tränendrüsenschmerz→Schmerzen
Tränengas→Kampfstoffe
Tränengasbombe→Bomben
Tränenkanalschere→Scheren
Tränennerv→Nerven
Tränenreflex→Reflexe
Tränensackmesser→Messer
Tränenwegchirurgie→Chirurgie
Transaktionskonto→Konten
transaktivierendes Protein→Proteine
Transferklausel→Klauseln
Transferpreis→Preise
Transfer-Ribonukleinsäure→Säuren
transfinite Zahl→Zahlen
Transformationsmatrix→Matrizen
transformierte Matrix→Matrizen
Transitkonnossement→Konnossemente
Transplantationsantigen→Antigene
transponierte Matrix→Matrizen
Transportprotein→Proteine
Transportversicherung→Versicherungen
transzendente Zahl→Zahlen
Trapez→geometrische Formen
Trapezmuskel→Muskeln
trassiert-eigener Wechsel→Wechsel
Traube→Obst
Trauer→Gefühle
Trauerhabicht→Habichte
Traumschmerz→Schmerzen
traurige Geschichte→[1]Geschichten
Trauring→Ringe
Treibstoffpreis→Preise
treu→Charaktereigenschaften
Treuhandkonto→Konten
Treuhandsonderkonto→Konten
Triangel→Schlaginstrumente

Trichalgie→Schmerzen
Triefauge→Augen
Trigeminusmesser→Messer
trillern→Tierlaute
Trinidad und Tobago→Länder
Trinkglas→Glasgefäße
Tripmadam→Kräuter
Trittleiter→Leitern
Trizeps→Muskeln
Trizepsreflex→Reflexe
trockener Husten→Husten
trockener Wechsel→Wechsel
Trockenfrucht→Früchte
Trommel→Schlaginstrumente
Trommelbremse→Bremse
Trommelfellreflex→Reflexe
Trommelfellring→Ringe
Trommeln→Schlaginstrumente
Trommelschlägelfinger→Finger
Trompete→Blasinstrumente
Tropenabszess→Abszesse
Tropenwald→Wälder
tropischer Sturm→Stürme
tropisches Klima→Klimate
Trughabicht→Habichte
Trunkelbeere→Beeren
Trustfonds→Fonds
Tschad→Länder
Tschako→Kopfbedeckungen
Tschekisch→[1]Sprachen
Tschechoslowakei→Länder
Tuba→Blasinstrumente
Tuboovarialabszess→Abszesse
Tuber-Gelenk-Winkel→Winkel
Tuberkulinallergie→Allergien
tubulöse Drüse→Drüsen
Tubulusepithel→Epithele

Tubulusfunktionsstörung→Störungen
Tunesien→Länder
Turban→Kopfbedeckungen
Türkei→Länder
Türkensattelabszess→Abszesse
Türkis→Halbedelsteine
Türkisch→[1]Sprachen
türkisches Bad→Bäder
Turkmenisch→[1]Sprachen
Turm→Schachfiguren
Turmalin→Halbedelsteine
Turnschuh→Fußbekleidung
tuskanische Säulenordnung→Säulenordnungen
Tuvalu→Länder
Tyche→Götter
Typungskartell→Kartelle

U

Übelkeit→Gefühle
Überbringerklausel→Klauseln
Überdividende→Dividenden
Übereinstimmungskoeffizient→Koeffizienten
Übergangsepithel→Epithele
Übergangswahrscheinlichkeits-Matrix→Matrizen
Übergangswirbel→Wirbel
übergehendes Blatt→Blätter
Übergewinnsteuer→Steuern
überhöhter Preis→Preise
überlagerte Stichprobe→Stichproben
Überlebensversicherung→Versicherungen
Übernahmekonnossement→Konnossemente
Übernahmepreis→Preise
Überschuh→Fußbekleidung
Überschussdividende→Dividenden
Überschwemmungsversicherung→Versicherungen
übersendende Bank→Banken
überstumpfer Winkel→Winkel

überweisender Arzt→Ärzte
Überziehschuh→Fußbekleidung
ubiquitäres Antigen→Antigene
Uferdamm→Staudämme
Uganda→Länder
Ugrisch→¹Sprachen
Uhu→Eulen
Uigurisch→¹Sprachen
Ulalgie→Schmerzen
Ulkusschmerz→Schmerzen
Ulnaris→Nerven
Ultramikroskop→Mikroskope
ultraviolettes Licht→Lichter
um die Ecke→Richtungen
Umfangswinkel→Winkel
umfassendes Patent→Patente
Umklammerungsreflex→Reflexe
Umkehrkoeffizient→Koeffizienten
Umkehrmatrix→Matrizen
Umladekonnossement→Konnossemente
Umlaufwasserbad→Bäder
Umsatzausgleichssteuer→Steuern
umsatzloses Konto→Konten
Umsatzsteuer→Steuern
Umtauschversicherung→Versicherungen
Umweltpolice→Versicherungspolicen
Umweltversicherung→Versicherungen
Umzäunungspatent→Patente
unabhängige Variable→Variablen
unangenehmes Gefühl→Gefühle
unangreifbares Patent→Patente
unbedingter Reflex→Reflexe
UND-Konto→Konten
unendliche Geschichte→¹Geschichten
unendliche Stichprobe→Stichproben
unendliche Zahl→Zahlen
Unfallarzt→Ärzte

Unfallchirurgie→Chirurgie
Unfallversicherung→Versicherungen
unfrankierter Brief→Briefe
Ungarisch→[1]Sprachen
Ungarn→Länder
ungedeckter Wechsel→Wechsel
ungefährer Preis→Preise
ungeprüftes Patent→Patente
ungerade Zahl→Zahlen
ungesäuertes Brot→Brote
ungeteiltes Blatt→Blätter
unglaubliche Geschichte→[1]Geschichten
ungleichseitiges Dreieck→Dreiecke
unimodulare Matrix→Matrizen
unitäre Matrix→Matrizen
unordentlich→Charaktereigenschaften
unpaarig gefiedertes Blatt→Blätter
unregelmäßige Atmung→Atmung
unregelmäßige Galaxie→Galaxien
unreife Frucht→Früchte
unreines Konnossement→Konnossemente
untaxierte Police→Versicherungspolicen
Unterarm→Körperteile
Unterarmknochen→Knochen
Unterbauchnerv→Nerven
Unterbauchschmerz→Schmerzen
unterbrochen nerviges Blatt→Blätter
unteres Becken→Schlaginstrumente
untergetauchtes Blatt→Blätter
Untergrätenmuskel→Muskeln
Untergrätenmuskelreflex→Reflexe
unterkalorische Diät→Diäten
Unterkiefer→Knochen
Unterkieferdreieck→Dreiecke
Unterkiefernerv→Nerven
Unterkieferspeicheldrüse→Drüsen
Unterkieferwinkel→Winkel

Untermatrize→Matrizen
Unterschenkel→Körperteile
Unterschlüsselbeinmuskel→Muskeln
Unterschulterblattmuskel→Muskeln
Untersuchungsstuhl→Stühle
Untersuchungstisch→Tische
Unteruslöffel→Löffel
Unterussekretlöffel→Löffel
Unterzungendrüse→Drüsen
Unterzungenspeicheldrüse→Drüsen
ununterbrochene Gärung→Gärungen
unverzerrte Stichprobe→Stichproben
unvollständige Stichprobe→Stichproben
unwillkürlicher Muskel→Muskeln
unzustellbarer Brief→Briefe
Urahn→Verwandte
Urahne→Verwandte
Uran→Grundstoffe
Uranos→Götter
Uranus→Planeten
Urdu→[1]Sprachen
Ureltern→Verwandte
Urenkel→Verwandte
Urenkelin→Verwandte
Ureteralgie→Schmerzen
Urethralgie→Schmerzen
Urgroßeltern→Verwandte
Urgroßmutter→Verwandte
Urgroßvater→Verwandte
Urogenitaldreieck→Dreiecke
ursächliche Variable→Variablen
Ursprungspatent→Patente
Uruguay→Länder
Urvater→Verwandte
Urwald→Wälder

V

Vagina→Körperteile
Vaginaldrüse→Drüsen
Vaginalgie→Schmerzen
Valeriansäure→Säuren
Valutaklausel→Klauseln
Valutakonto→Konten
Valutaversicherung→Versicherungen
Valutawechsel→Wechsel
Valutenkonto→Konten
Valvulotom→Messer
Vanadin→Grundstoffe
Vanille→Gewürze
Vanuatu→Länder
Variabilitätskoeffizient→Koeffizienten
Varianz-Kovarianz-Matrix→Matrizen
Variationskoeffizient→Koeffizienten
Vasalgie→Schmerzen
vaskuläre Chirurgie→Chirurgie
vasomotorischer Kopfschmerz→Kopfschmerzen
vasomotorischer Nerv→Nerven
Vasomotorreflex→Reflexe
Vater→Verwandte
Vatikan→Länder
vegetative Depression→Depressionen
vegetativer Nerv→Nerven
Venenmesser→Messer
Venenschmerz→Schmerzen
Venenskalpell→Messer
Venezuela→Länder
Ventilationsstörung→Störungen
Venus^1→Götter
Venus^2→Planeten
veranlagte Steuer→Steuern
verantwortungsvoll→Charaktereigenschaften
Verarbeitungsklausel→Klauseln
Verbandschere→Scheren
Verbesserungspatent→Patente

Verbindungskapazitätsmatrix→Matrizen
Verbrauchsteuer→Steuern
verbundene Lebensversicherung→Versicherungen
verbundene Stichprobe→Stichproben
Verbundenheitsmatrix→Matrizen
Verbundklausel→Klauseln
Verdauungsdrüse→Drüsen
Verdauungssaft→Säfte
Verdauungsstörung→Störungen
verdeckte Steuer→Steuern
veredelte Umsatzsteuer→Steuern
Veredlungsmesser→Messer
Vereinigte Arabische Emirate→Länder
Vereinigte Staaten von Amerika→Länder
Verfahrenspatent→Patente
verfallenes Patent→Patente
Verfallklausel→Klauseln
Verflechtungskoeffizient→Koeffizienten
Vergleichszahl→Zahlen
Vergnügungssteuer→Steuern
Vergrößerungsglas→Linsen
Verhaltensreflex→Reflexe
Verhaltensstörung→Störungen
Verhaltensvariable→Variablen
Verkäsungsabszess→Abszesse
Verkaufsförderungspreis→Preise
Verkaufspreis→Preise
Verkehrssteuer→Steuern
Verknöcherungsstörung→Störungen
Verlängerungsklausel→Klauseln
Verlängerungspolice→Versicherungspolicen
verlangsamte Atmung→Atmung
Verlobungsring→Ringe
Vermögenssteuer→Steuern
Verrechnungsklausel→Klauseln
Verrechnungskonto→Konten
Verrechnungspreis→Preise

verringerter Investitionskoeffizient→Koeffizienten
Versandwechsel→Wechsel
Verschiffungskonnossement→Konnossemente
Verschlüsselungsmatrix→Matrizen
Verschlussschraube→Schrauben
Verschlussschraube mit Innensechskant→Schrauben
Versichertendividende→Dividenden
Versicherung auf den Todesfall→Versicherungen
Versicherung auf den Todes- und Erlebensfall→Versicherungen
Versicherung auf Zeit→Versicherungen
Versicherung für eigene Rechnung→Versicherungen
Versicherung für fremde Rechnung→Versicherungen
Versicherung für Rechnung, für wen es angeht→Versicherungen
Versicherung mit Selbstbehalt→Versicherungen
Versicherungssteuer→Steuern
versteckter Streik→Streiks
Vertebrokostaldreieck→Dreiecke
Verteilerfinger→Finger
vertikales Schiebefenster→Fenster
vertragliche Indexklausel→Klauseln
Vertragspreis→Preise
Vertragssprache→²Sprachen
Vertrauen→Gefühle
Vertrauenskoeffizient→Koeffizienten
vertrauenswürdig→Charaktereigenschaften
Vertriebskartell→Kartelle
verwachsenes Blatt→Blätter
verwahrende Bank→Banken
Verwahrungsbuch→Bücher
Verwandschaftskoeffizient→Koeffizienten
Verwirkungsklausel→Klauseln
verzerrte Stichprobe→Stichproben

verzögerte Allergie→Allergien
verzögerter Reflex→Reflexe
verzögerte Variable→Variablen
Verzugsklausel→Klauseln
vesikuläre Atmung→Atmung
Vesta→Götter
Vestibulardrüse→Drüsen
vestibulärer Reflex→Reflexe
vestibuläre Störung→Störungen
Vestibularnerv→Nerven
Vestibulookularreflex→Reflexe
Vetter→Verwandte
Victoria→Götter
Vieleck→geometrische Formen
Vieleckbein→Knochen
Viereck→geometrische Formen
Vierradbremse→Bremse
Vierteljahresdividende→Dividenden
Vietnam→Länder
Vietnamesisch→[1]Sprachen
Villa→Wohnhäuser
Violett→Farben
Violine→Saiteninstrumente
Viscount→Adelstitel
Viscountess→Adelstitel
Viszeralgie→Schmerzen
Viszeralmuskel→Muskeln
Viszeralnerv→Nerven
Viszeralreflex→Reflexe
Viszeralschmerz→Schmerzen
Viszerotom→Messer
vitaminreiche Diät→Diäten
Vitrinenschrank→Schränke
Vizegraf→Adelstitel
Vizegräfin→Adelstitel
Vizekönig→Adelstitel
Vogelei→Eier

Vogelnest→Tierbehausungen
Volksbank→Banken
Völlegefühl→Gefühle
voll eingezahlte Versicherung→Versicherungen
Volleyball¹→Bälle
Volleyball²→Ballspiele
Vollindossament→Indossamente
Vollkornbrot→Brote
Vollmond→Mondphasen
vollständige Gärung→Gärungen
vollständiges Blatt→Blätter
vollständig ganzzahlige Matrix→Matrizen
Volltorus→geometrische Figuren
Vollwertversicherung→Versicherungen
Vorbehaltsklausel→Klauseln
Vorbeugungsreflex→Reflexe
Vorderer Schneidezahn→Zähne
Vorderer Schienbeinmuskel→Muskeln
Vorderradbremse→Bremse
Vordividende→Dividenden
Vorfälligkeitsklausel→Klauseln
vorgegebene Variable→Variablen
vorgeschlagene Dividende→Dividenden
Vorhautdrüse→Drüsen
vorherbestimmte Variable→Variablen
Vorkonto→Konten
Vorlegemesser→Messer
Vorleistungskoeffizient→Koeffizienten
Vormerkkonto→Konten
Vormittag→Tageszeiten
Vorpatent→Patente
Vorrangmatrix→Matrizen
Vorrätekonto→Konten
Vorräteversicherung→Versicherungen
Vorratsstellenwechsel→Wechsel
Vorrichtungspatent→Patente
Vorschusswechsel→Wechsel

Vorsorgeversicherung→Versicherungen
Vorsteherdrüse→Drüsen
Vorsteherdrüsenschmerz→Schmerzen
Vorsteuer→Steuern
Vortragskonto→Konten
Vorversicherung→Versicherungen
vorwärts→Richtungen
Vorzugsdividende→Dividenden
Vorzugspreis→Preise
Vostrokonto→Konten
Vulcanus→Götter
Vulva→Körperteile
Vulvaschmerz→Schmerzen
vulvovaginale Drüse→Drüsen

W

Waage→Sternzeichen
Wachholder[1]→Kräuter
Wachholder[2]→Gewürze
Wachstumsfonds→Fonds
Wachstumskoeffizient→Koeffizienten
Wachstumsstörung→Störungen
Wade→Körperteile
Wadenbein→Knochen
Wadenbeinnerv→Nerven
Wadenmuskel→Muskeln
Wadennerv→Nerven
Waffenschrank→Schränke
Wagenradhut→Kopfbedeckungen
Wahrheitsmatrix→Matrizen
Wahrscheinlichkeitsstichprobe→Stichproben
Währungsfonds→Fonds
Währungsklausel→Klauseln
Währungskonto→Konten
Waldfalke→Falken
Wald-Frauenfarn→Farne
Waldhorn→Blasinstrumente

Waldkauz→Eulen
Waldmeister→Kräuter
Waldohreule→Eulen
Waldraute→Kräuter
Walmdach→Dächer
Walnussbaum→Obstbäume
Wanderabszess→Abszesse
Wanderalbatros→Albatrosse
Wanderfalke→Falken
Wanderfarn→Farne
Wandergewerbesteuer→Steuern
Wanderlinse→Linsen
wandernder Schmerz→Schmerzen
Wanderschuh→Fußbekleidung
Wandlampe→Lampen
Wandlaterne→Lampen
Wandleuchte→Lampen
Wandlungspreis→Preise
Wange→Körperteile
Wangennerv→Nerven
Warendelkredere-Versicherung→Versicherungen
Wareneingangsbuch→Bücher
Wareneinheitsversicherung→Versicherungen
Wareneinkaufskonto→Konten
Warenkonto→Konten
Warenkreditversicherung→Versicherungen
Warenpreis→Preise
Warenpreisklausel→Klauseln
Warensteuer→Steuern
Warenverkaufskonto→Konten
Warenwechsel→Wechsel
Wärmeschmerz→Schmerzen
Warm-Kalt-Wechselbad→Bäder
Warnstreik→Streiks
Warteraum→Räume
Wartungshandbuch→Handbücher
Warzenbirke→Birken

Warzenfortsatzschmerz→Schmerzen
Wäscheschrank→Schränke
Wasserauge→Augen
Wasserbad→Bäder
Wasserball[1]→Bälle
Wasserball[2]→Ballspiele
Wasserbirke→Birken
Wasserblatt→Blätter
Wasserdrüse→Drüsen
Wasserglas→Trinkgefäße
Wassermann→Sternzeichen
Wassermelone[1]→Obst
Wassermelone[2]→Gemüse
Wasserschadenversicherung→Versicherungen
Wasserstiefel→Fußbekleidung
Wasserstoff→Grundstoffe
Wasserstoffbombe→Bomben
Wasseruhr→Uhren
Weberkamm→Kämme
Weberknoten→Knoten
Wechselbad→Bäder
Wechselkonto→Konten
Wechselkopierbuch→Bücher
Wechselsekunda→Wechsel
Wechselsteuer→Steuern
Wechselwinkel→Winkel
Wecker→Uhren
Wegelagererpatent→Patente
Wegmatrix→Matrizen
Weidmesser→Messer
Weihnachtsinsel-Habicht→Habichte
Weinblatt→Blattgemüse
Weinglas→Trinkgefäße
Weinpalme→Palmen
Weisheitszahn→Zähne
Weiß→Farben
Weißbirke→Birken

Weißbrot→Brote
Weißbuchenwald→Wälder
Weißdorn→Heilpflanzen
weiße Bohne→Gemüse
weißer Pfeffer→Gewürze
Weißgold→Legierungen
Weißkohl[1]→Blattgemüse
Weißkohl[2]→Gemüse
Weißwangengans→Gänse
Weißwangenkauz→Eulen
Weißwein→Weine
Weißweinglas→Trinkgefäße
weiter links→Richtungen
weiter rechts→Richtungen
Weitwinkelobjektiv→Objektive
Weizen→Getreide
Wellensittich→Haustiere
Welpe→Jungtiere
Weltbank→Banken
Weltgeschichte→[2]Geschichten
Weltmarktpreis→Preise
Weltpatent→Patente
Weltwährungsfonds→Fonds
Wendeflügel→Winkel
Wendungswinkel→Winkel
Werbebrief→Briefe
Werbepreis→Preise
Werksarzt→Ärzte
Werkzeugschrank→Schränke
Wertberichtigungskonto→Konten
Werterneuerungsfonds→Fonds
Wertpapierfonds→Fonds
Wertpapierkonto→Konten
Wertpapiersammelbank→Banken
Wertpapierverrechnungskonto→Konten
Wertsteigerungsklausel→Klauseln
Wertsteuer→Steuern

Wertzuschlagklausel→Klauseln
Wertzuwachssteuer→Steuern
Wespenfalke→Falken
Westen→Himmelsrichtungen
Westsamoa→Länder
Westwind→Winde
wettbewerbsfähiger Preis→Preise
Wettbewerbsklausel→Klauseln
Wettbewerbsklima→Klimate
Wettbewerbspreis→Preise
Whiskybecher→Trinkgefäße
Widder→Sternzeichen
Wiederbeschaffungspreis→Preise
Wiederbeschaffungsversicherung→Versicherungen
Wiederfangstichprobe→Stichproben
Wiederherstellungsklausel→Klauseln
Wiederholbarkeitskoeffizient→Koeffizienten
Wiederholungsstichprobe→Stichproben
Wiederverkaufspreis→Preise
wiehern→Tierlaute
Wiener Brot→Brote
Wigwam→Wohnhäuser
Wilder Majoran→Heilpflanzen
willkürlicher Muskel→Muskeln
Windei→Eier
Windenergie→Energien
Windpocken→Kinderkrankheiten
Winter→Jahreszeiten
Winterolympiade→Olympiade
Winterschlaf→Schlafarten
Wirbelloch→Löcher
Wirbelsäulenschmerz→Schmerzen
Wirbelschmerz→Schmerzen
Wirbelsturm→Stürme
Wirbelwind→Stürme
Wirkungsvariable→Variablen
Wirsing→Gemüse

wirtschaftliches Klima→Klimate
Wirtschaftsgeschichte→²Geschichten
Wirtschaftssprache→²Sprachen
Wismut→Grundstoffe
Wismutvergiftung→Vergiftungen
Wohlverleih→Kräuter
Wohnheim→Wohnhäuser
Wohnzimmer→Räume
Wolfram→Grundstoffe
Wolfsrudel→Tiergruppen
Wollmütze→Kopfbedeckungen
Wörterbuch→Bücher
wortkarg→Charaktereigenschaften
Wotan→Götter
Wucherpreis→Preise
Wundrandschere→Scheren
Würfel→geometrische Figuren
Würfelbein→Knochen
Würger→Singvögel
Würgfalke→Falken
Würgreflex→Reflexe
Wurmfarn→Farne
Wurmfortsatzabszess→Abszesse
Wurmfortsatzschmerz→Schmerzen
Wurstkraut→Kräuter
Wurzelschmerz→Schmerzen
Wüstenfalke→Falken

X
Xenon→Grundstoffe
Xylophon→Schlaginstrumente

Y
Yakutisch→¹Sprachen
Ysop¹→Heilpflanzen
Ysop²→Kräuter
Ytterbium→Grundstoffe
Yttrium→Grundstoffe

Z

Zahnabszess→Abszesse
Zahnarztstuhl→Stühle
Zahnbürste→Bürsten
Zahnfleischabszess→Abszesse
Zahnfleischschmerz→Schmerzen
Zahnschmerz→Schmerzen
Zahnschmerzen→Schmerzen
Zahnweh→Schmerzen
Zaire→Länder
Zäpchenmuskel→Muskeln
zärtlich→Charaktereigenschaften
zärtliches Gefühl→Gefühle
Zaunkönig→Singvögel
Zederwald→Wälder
Zeh→Körperteile
Zehenknochen→Knochen
Zehenschmerz→Schmerzen
Zeichenkettenvariable→Variablen
Zeichnerbank→Banken
Zeigefinger→Finger
Zeigefingerabzieher→Muskeln
Zeigefingerstrecker→Muskeln
Zeilenpreis→Preise
Zeissche Drüse→Drüsen
Zeitbombe→Bomben
Zeitgeschichte→²Geschichten
zeitlich begrenzter Streik→Streiks
Zeitsichtwechsel→Wechsel
Zeitvariable→Variablen
Zeitwechsel→Wechsel
zellfreie Gärung→Gärungen
Zellkernsaft→Säfte
Zellsaft→Säfte
zellübertragene Allergie→Allergien
Zentralafrikanische Republik→Länder

Zentralbank→Banken
Zentrifugenmikroskop→Mikroskope
Zentriwinkel→Winkel
Zephyros→Götter
Zer→Grundstoffe
Zerbrechlicher Blasenfarn→Farne
Zerebrospinalnerv→Nerven
zerrissenes Blatt→Blätter
Zerschnittener Rautenfarn→Farne
zerschnittenes Blatt→Blätter
zerstreut→Charaktereigenschaften
zerstreutes Licht→Lichter
Zerstreuungslinse→Linsen
Zerstreuungswinkel→Winkel
Zeruminaldrüse→Drüsen
Zeus→Götter
Ziegenkitz→Jungtiere
Ziegenpeter→Kinderkrankheiten
ziehende Atmung→Atmung
Ziehharmonika→Blasinstrumente
Zieldrüse→Drüsen
Zielpreis→Preise
Zielvariable→Variablen
Zielwechsel→Wechsel
ziepen→Tierlaute
Zigarettensteuer→Steuern
Ziliarepithel→Epithele
Ziliarmuskel→Muskeln
Ziliarneuralgie→Schmerzen
Ziliarreflex→Reflexe
Ziliarring→Ringe
Ziliospinalreflex→Reflexe
Zimt→Gewürze
Zimtbrauner Königsfarn→Farne
Zimtsäure→Säuren
Zink→Grundstoffe
Zinkvergiftung→Vergiftungen

Zinn→Grundstoffe
Zinsabschlagsteuer→Steuern
Zinsausgleichsteuer→Steuern
Zinsgleitklausel→Klauseln
Zinsregulierungsklausel→Klauseln
Zipfelmütze→Kopfbedeckungen
Zirbeldrüse→Drüsen
Zirkonium→Grundstoffe
Zirkularkreditbrief→Briefe
zirpen→Tierlaute
zischen→Tierlaute
Zither→Saiteninstrumente
Zitronenbaum→Obstbäume
Zitronenkraut→Kräuter
Zitronenmelisse[1]→Heilpflanzen
Zitronenmelisse[2]→Kräuter
Zitronensäure→Säuren
Zitronensäuregärung→Gärungen
Zölibatsklausel→Klauseln
Zollkartell→Kartelle
Zoomobjektiv→Objektive
Zorn→Gefühle
Zuckerbirke→Birken
Zuckermelone→Gemüse
Zuckerrübe→Gemüse
Zuckersäure→Säuren
Zuckersteuer→Steuern
Zufallsstichprobe→Stichproben
Zufallsvariable→Variablen
Zufriedenheit→Gefühle
Zugbrücke→Brücken
Zukunftsroman→Romane
zulässige Zahl→Zahlen
Zündwarensteuer→Steuern
zunehmender Mond→Mondphasen
Zuneigung→Gefühle
Zunge[1]→Sinnesorgane

Zunge² → Verdauungsorgane
Zungenabszess → Abszesse
Zungenbein → Knochen
Zungendrüse → Drüsen
Zungenfleischnerv → Nerven
Zungen-Gaumen-Nerv → Nerven
Zungenmuskel → Muskeln
Zungennerv → Nerven
Zungen-Schlund-Nerv → Nerv
Zungen-Schlund-Nervenschmerz → Schmerzen
Zungenschmerz → Schmerzen
zur Seite → Richtungen
zurück → Richtungen
Zurückweisungszahl → Zahlen
zusammengesetzte Dividende → Dividenden
zusammengesetzte Frucht → Früchte
zusammengesetztes Mikroskop → Mikroskope
zusammengesetzte Zahl → Zahlen
Zusatzdividende → Dividenden
Zusatzdrüse → Drüsen
Zusatzfrucht → Früchte
Zusatzklausel → Klauseln
Zusatzmuskel → Muskeln
Zusatznerv → Nerven
Zusatzpatent → Patente
Zusatzsteuer → Steuern
Zusatzversicherung → Versicherungen
Zustandsvariable → Variablen
zuviel gezahlte Steuer → Steuern
Zwangskartell → Kartelle
Zwangsversicherung → Versicherungen
Zwecksteuer → Steuern
zweibäuchiger Muskel → Muskeln
Zweifamilienhaus → Wohnhäuser
Zweigstellensteuer → Steuern
zweihöckriger Zahn → Zähne
Zweiköpfiger Armstrecker → Muskeln

zweiköpfiger Muskel→Muskeln
Zweiköpfiger Schenkelmuskel→Muskeln
Zweistärkenbrille→Brillen
Zweistärkenglas→Linsen
zweistellige Zahl→Zahlen
zweistufige Stichprobe→Stichproben
zweitbeauftragte Bank→Banken
zweiteiliges Blatt→Blätter
zweiter Halswirbel→Wirbel
zweiter Mahlzahn→Zähne
Zwerchfellnerv→Nerven
Zwerchfellnervenschmerz→Schmerzen
Zwerchfellschmerz→Schmerzen
Zwergbirke→Birken
Zwergbläßgans→Gänse
Zwerggans→Gänse
Zwergohreule→Eulen
Zwergpalme→Palmen
Zwergschneegans→Gänse
Zwetschge→Obst
Zwicker→Brillen
Zwiebelsuppe→Suppen
Zwiebeltragender Blasenfarn→Farne
Zwillinge→Sternzeichen
Zwillingsbruder→Verwandte
Zwillingsschwester→Verwandte
Zwillingswadenmuskel→Muskeln
Zwinkerreflex→Reflexe
Zwischendividende→Dividenden
Zwischenknochenmesser→Messer
Zwischenknochenmuskel→Muskeln
Zwischenkonto→Konten
Zwischenscheitelbein→Knochen
Zwischenvariable→Variablen
Zwischenzielvariable→Variablen
zwitschern→Tierlaute
Zwölffingerdarm→Verdauungsorgane

Zyansäure→Säuren
Zyklon→Stürme
Zyklotom→Messer
Zylinder[1]→geometrische Figuren
Zylinder[2]→Kopfbedeckungen
Zylinderepithel→Epithele
Zylinderlinse→Linsen
Zypern→Länder
Zystalgie→Schmerzen

www.ingramcontent.com/pod-product-compliance
Lightning Source LLC
Chambersburg PA
CBHW021813300426
44114CB00009BA/162